Maha Mamo

A luta de uma apátrida pelo direito de existir

CB026200

Maha Mamo com Darcio Oliveira

Maha Mamo
A luta de uma apátrida pelo direito de existir

GLOBOLIVROS

Copyright © 2020 Editora Globo S.A. para a presente edição
Copyright © 2020 Maha Mamo e Darcio Oliveira

Todos os direitos reservados. Nenhuma parte desta edição pode ser utilizada ou reproduzida — em qualquer meio ou forma, seja mecânico ou eletrônico, fotocópia, gravação etc. — nem apropriada ou estocada em sistema de banco de dados sem a expressa autorização da editora.

Texto fixado conforme as regras do Acordo Ortográfico da Língua Portuguesa (Decreto Legislativo nº 54, de 1995).

Editora responsável: Amanda Orlando
Assistente editorial: Isis Batista
Revisão: Thamiris Leiroza e Aline Canejo
Diagramação: Abreu's System
Capa: Renata Zucchini
Foto de capa: Fernando Gutierrez Aliaga

1ª Edição, 2020

CIP-BRASIL. CATALOGAÇÃO NA PUBLICAÇÃO
SINDICATO NACIONAL DOS EDITORES DE LIVROS, RJ

M234m Mamo, Maha, 1988-
Maha Mamo: a luta de uma apátrida pelo direito de existir / Maha Mamo, Darcio Oliveira. – 1. ed. – Rio de Janeiro: Globo Livros, 2020.
288 p. ; 23 cm.

ISBN 9786586047424

1. Mamo, Maha, 1988-. 2. Escritoras brasileiras – Biografia. 3. Ativistas pelos direitos humanos – Biografia – Brasil. I. Oliveira, Darcio. II. Título.

20-67100 CDD: 928.69
CDU: 929:821.134.3(81)

Leandra Felix da Cruz Candido – Bibliotecária – CRB-7/6135

Direitos exclusivos de edição em língua portuguesa para o Brasil adquiridos por Editora Globo S.A.
Rua Marquês de Pombal, 25 — 20230-240 — Rio de Janeiro — RJ
www.globolivros.com.br

Em memória de Eddy

Prefácio

A maior viagem que fazemos na vida é sempre o primeiro passo no caminho dos nossos sonhos. Maha é fruto de um passo desses — os pais, impedidos de se casar num país que proíbe relacionamentos inter-religiosos, tomaram o caminho da Síria para o Líbano, onde o sonho de amor era possível. Só não era possível ter filhos reconhecidos pelo mundo. Maha e os irmãos cresceram invisíveis às leis e aos direitos, mas longe de serem invisíveis ao mundo. Maha se assegurou disso.

A primeira imagem que vi da jovem apátrida foi a do momento em que finalmente teve uma pátria para chamar de sua. Lá estava ela, enrolada na bandeira do Brasil, resgatando o sentido de patriotismo, expressão tão sequestrada por xenófobos. Maha descreveu um Brasil de qualidades que orgulham. Exaltou o que temos de bom, e não foi pouco. O discurso emocionado ao receber seu passaporte brasileiro me levou às lágrimas. Fui entrevistá-la para uma reportagem e choramos juntas. Ficamos amigas, e raramente um encontro nosso termina em olhos secos. Maha não deixa. Sua fala puxa de dentro da gente a lembrança de valores básicos, o sentido das coisas, a inevitável constatação do essencial numa vida.

Maha construiu sua história transformando seu universo e continua lutando para mudar o dos outros. Ao finalmente ter uma pátria para chamar de sua, ela partiu para a sequência: se é possível para três jovens, filhos de sírios, saídos do Líbano, por que não para os mais de dez milhões de apátridas espalhados pelo mundo? Que este livro te inspire, como as conversas com Maha têm inspirado a mim e a tantas outras pessoas que perseguem um mundo melhor.

Sônia Bridi nasceu em Santa Catarina, é repórter da TV Globo e autora do livro *Diário do clima: efeitos do aquecimento global*.

Primeiras linhas

Nasci ninguém. Ou melhor, eu era alguém que não existia oficialmente. Porque não poderia existir em meu país. Melhor dizendo: em minha terra natal — porque país eu também não tinha. Nascer no Líbano, onde morava minha família, não me transformava formalmente em libanesa. A lei local diz que a nacionalidade vem do sangue, não do solo, como, aliás, ocorre em diversos países. Sendo assim, eu deveria assumir a origem de meus pais, sírios. O problema é que meus pais, juntos, também não podiam existir, porque não se une religião na Síria. É ilegal. Meu pai é cristão. Minha mãe, muçulmana. Eles formam, portanto, um casal ilegítimo, inconcebível para as tábuas oficiais. E o que não se concebe não pode, em tese, conceber. Se não há união possível, não há filhos legítimos, não há o que registrar. Sem registro, não há documentos, não se tem pátria, cidadania nem direitos. O resultado é o limbo social, a vida nas sombras para os frutos dessa união proibida — no caso, eu e meus irmãos.

Meu nome é Maha Mamo, filha de Kifah Nachar e Jean (George) Mamo, irmã de Souad e Edward. Fui, durante trinta anos, uma apátrida.

Parte I
Líbano

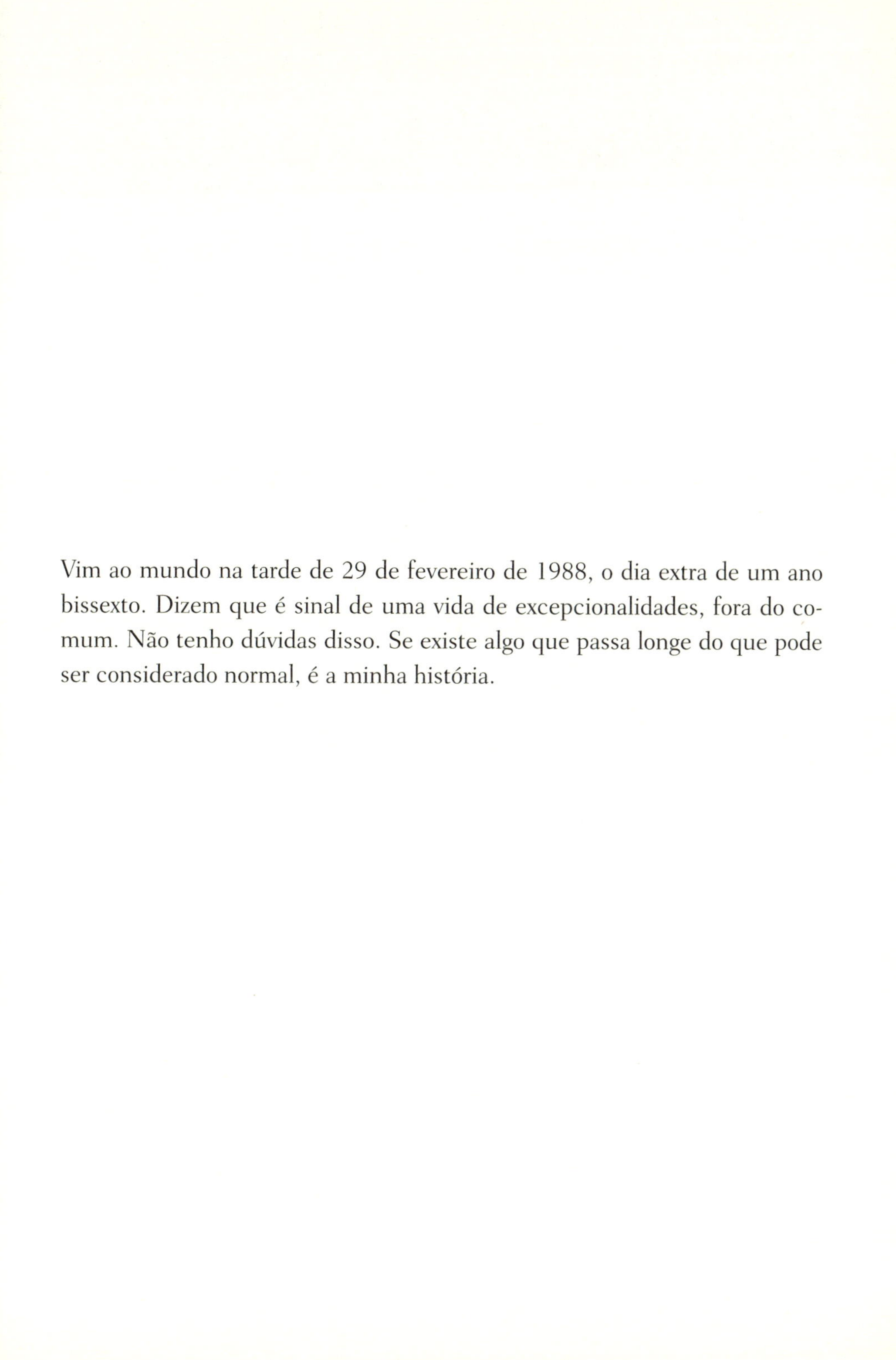

Vim ao mundo na tarde de 29 de fevereiro de 1988, o dia extra de um ano bissexto. Dizem que é sinal de uma vida de excepcionalidades, fora do comum. Não tenho dúvidas disso. Se existe algo que passa longe do que pode ser considerado normal, é a minha história.

Laissez-passer
Beirute, agosto/setembro de 2014

Foi o flash mais longo da história. Um instante que durou 26 anos.

Lembro-me de ouvir as orientações do fotógrafo quase como um sussurro. "Apruma o ombro", ele dizia. "Ergue um pouco o queixo." "Pode sorrir, se quiser." A voz soava distante, periférica, abafada pelo ruído das memórias que cruzavam o meu cérebro como aquelas imagens em alta velocidade que contam os dias em minutos — um borrão do tempo repassando duas décadas e meia de existência enquanto ele ajustava a luz, o foco e a minha postura. "Maha, pode sorrir...", repetiu, o som agora mais claro, eu de volta à câmera, o tempo de volta ao tempo. Finalmente, eu estava ali, posando — se é que se pode chamar aquilo de pose — para um retrato 3 x 4 que, em poucos minutos, seria entregue à embaixada brasileira em Beirute e colado em uma folha branca, acima da minha assinatura, dentro de um passaporte marrom onde se lia, na capa, "República Federativa do Brasil". E, logo abaixo do brasão oficial, a inscrição "*Laissez-passer*". Eu podia "passar", enfim, cruzar uma fronteira de vida que até aquele momento parecia inatingível. Sorri para a câmera. E beijei o documento como os atletas fazem com os troféus.

Posso dizer que era um renascimento, o meu primeiro registro, o papel inaugural. Pouco me importava que fosse um documento transitório, uma autorização de viagem única, que é o propósito do *laissez-passer* — um tipo de passaporte expedido em casos excepcionais, geralmente ao estrangeiro portador de documento de viagem não reconhecido ou que não seja válido no país de destino (no meu caso, uma estrangeira sem documentos). O que contava mesmo era que eu tinha em mãos um passe livre para deixar o Líbano, e isso significava o primeiro movimento em direção ao maior objetivo da minha vida: a conquista de uma nacionalidade. Era fundamental deixar o Líbano, assim como era preciso deixar a minha casa, o convívio com os meus pais e a minha história até aquele agosto de 2014. No livro *Teoria geral do esquecimento*, José Eduardo Agualusa escreve que "todos podemos, ao longo de uma vida, conhecer várias existências. Eventualmente, desistências".* Eu estava ansiosa para encontrar a nova Maha Mamo. Imaginava, como naquelas conversas infantis que temos em frente ao espelho, que, ao desembarcar no Brasil, ela me dissesse: "Fez bem em deixar o Líbano. Ali não havia mais nada a conquistar. Venha conhecer a nova existência". Até aquele momento, eu havia conhecido apenas as desistências. Não propriamente a minha, embora muitas vezes eu tenha fraquejado, colocado em dúvida a capacidade de reverter a situação de viver nas sombras. Refiro-me aqui às desistências inconscientes — a resignação da minha família, em muitos casos — ou às desistências forçadas, impostas pela burocracia, pelas leis do Líbano ou pela má vontade de dezenas de embaixadas, às quais eu sistematicamente pedia ajuda.

Deixar tudo aquilo para trás significava, acima de tudo, abdicar de um passado marcado por muitos favores, uma certa compaixão e alguma esperteza para poder exercer as funções básicas de uma cidadã: frequentar uma escola, ter um emprego com todos os direitos trabalhistas respeitados ou ser atendida num hospital, por exemplo. A vida para quem não tem "os papéis", como relata Gerard van Leeuwen em seu livro *Statelessness* [Apatridia], é "um eterno quebra-cabeça em que as peças são documentos emprestados, papéis falsificados, pequenas mentiras, grandes mentiras, preconceito e

* A frase está na página 45, no capítulo intitulado "A segunda vida de Jeremias Carrasco", do livro *Teoria geral do esquecimento*, de José Eduardo Agualusa. Rio de Janeiro: Foz, 2012.

burocracia".[*] Minha conta no banco não era minha, mas, sim, de uma amiga. A mesma amiga que emprestava seu documento — com um providencial maço de dólares enrolado — para que o plantonista do hospital me atendesse em minhas sérias crises de urticária. Embora agradecida pela solidariedade alheia, eu estava realmente cansada de brincar de juntar favores aqui e ali para montar uma imagem mais ou menos real da vida.

Pedi demissão do trabalho e reservei o mês de agosto para as despedidas no Líbano. Juntei a turma da escola, o pessoal do escotismo, a galera do basquete, os colegas de faculdade, minhas amigas mais próximas... Não havia dia sem encontros e histórias. O *grand finale* foi em setembro, pouco antes da minha viagem, no Junkyard, um restaurante no centro de Beirute. Nicole Khawand, a minha melhor amiga, sobre quem falaremos muito ao longo deste livro, caprichou na organização: bandeiras do Líbano e do Brasil, cupcakes verde-amarelos, caipirinha, cerveja Almaza e áraque (um destilado à base de anis bastante tradicional no Oriente Médio), música dos dois países, amigos de diferentes tribos. Cantamos "Ce n'est qu'un au revoir", uma valsa de despedida, e o choro foi inevitável. Nicole sabia que era um adeus de verdade, que, para mim, a partir daquele momento, o Líbano seria, no máximo, um destino turístico. "Você não nasceu para criar raízes em lugar nenhum, Mimo. O mundo é a sua casa", ela me disse.

Mimo é meu apelido entre as amigas mais próximas. Gosto dele. Maha, Mamo, Mimo... É sonoro e carinhoso. Meu primeiro e-mail, um do Hotmail, era mimo10, pois também adoro esse número. Sempre usei o dez na camiseta do time de basquete, outra de minhas paixões. Aliás, falamos muito de basquete na festa de despedida. Nicole Nakhle, uma grande amiga e também ótima jogadora, hoje produtora de eventos musicais, lembrou que por pouco eu não me tornei uma profissional do basquete, mesmo com meu 1,65 m de altura. Não duvide: eu sempre fui muito veloz e extremamente habilidosa (a WNBA[**] não sabe o que perdeu). Cheguei a receber um convite

[*] O trecho faz parte do prólogo do livro *Statelessness: One Man's Struggle for an Identity*, de Gerard van Leeuwen. Amsterdã: Amsterdam Publishers, 2017.

[**] Liga norte-americana de basquete feminino, considerada a mais importante do mundo na categoria.

de um dos principais times de Beirute, o Sagesse, para começar minha carreira no profissional. Adivinhe por que não pude ir? Sim, faltou provar que eu existia. "Onde está sua identidade, minha filha?", eles me perguntaram. Eu não tinha. "Certidão de nascimento?" Também não tinha. E, sem identidade, eu não podia jogar. Foi o ponto-final de uma carreira profissional que nem começou. Na verdade, eu havia jogado uma única partida profissional em 2010 com uma equipe da terceira divisão do Líbano, mas nem levo em conta, pois usei uma identidade qualquer, de uma tal de Silva — artimanha de um dirigente do clube —, para entrar em quadra. Transgressão não vale para o currículo, é falta. Outro episódio do basquete, dessa vez mais carinhoso: minha amiga e treinadora Christeena Bado, sabendo que a burocracia me impediria de jogar oficialmente por seu time, o Anwar, da primeira divisão do Líbano, pediu que eu participasse dos treinos coletivos para ajudá-la com a escalação e as estratégias. Era uma forma de me manter conectada ao esporte. Christeena é uma das pessoas de bom coração que nunca faltaram no meu caminho.

Voltei para casa pensando na afirmação de Nicole sobre o mundo ser o meu destino e nas perspectivas que eu tinha pela frente. Demorei a pegar no sono. O cérebro fritava, cheio de dúvidas. Não que eu não estivesse otimista — sempre fui uma pessoa otimista, caso contrário não teria chegado até aqui —, mas era natural colocar alguns pontos de interrogação às vésperas da minha nova existência. O Brasil seria apenas a primeira parada ou eu faria minha vida por lá? O que eu poderia encontrar? Teria emprego, estabilidade, um futuro? Quanto tempo levaria para regularizar a minha situação, se é que ela seria regularizada? Havia o medo, claro, de trocar a sombra daqui pela sombra de lá, o que seria infinitamente pior num país estranho, sem os meus amigos. E o que eu sabia do Brasil àquela altura era não mais do que o esperado: a terra do Carnaval, do futebol e do alto índice de criminalidade. Mas havia um sinal extremamente positivo a respeito do meu próximo destino: o Brasil estava flexibilizando a entrada de refugiados por consequência da guerra civil na Síria. Foi o que ouvi na embaixada brasileira em Beirute, e exatamente por isso eles acolheram o meu pedido de ajuda: emitiram o passaporte e o visto de entrada. Sabiam que havia uma chance de mudar a minha história se me colocassem num avião naquele momento. Isso sempre me enchia de esperança e coragem. Pensei no passaporte, no *laissez-passer*. O cérebro se aquietou. E dormi, ao som de George Wassouf no MP3.

O voo estava marcado para a madrugada do dia 18 de setembro de 2014. Virei a noite do dia 16 para o dia 17 na companhia de amigas e da minha família, em casa. Comemos, bebemos, arrumamos minhas oito malas (até o meu Mickey Mouse gigante de pelúcia e minha coleção de Mini Coopers de brinquedo foram parar na bagagem) e ficamos juntos o dia todo até as onze da noite.

Era a hora de ir para o aeroporto, mostrar o inédito passaporte, subir no avião pela primeira vez e descer em minha nova casa: o mundo.

NO LIVRO *A LOUCA DA CASA*, uma deliciosa autobiografia romanceada, a escritora Rosa Montero diz: "Estou acostumada a organizar as lembranças da minha vida em torno de um rol de namorados e livros. Os diversos relacionamentos que tive e as obras que publiquei são as referências que marcam minha memória...".* No meu caso, posso dizer que a tentativa de colecionar documentos forjou minha trajetória. "Vivo por um documentário, literalmente", brinquei, certa vez, ao conversar sobre meus problemas com um amigo. Mas, no fundo, é isso mesmo: passei boa parte da juventude numa corrida frenética por papéis, carimbos e assinaturas que provassem o óbvio: que eu existo e estou aqui. Assim, minhas reminiscências giram em torno dessa saga, com conquistas e fracassos ao longo do percurso. Várias frases que parecem sem sentido para a maior parte das pessoas marcaram a minha vida, como: "Consegui o primeiro emprego na mesma época em que comecei a mandar e-mails para todas as embaixadas, sem sucesso"; ou "Conheci meu segundo namorado, com quem eu imaginava me casar, dias depois de bancar a filha abandonada e me apresentar a um orfanato, numa tentativa desesperada de ser adotada e registrada"; ou, ainda, "Meu sonho de cursar Medicina

* O trecho está no primeiro capítulo do livro *A louca da casa*, de Rosa Montero. Rio de Janeiro: Harper Collins, 2016.

evaporou porque eu não tinha como apresentar uma certidão de nascimento na universidade". O que se segue, portanto, são episódios dessa história no Líbano, sem o compromisso estrito com datas ou com a ordem de acontecimentos. Minha vida, afinal, nunca foi linear. Por que seria nestas páginas?

1

Até onde a memória alcança, eu me vejo sentada na cama dos meus pais, chorando. Devo ter uns cinco anos e estou assustada com o pesadelo de sempre, que lembro com a nitidez de hoje: a mão abrindo a janela da sala, alguém entrando em casa e levando o meu pai embora. Quando ele volta, depois de um tempo que parece uma eternidade (os segundos aflitos dos sonhos), está quase irreconhecível, sem o bigode característico e muito magro. Vejo-o machucado, suado. Minha mãe enxuga o seu rosto. Eu e minha irmã Souad, vestidas de branco, o mesmo vestidinho que costumávamos usar nas celebrações do Domingo de Ramos, corremos ao seu encontro. *Baba* nos abraça e diz: podem até me prender, mas ninguém vai prender vocês.

Foram noites seguidas dessa maluquice inconsciente que roubava o meu sono e, por tabela, o dos meus pais. Uma noite, meu pai voltou do trabalho com uma pequena cruz, me entregou e disse que ela me protegeria da "mão oculta". Não sei se foi o efeito psicológico do seu gesto ou a força do símbolo que expulsou os invasores imaginários, mas o fato é que aquela pequena cruz de ferro acabou de vez com os pesadelos. Até hoje, ela repousa debaixo do meu travesseiro em qualquer lugar em que eu esteja.

Perguntei à minha mãe, um dia desses, se ela se lembrava do meu sonho maluco de infância. Ela riu e disse que eu tinha vários pesadelos, mas que sua única recordação era mesmo das noites maldormidas tentando me acalmar. Insisti: "Não, mãe. Estou falando *do* sonho. Aquele da mão na janela, dos caras entrando em casa, levando o *baba* embora". Ela me interrompeu, séria, sem fazer rodeios: "O seu pai foi preso em 1993 e você, com cinco anos, transformou o trauma em sonho. E isso é tudo o que tenho a dizer sobre esse episódio". O máximo que consegui tirar da minha mãe, com muita insistência, foi que o *baba* tinha sido confundido com um criminoso, detido na fronteira do Líbano com a Síria e voltado sete meses depois — o tempo que levaram para desfazer a confusão —, muito magro e com alguns ferimentos, exatamente como vi no sonho que não era sonho. Foi a primeira e última vez que tocamos nesse assunto em casa.

2

ACHO QUE FOI NESSA ÉPOCA que eu entrei na escola. Não... Talvez tenha sido um pouco antes. Minha mãe, com a memória desse tempo, contou que eu tinha três anos no dia em que abri o berreiro ao ver Souad toda arrumadinha para o primeiro dia de aula. Queria ir junto, o que fez com que ela me matriculasse logo depois da estreia da minha irmã. No Líbano, é muito comum ver crianças de dois ou três anos já nas creche-escolas. E, para minha mãe, que acabara de ganhar o meu irmão Edward, seria um alívio: era melhor mesmo que eu fosse com Souad em vez de ficar fazendo birra em casa. Dona Kifah caprichava nos preparativos: me arrumava como uma boneca e prendia meu cabelo com marias-chiquinhas, o que, segundo ela, fazia o maior sucesso com as professoras. Olhei recentemente as fotos dessa época, disposta a avaliar a pequena Maha Mamo. Hum... Ok, mãe, eu era mesmo uma doçura.

A escola era a Mesrobian, de origem armênia, localizada a cinco ou seis quadras da rua onde eu morava na cidade de Bourj Hammoud, na periferia de Beirute — uma cidade fundada por armênios que escaparam do genocídio imposto pelos otomanos entre 1915 e 1917. Muitos dos sobreviventes do massacre fugiram para a Síria e outros tantos peregrinaram pelo Líbano até achar um porto seguro. Viveram, inicialmente, em campos de refugiados. Aos poucos, os acampamentos se transformaram em vilas e, depois, em cidades, erguidas de forma desordenada. Foi o caso de Anjar, no Vale do Bekaa, e de Bourj Hammoud, na parte nordeste de Beirute. Alguns amigos estrangeiros que estiveram na minha cidade recentemente a definiram como um cortiço. Não sei se chega a tanto. De qualquer forma, é uma região muito simples e de muita gente igualmente simples. Para onde quer que se olhe, há prédios e mais prédios, um ao lado do outro, baixos, antigos, deteriorados. Bourj Hammoud é uma das localidades mais densamente povoadas do Oriente Médio.

Apenas uma ponte nos separa das regiões mais nobres de Beirute, geograficamente falando, porque as diferenças entre o lado de lá e o de cá vão muito além da travessia. O de cá foi esquecido pelo governo e pelas grandes empresas. Nasceu por força dos armênios e sobrevive graças a eles, ao seu artesanato, às pequenas fábricas de tecido, ao comércio de alimentos. Talvez a única coisa em comum com o centro de Beirute seja o cheiro do lixo que é queimado bem próximo ao mar,* a recordação que o descaso do governo nos deixou e que as nossas narinas insistem em nos lembrar, sobretudo nos dias mais quentes.

Mas, quando penso em Bourj Hammoud, prefiro recordar o aroma do Saj e dos temperos nas centenas de barracas e lojas espalhadas pelas ruas Marash ou Arax. Bourj Hammoud é uma feira aberta, caótica e colorida, onde se compra, além de comida, pulseiras, mandalas, roupas e artigos eletrônicos extremamente baratos. Gosto do burburinho e de ouvir árabe e armênio pelas ruas, às vezes com palavras misturadas dos dois idiomas numa

* O Líbano tem um sério problema de falta de estrutura para tratamento do lixo, que vem desde o fim da guerra civil (1975-1990), quando toneladas de resíduos foram despejadas na costa de Bourj Hammoud. De lá para cá, a situação só se agravou. Em 2015, um enorme aterro sanitário foi fechado, e as autoridades fracassaram em implementar um plano de contingência. Depositar lixo nas ruas passou, então, a ser comum, assim como a incineração de resíduos ao ar livre, o que gerou protestos da população. A "solução" federal foi criar aterros sanitários no litoral. Não são raras as imagens das montanhas de lixo na costa libanesa. Os detritos são queimados, joga-se areia em cima e a sujeira inevitavelmente desemboca no mar — muitas vezes o lixo é despejado diretamente na água.

única frase. Essa confusão cultural sempre me fascinou. Porém, o que eu gostava mesmo era de parar por um instante na calçada e olhar aquele cenário anárquico e vibrante como quem olha um quadro colorido pelos temperos e comidas dos cestos, pelas abóboras gigantes expostas em caixas, as vitrines de roupas e a chamativa bandeira armênia nas sacadas dos prédios, com suas listras horizontais em vermelho, azul e laranja. Acho que ela só perde em variedade para a bandeira brasileira, que Chico Buarque de Hollanda sugere ter sido pintada por alguém com um punhado de lápis de cor na canção "Almanaque". Adoro tudo o que é colorido, o que explica também minha fixação por fogos de artifício — não os que fazem barulho, mas os que iluminam. Sobretudo quando pintam o céu com luzes vermelhas, azuis e laranjas.

A Mesrobian foi a única escola, entre públicas e privadas, que aceitou matricular crianças sem certidão de nascimento. E, mesmo assim, só depois de muita insistência da parte da minha mãe. Por sorte, encontramos um diretor que se compadeceu da situação e autorizou a nossa entrada — os favores e as compaixões, as peças do meu quebra-cabeça. Minha mãe conta que também teve de exercer seu poder de persuasão em casa, pois meu pai, que pouco estudou, achava uma perda de tempo todo aquele esforço para colocar os filhos nos bancos escolares. "Não vão muito longe. Em algum momento a falta de documentos vai atrapalhar", ele dizia. Podia até ser verdade, mas o que ele queria? Que ficássemos em casa tentando aprender a ler e fazer contas até atingir a idade de arrumarmos um trabalho? Talvez fosse isso mesmo — meu avô o tirou da escola muito cedo para trabalhar na construção civil e ele achava isso normal. Havia, porém, um "detalhe" que o *baba* parecia ter esquecido: não tínhamos alternativa. A falta de documentos já era uma desvantagem gigantesca para qualquer pretensão profissional. Não ter documentos nem estudo seria a tragédia anunciada, um futuro condenado a subempregos, sub-remunerados, em subempresas. Por fim, minha mãe o convenceu. E meu pai — ainda que considerasse aquilo um gasto, e não um investimento — esforçou-se para pagar a escola.

3

Sou boa aluna, sempre fui. Souad também. Eddy não gostava muito dos estudos (mais tarde ele trocaria o ingresso na faculdade por um curso técnico e passaria a trabalhar com meu pai). Na escola, eu era do tipo que participava de todas as atividades possíveis: do teatro aos esportes. Corria bem, o que me levou, lá pelos oito anos, ao atletismo. Ganhei várias medalhas em competições internas ou contra os outros colégios armênios da região. O primeiro ouro veio com nove anos. Era corrida curta, cinquenta metros. No ano seguinte, repeti a dose, em um tiro mais longo: corri o campo de futebol uma vez e meia. Só não entendia muito bem a razão de não poder participar de campeonatos oficiais com escolas de outras cidades. Fiz, então, minha própria teoria conspiratória: "Sou uma menina árabe numa escola armênia, por isso eles me tiram das competições mais importantes. Panelinha pura". Eu ainda era muito nova para desconfiar que a ausência de documentos era — e sempre seria — o real motivo do meu corte nas provas oficiais. E tinha argumentos convincentes para essa tese particular de segregação: minha sala de aula era dividida em duas turmas, a dos árabes e a dos armênios. Não por qualquer imposição da diretoria, longe disso, mas, sim, por um arranjo natural dos próprios alunos, para evitar "conflitos" desnecessários. Mas descobri, depois, que era coisa de criança. Na adolescência, a turma acabava se misturando. E me tornei uma adolescente sem qualquer problema para fazer amizade. Eu me enfiava no grupo que fosse, atrevida, sem cerimônias. Uma característica que seria muito útil no futuro.

O professor de atletismo também era o treinador de basquete. Chamava-se Haig, um armênio alto, um pouco gordinho e lindo. Já não está mais conosco, mas devo minha eterna gratidão a ele. Foi o técnico Haig quem me levou das pistas para a quadra. Quando o questionavam por ter recrutado uma menina tão jovem, de dez anos (a média de idade era catorze), ele sempre respondia com outra pergunta: "Você já viu como ela corre?". Comecei a jogar na frente, pois era boa no rebote e na marcação da defesa adversária, e, aos poucos, fui aprimorando os arremessos, principalmente os de longa distância, de três pontos. Depois, com o tempo e a experiência, mas sem acompanhar o estirão adolescente das colegas de time, passei a ser a armadora do jogo — titular, camisa dez, querida pelas companheiras. Mas era sempre cortada das escalações nas competições oficiais. "Sem documento, não entra, filha" era o tipo de frase que, em qualquer situação, sempre destruía o meu dia e meus pequenos sonhos.

4

MAIS UMA LEMBRANÇA DE INFÂNCIA: os meus gritos na rua. Era muito divertido fazer aquilo. Todos os dias, Souad, Eddy e eu saíamos de casa às sete horas da manhã e caminhávamos por dez ou quinze minutos até a escola. A aula começava pontualmente às sete e meia. Voltávamos às três da tarde. Quando a gente chegava ao prédio, ainda da rua, eu berrava: "*Mamaaaaa*, precisa de alguma coisa?". Nossa mãe aparecia na pequena sacada e dava — ou não — a ordem do dia. Explico o motivo da gritaria: morávamos no último andar de um prédio de seis andares que não tinha elevador, onde meu pai vive até hoje. A cada andar, há dois lances de escada com treze degraus cada. São, portanto, 26 degraus por andar. Multiplicados por seis, são 156 degraus para alcançar o meu apartamento. Não foram poucas as vezes em que, voltando cansados da escola e depois de escalar uma centena e meia de degraus, ouvíamos da *mama* alguma ordem para comprar um ingrediente que faltava para o almoço ou o jantar. E geralmente era eu, a veloz Maha, a incumbida da inglória tarefa de descer, comprar e subir de novo. Para evitar o treino forçado, resolvi gritar. E, se o carregamento fosse grande, era possível utilizar a última maravilha da tecnologia *made in Lebanon*: o balde de transporte. Em Bourj Hammoud — e em alguns bairros de Beirute —, é comum ver baldes de metal cheios de mercadorias descendo e subindo de apartamentos, amarrados às janelas ou varandas por uma corda ou um arame, presos a uma roldana, como um balde de poço. É a salvação quando se mora no último andar de um prédio sem elevador. O balde funciona até hoje. E o grito... Bem, o grito acabou virando a nossa marca registrada. Os vizinhos já esperavam aquela zoeira no meio da tarde. Era só ouvir o nosso "*Mamaaaa*!" que eles comentavam: "Olha lá, chegou o trio da Kifah". Eu sempre gostei de entradas triunfais.

Nosso prédio tem treze apartamentos por andar. Foi construído alguns anos antes de estourar a guerra civil de 1975 como um projeto de hospital para a região e acabou abandonado durante o conflito, que durou até 1990. Por isso, parece uma construção inacabada, com a pintura descascada, paredes com o reboco esfarelando e fios elétricos aparentes e em mau estado — além das marcas de tiro na parede. Se houvesse um mínimo de fiscalização, já estaria interditado. O acesso ao prédio se dá por uma rua de terra que abriga um estacionamento particular, usado pelos clientes das lojas próximas e da mercearia colada à porta de entrada do edifício. A iluminação é escassa nas escadarias e nos corredores. Mesmo durante o dia, há um ar lúgubre e uma sensação permanente de insegurança. Não há portaria nem porteiro, o que significa dizer que qualquer um pode entrar no prédio. Não é raro ver gente dormindo ou curando a ressaca no térreo. Há um rodízio de energia de seis em seis horas na região — o Líbano ainda sofre com a falta de luz, herança dos bombardeios de Israel em nossas usinas durante a guerra de 2006 e da ineficiência federal para recompor a infraestrutura. O abastecimento de água também é insuficiente. Tínhamos que encher galões em uma torneira que fica na parte de trás do prédio, um local totalmente insalubre, com muito lixo. A dica era pisar forte no chão, como se estivéssemos marchando, para espantar os ratos no caminho até a torneira.

Os apartamentos são muito pequenos, quarto e sala, como dizem os corretores de imóveis. Quando havia apenas o meu pai e a minha mãe, tudo bem. O problema é que a família cresceu. O dinheiro, não. Uma mudança de endereço, portanto, estava fora dos planos. O jeito, então, foi improvisar. Ao entrar pela porta do apartamento, a primeira visão que se tinha era da geladeira e da máquina de lavar. Meu pai teve de colocá-las ali mesmo na entrada porque havia transformado a cozinha em um quarto para mim e Souad. Usávamos um beliche, pois não sobrava espaço para duas camas. Eu dormia na parte de cima, bem à altura de uma pequena janela de alumínio, cuja fresta me permitia ver o céu. Sempre gostei do céu e das estrelas. E de ver os aviões cruzando o horizonte de Beirute. Minha amiga Nicole Nakhle me disse, uma vez: "Se você estender a mão todas as noites, como se fosse pegar o avião que vê de sua cama, conseguirá, depois de mil noites, entrar num deles". Eu não dormia sem fazer o gesto imaginário.

Eddy se virava com um colchão na sala. O único quarto da casa era utilizado, obviamente, pelo casal. E a sala tinha o básico: uma televisão antiga, dois pequenos sofás, duas cadeiras, um aparelho de som três em um e uma mesinha com as fotos da família. Na parede, além das molduras com fotografias dos meus pais, havia meia dúzia de imagens de alguns parentes do meu pai. Os de minha mãe não tinham vez na decoração de casa.

5

Meu pai ganhava (e ainda ganha) a vida com uma caminhonete, fazendo carretos para empresas. Sempre foi um serviço pontual. Não me lembro de nenhum contrato duradouro que tenha nos dado segurança por um período mais longo. Alguém chamava, ele levava a mercadoria, recebia por isso e ponto-final — ou "até uma próxima". A sorte é que sempre havia um "até a próxima" dos clientes mais fiéis e dos amigos, de modo que sempre entrava algum dinheiro. Mas, no geral, era uma vida instável. Vivíamos na torcida para que o próximo mês fosse um pouco mais gordo do que o anterior. No inverno, era particularmente ruim, pois o mau tempo impedia o acesso a algumas vias e os carretos rareavam. Meu pai precisava ganhar o bastante nos meses mais quentes para garantir as contas no frio. Apesar de todas as dificuldades e privações, jamais nos faltou comida com o pai em casa — aliás, ele costumava até exagerar nesse ponto. Sua noção de paternidade era curta como a sua paciência. Para ele, se havia almoço e jantar, sua função estava cumprida. Só que ainda tinha a escola privada para os três filhos, um gasto que ele amaldiçoava, mas sempre dava um jeito de pagar. Sendo assim, já sabíamos das regras: controle absoluto em tudo o que não fosse comida e escola. Roupas, a gente só ganhava no Natal e na Páscoa — e assim mesmo por muita insistência da minha mãe (ela aproveitava os dois grandes eventos cristãos do ano para fazer George abrir a carteira). E não eram roupas, mas, sim, *roupa*. Uma só. Não tinha essa de dizer: "Ah, hoje quero comprar isso ou aquilo". O máximo que o pai fazia era, todo domingo, dar um dólar para cada um dos filhos com ordens expressas para que a gente administrasse aquela "fortuna" ao longo da semana.

Certa vez, gastei tudo num único dia comprando aqueles adesivos de estrelas fosforescentes para grudar nas paredes. Ele zombou de mim: "Azar o seu". Errado, *baba*. Sorte a minha. Eu sempre senti muita paz com as estrelas. Grudei-as no teto do meu quarto/cozinha e ficava olhando minha constelação particular até pegar no sono. O cubículo em que eu dormia parecia infinitamente maior com as estrelas. Ele nunca poderia entender isso.

Nos raros meses em que sobrava algum dinheiro, meu pai comprava braceletes, anéis ou cordões de ouro para minha mãe — ou para ele mesmo. Presentear com ouro é um secular hábito árabe para demonstrar afeto e/ou status social. Mas, no caso dos Mamo, acho que era só uma forma de investimento mesmo, uma previdente estratégia de ter alguma coisa para vender caso o cinto apertasse. Porque falar em status é piada de mau gosto em uma família que vivia na periferia da grande Beirute, com o dinheiro curto e as contas inevitáveis. Quanto às demonstrações de afeto, isso nunca existiu em nossa casa. Não havia carinho no lar dos Mamo. Longe disso. Tento me esforçar, mas não consigo me lembrar de uma única passagem da minha vida em Bourj Hammoud marcada por um abraço, um beijo ou palavras de estímulo dos meus pais.

6

O MEU PAI É UM HOMEM autoritário, machista e, às vezes, violento. Muitos dizem que o homem árabe é assim mesmo e durante algum tempo cheguei a culpar a questão cultural por esse comportamento, pois não havia base de comparação. Porque nós, os filhos, não podíamos sair, frequentar festas e restaurantes ou visitar a casa de algum colega da escola. Também não podíamos receber ninguém. O convívio social não existia. Dormir na casa de amigas, nem pensar. Nove horas da noite, no máximo, todo mundo tinha que estar na cama. Minha mãe e meu pai tinham medo de deixar a gente espiar a vida lá fora. Acho que nem imaginavam que o real problema, muitas vezes, era a vida ali dentro.

Às vésperas do meu décimo aniversário, decidi desafiar as leis de casa. Escolhi um grupo de sete ou oito amigas da escola e disse: "Vou fazer uma festa e quero que vocês venham me visitar". Marquei data e hora e avisei minha família somente no dia do evento. Meu pai ficou louco da vida e me bateu. Mas acho que valeu a surra: a festa aconteceu graças à minha mãe, que fez gelatina e pipoca e comprou um bolo. Foi minha única festa na infância e não me recordo de outra ocasião em que eu tenha ganhado tantos presentes de uma só vez — guardo com especial carinho a lembrança de um peixe de cerâmica com uma abertura para guardar moedas, que eu batizei como o "peixe da sorte". Hoje, não passo aniversário sem celebrar com os amigos. Acho que é a Maha adulta compensando a criança.

Cresci, portanto, imaginando que o conceito de família era aquilo mesmo. Um pai bravo, sem paciência com os filhos, sempre cansado, cuja vida se resumia a acordar às cinco horas da manhã, trabalhar, voltar às seis da tarde, jantar e dormir. Suas únicas diversões eram o Tawlet, uma espécie de gamão que ele jogava de vez em quando, e a bizarra competição de pombos da vizinhança de Bourj Hammoud. Nos países árabes, há um hábito esquisito, um vício mesmo, de criar pombos e soltá-los, em um horário predeterminado, para ver o que acontece na revoada. Funciona mais ou menos assim: um dos criadores solta seus pombos, o vizinho também, o cara do outro prédio faz a mesma coisa e a pombarada se junta no céu —

estou falando de centenas deles. Os pombos voam em círculos. De repente, o círculo de um determinado grupo se junta a outro, que se junta a mais um, e o que se vê daqui de baixo é uma imensa roda de pássaros girando no céu. Até que os criadores começam a chamá-los de volta, com um assobio característico e oferecendo um punhado de comida. Então, os círculos vão se desfazendo no céu e cada ave volta ao seu grupo para começar o processo de aterrissagem. Mas sempre ocorre de um pombo desavisado se esquecer de se juntar aos "seus". Se esse vacilo acontecer durante o processo de descida, o pássaro distraído passa a ser de propriedade do criador daquele grupo que o atraiu. Detalhe: pombos custam dinheiro, de cinquenta a duzentos dólares. Imagine, então, a confusão que se cria entre os vizinhos para reconhecer a perda. É coisa de doido e dá uma boa ideia do tipo de atividade que diverte o meu pai.

Entre sua rotina de trabalho e sua diversão com os pombos, ele sempre encontrava tempo para arrumar encrenca com a minha mãe. Ela, por sua vez, passava os dias apagando incêndios, mas parecia nunca se cansar do fogo. As brigas entre os dois eram constantes. Geralmente porque minha mãe estava nos defendendo de algo ou tentando evitar que ele nos agredisse. Não foram poucas as vezes em que essa intervenção só piorou as coisas. Acabávamos todos apanhando: os filhos e ela. Certa vez, Eddy, ainda adolescente, mas já mais alto do que meu pai — embora menos corpulento —, se enfiou numa briga entre os dois e, ao ver minha mãe ser agredida (a roupa dela chegou a ficar manchada com sangue), teve a reação esperada: enfiou a mão no meu pai, um soco certeiro na maçã do rosto, e saiu correndo pelos 156 degraus da escadaria do prédio. Meu pai tentou alcançá-lo, mas desistiu no segundo lance de escada. Eddy só voltou à noitinha, quando o velho já estava mais calmo. Estranhamente, o pai não disse nada. Mas não esqueceu. Até hoje, quando quer se fazer de vítima, ele fala da agressão que sofreu do único filho homem.

Ele também tem ciúme do vento que passa perto da minha mãe. Sempre foi assim. Quando ela queria visitar a família na Síria, era outra confusão em casa. Meu pai só a deixava ir se fosse para passar um único dia, nada mais. Mas, ao mesmo tempo, não cuidava dela, um tipo de comportamento que não consigo entender até hoje. Eu me lembro de um episódio que ilustra bem esse egocentrismo do *baba*. Entre 2011 e 2012, muitos sírios cruzaram a fronteira para escapar da guerra civil em seu país. O governo libanês recebeu um grande número de refugiados, porém era preciso impor um limite, pois não haveria espaço físico nem estrutura suficientes para comportar tanta gente. Exigiu-se, então, que a permanência de qualquer sírio estivesse vinculada ao aval de um libanês. Ou seja, os sírios precisavam de um fiador local. O que meu pai fez? Arrumou uma autorização com sua única irmã libanesa e não se importou com minha mãe. Eu conversei com minha amiga Nicole Khawand e ela assinou o documento para que nossa *mama* pudesse ficar no Líbano.

7

Só vi *mama* chorar uma vez. Foi quando a minha avó morreu, acho que em 2000 ou 2001. Era um 1º de abril, disso tenho certeza, pois me lembro de ela ter recebido a notícia, por telefone, de um sobrinho, e achar que era brincadeira do dia da mentira — o que, de qualquer forma, seria uma brincadeira de extremo mau gosto, convenhamos. Quando se convenceu de que o menino falava a verdade, minha mãe desabou e eu não sabia o que fazer. Eu devia ter doze ou treze anos. Fiquei no meu quarto ouvindo-a soluçar e esperando que me chamasse para contar o que tinha acontecido. Sabia que não tinha o direito de interromper aquele momento. Aguardei meia hora, se bem me lembro. Mais calma, ela chamou os três filhos e explicou o motivo de tanta tristeza. Tentei consolá-la, dizendo que ela era uma mulher muito forte e que às vezes era preciso extravasar mesmo. "É a primeira vez que vejo você assim, mãe. Nunca vi uma lágrima sua", comentei. Muito tempo depois, ela me disse que não era aquela fortaleza toda. Sempre chorava depois das brigas e agressões do meu pai — baixinho, na cama, para que a gente não escutasse.

Sempre que pergunto a ela o porquê de o meu pai ser assim, a resposta é decorada: "É o jeito dele, foi criado em uma família desajustada, era um jovem de sangue quente quando nos conhecemos. Também teve o episódio da prisão, o mundo não o tratou bem". Entendo até certo ponto a justificativa da criação, pois acho que as pessoas são — ou deveriam ser — capazes de evoluir, sobretudo quando mudam de ambiente e têm a chance de construir uma outra história, em outro país, formando a sua própria família. E isso independe de estudo ou formação. Quanto à "fúria juvenil", já deveria estar mais que domada com a idade. No caso da prisão, não tenho dúvidas das cicatrizes que ficaram, mas os filhos e a mulher não podiam — e ainda não podem — pagar pela injustiça cometida contra ele. E meu pai, até onde sei, já era irascível antes do "episódio", como diz minha mãe. Resumindo, o mundo talvez não tenha contribuído, mas jogar toda a culpa nos "outros" é tão injusto quanto foi a sua prisão.

Também me pergunto por que minha mãe nunca o denunciou às autoridades. Então me lembro da questão cultural, da religião, do constrangimento que seria entrar numa delegacia no Líbano relatando violência doméstica, da possibilidade de ouvir algum comentário do tipo "a senhora deve ter feito alguma coisa", e a imagino saindo de lá ainda mais derrotada, o que deixa o meu coração apertado. Ela o abandonou certa vez, desconfiada de uma traição. Ficou alguns dias fora de casa, mas acabou voltando por causa dos filhos. E também porque meu pai fez juras de amor, dizendo que não vivia sem ela, como se ainda fosse o adolescente de Alepo.

8

Sim, chegou a hora de falar um pouco da história dos meus pais. Eles nasceram em Alepo, na Síria. Eram vizinhos. Meu avô paterno, que trabalhava com construção, chegou a fazer alguns trabalhos na casa dos Nachar, a família da minha mãe, muçulmana. A do meu pai é cristã. Enquanto eram crianças, a religião não foi um empecilho para a amizade. Eles não se desgrudavam. Dizia-se, dos dois lados, que com o tempo essa proximidade naturalmente iria se desfazer. "Daqui a pouco George conhece uma menina cristã e esquece Kifah", apostavam os Mamo. "Daqui a pouco Kifah conhece um rapaz muçulmano e esquece George", garantiam os Nachar.

Uma rápida explicação antes de prosseguirmos com o amor juvenil. O nome de batismo do meu pai é Jean, mas a família sempre o chamou de George — e não me perguntem o porquê, ninguém sabe dizer. Pois bem. As famílias achavam que o tempo afastaria os dois. Ocorreu exatamente o oposto. Quanto mais cresciam, mais unidos ficavam. A amizade evoluiu para a paixão e, quando as famílias se deram conta, George e Kifah já estavam completamente envolvidos. Foi então que começaram os problemas. Os dois clãs não podiam concordar com uma união proibida não apenas pelo Deus de cada um, mas também pelas leis do país: o casamento inter-religioso é ilegal na Síria. É desnecessário discorrer sobre o peso que a religião tem na legislação e nos costumes do mundo árabe em geral. Em muitos países, simplesmente não existe separação entre religião e Direito. Meu pai foi mandado pela família para a Venezuela, para morar com um tio. Ficou quase dois anos por lá depois de uma breve passagem pela Costa Rica, vivendo numa comunidade, trabalhando quando dava, divertindo-se quando podia. Escrevia o tempo todo para Kifah e telefonava sempre que o dinheiro permitia. Quando pisou novamente na Síria, a família dele imaginava que a garota muçulmana já fazia parte do passado. A dela pensava o mesmo em relação ao jovem cristão. Mas George insistiu no "erro", e seus pais não viram outra saída a não ser arrumar um casamento forçado para o filho com uma prima distante, obviamente cristã. Kifah se afastou. George, então com dezessete anos, casou-se. Ficou alguns meses com a moça e terminou o matrimônio de uma forma que só mesmo o George terminaria. E contou a história de uma forma que só mesmo o George contaria: "Eu já estava de saco cheio daquela garota. No dia em que ela fez o prato que eu mais gostava, um macarrão à bolonhesa, eu esperei que ela me servisse, peguei o prato, atirei na cara dela e fui embora daquela casa para procurar a Kifah".

Soube mais tarde que a moça jamais voltou a se casar. Uma mulher divorciada na Síria enfrenta sérios problemas de discriminação. É a "esposa abandonada", que deve ter feito alguma coisa para não merecer o marido. Minha mãe me disse que um dia encontrou a foto da mulher na internet e fez a besteira de mostrar a página ao meu pai. Acabou apanhando.

De volta ao ponto: ir embora daquela casa, como disse meu pai, significava não apenas deixar a pobre e humilhada mulher e correr para os braços de Kifah. Significava, em algum momento, deixar a Síria. Se quisessem mesmo levar adiante aquele amor impossível, que fosse longe das ruas de Alepo. Os parentes, principalmente os dele, já haviam tentado de tudo: da Venezuela ao casamento forçado, passando por chantagem financeira, religiosa e moral. Até que se chegou ao extremo, com ameaças mútuas de confronto entre as famílias. Minha mãe conta que chegou a temer por sua vida e pela de George. Não foram poucas as vezes em que eles ouviram acusações de terem desonrado suas famílias, o tipo de insinuação que pode acabar em tragédia em alguns países árabes, a Síria incluída. A situação só pioraria nos anos seguintes. Kifah, então, deixou o trabalho de enfermeira no Martini Hospital, que ela adorava, vendeu um bracelete de ouro e arrumou as malas. George conseguiu mais algum dinheiro, e eles cruzaram a fronteira em direção a Beirute. Era 1985, o Líbano estava em ebulição, em plena guerra civil. Meus pais, portanto, fugiram de uma guerra particular e encontraram outra, de proporções infinitamente maiores. Com a diferença de que, nessa, eles não eram o alvo principal.

Eles se casaram em uma pequena capela, abençoados por um padre que só aceitou unir o cristão e a muçulmana numa cerimônia cristã depois de uma longa conversa e de colocar algumas libras libanesas no bolso. Ainda que o Líbano seja mais liberal do que a Síria, há também no país certas restrições ao casamento de pessoas de religiões diferentes.

A única referência que os recém-casados tinham no país era um tio do meu pai, que morava em um apartamento em Bourj Hammoud. George e Kifah se ajeitaram ali por alguns dias até que houve a oportunidade de alugar um apartamento no prédio em frente, o mesmo em que eu vivi por 26 anos e onde meu pai vive até hoje. A situação do imóvel era de chorar: abandonado, com as paredes mofadas, piso quebrado, sem vidros ou venezianas. Fazia um frio danado no Líbano, e a primeira providência do meu pai foi comprar um colchão e algumas sacolas plásticas para tapar os buracos nas janelas. Foi quando surgiu o primeiro anjo da guarda na história dos Mamo, a nossa vizinha Berjouk Darakdjian, uma senhora armênia cristã, mãe de quatro filhos, com o coração do tamanho do Oriente Médio. Vendo a movimentação no andar de cima, ela subiu e foi se apresentar à nova moradora. Ao se deparar com o estado do apartamento e com a pouca condição financeira dos meus pais, ofereceu-lhes cobertores, travesseiros, alguma comida e café. Diariamente, dispunha-se a ajudar na vida dos recém-chegados sírios. Berjouk era como uma mãe para a Kifah. E seria uma *nana* (avó) para nós, os filhos.

Souad nasceu em 1986. Eu, em 1988. Eddy, dois anos depois de mim. Crescemos brincando com os netos da *nana*. Todos os domingos descíamos ao quinto andar e passávamos a tarde jogando bola — feita de papel e fita adesiva — na varanda do apartamento dela, que era imensa. *Nana* e minha mãe faziam maravilhas na cozinha. Eu me lembro especialmente das conservas, das geleias e dos bolos. Minha mãe estava sempre na casa da *nana*, conversando, bebendo café turco e desabafando a respeito do casamento. A *nana* também frequentava minha casa e, por vezes, teve de impedir os avanços do meu pai para cima da minha mãe ou dos filhos. Serena e firme, costumava passar uma descompostura em George depois desses desvarios. Ele ouvia, de cabeça baixa. Respeitava a *nana*. Como era bom ver a firmeza daquela mulher.

Nos fins de semana, as portas dos dois apartamentos ficavam abertas, porque nós, as crianças, subíamos e descíamos o tempo todo. Os netos da *nana* estavam liberados da proibição de visitas à minha casa, como se tivessem um visto de entrada permanente emitido pelo senhor George. Pela lei de contrapartida, o pai também nos dava passe livre para ir à casa da *nana*. Nem precisávamos pedir. Essa fuga permitida era um alívio para quem nunca podia sair de casa. Até que a adolescência chegou e a varanda da *nana* já não parecia tão grande e divertida como antes. Eu precisava de mais espaço, muito mais do que descer um lance de escada. Queria estar na rua, sair, me divertir, espiar o mundo lá fora.

9

Já que eu não podia pensar em nada que se assemelhasse a um convívio social, tratei de empilhar compromissos "oficiais". O basquete foi um grande aliado. Eu treinava segunda, quarta e sexta, depois da aula, e no sábado pela manhã. Sábado à tarde e domingo de manhã eram dedicados ao escotismo. Meu pai relutou em aceitar as atividades extracurriculares, mas acabou concordando — acho que não aguentava mais me ver como uma sombra atrás dele falando sem parar e enfileirando argumentos sobre a importância do esporte e do escotismo. O principal argumento para convencê-lo: as duas atividades eram gratuitas.

Se o basquete era a minha paixão, o escotismo foi a redenção não só por reforçar conceitos como empatia e solidariedade (desde pequena eu tenho vontade de ajudar as pessoas; daí minha intenção de ser médica), mas também por me dar a independência necessária para enfrentar a vida. Meu grupo só tinha mulheres. Acampávamos três vezes por ano nas florestas do Líbano, tendo que nos virar com o abrigo, a alimentação e a organização. Aprendemos as técnicas de sobrevivência, salvamento e transmissão de sinais e éramos sempre estimuladas a trabalhar em equipe. Certa vez, como líder do grupo em uma floresta, fui acordada na madrugada por uma das garotas da tropa dizendo que precisava ir ao banheiro, distante uns bons metros de nossa tenda. Avisar a liderança é uma obrigação, pois não se pode andar sozinho pela mata, sobretudo à noite. Eu teria de acompanhá-la ou destacar alguém para a escolta. A garota me tranquilizou: "a vice-líder vai comigo". Depois foi até a vice-líder e afirmou que eu, a líder, estaria com ela. Fez um joguinho duplo. O que ninguém da minha equipe sabia era que tudo aquilo fazia parte de uma trama entre o comando-geral e a tal menina. Ou seja, eu estava sendo testada. O meu erro foi acreditar na conversa e não checar com a vice-líder se a garota realmente havia falado com ela.

Passaram-se cinco, dez, quinze minutos... e nada da menina. Comecei a entrar em pânico e rapidamente juntei outras escoteiras para ir até o banheiro. Meu coração quase saiu pela boca quando não a vi. Depois de mais de uma hora de buscas pela mata, com a minha equipe já desesperada, o comando-geral revelou a combinação. Naquele momento, tive um curso intensivo de tudo o que Robert Baden-Powell, o fundador do escotismo, pregava: liderança responsável, proteção, trabalho em equipe, companheirismo, prevenção de riscos... Sempre alerta, Maha, esteja sempre alerta.

Gosto muito de Baden-Powell, particularmente de duas frases que resumem o seu legado. A primeira é: "Vamos deixar esse mundo um lugar melhor do que a gente encontrou". E a outra: "Tente sempre olhar o lado brilhante das coisas, e não o das sombras". Cresci fazendo isso, mister Powell.

Em dezembro sempre havia a reunião anual dos escoteiros, com os principais grupos do Líbano. Em um desses encontros, minha irmã Souad conheceu uma menina miúda, de cabelos claros, olhos que oscilavam entre o verde e o azul, dependendo do tom da roupa ou de seu estado de espírito, e com uma determinação e uma segurança inversamente proporcionais à sua frágil aparência. Nome da menina: Nicole Khawand. Ela seria o segundo anjo na minha vida.

10

Meu primeiro contato com Nicole foi bem rápido. Souad estava se despedindo dela no acampamento e eu, sempre abelhuda, me enfiei na conversa. Trocamos telefones — ou melhor, Souad e ela combinaram de se falar. Acontece que minha irmã nunca foi muito de papo e, se eu não estivesse junto, acompanhando o telefonema no viva-voz, provavelmente a conversa terminaria em alguns segundos. Acho que Nicole gostou do meu jeito, e o resultado foi que a nossa amizade cresceu. Uma amizade virtual, no início, pois ainda reinava na minha casa a proibição de visitas e de ir à casa de qualquer outra pessoa que não fosse a *nana*. Eu devia ter uns dezesseis anos quando conheci Nicole, que tinha quinze. Depois de algum tempo, não fazia mais sentido ficar apenas ao telefone ou trocando SMS. Combinamos de nos encontrar nos meus treinos de basquete e decidi trocar a minha escola de escotismo pela dela. Tomei essa última decisão por dois motivos: o primeiro era que poderíamos nos ver com mais frequência e o segundo era que eu já estava decepcionada com meu curso, pois nunca podia participar das viagens para os encontros anuais com turmas dos países vizinhos. Ainda alimentava a ilusão de que aquilo era só uma frescura do meu grupo de escoteiras, sem querer admitir o real problema dos documentos. Esse segundo motivo foi a deixa para que eu me abrisse com Nicole. Contei a história de amor dos meus pais, falei das pressões das famílias em Alepo e da consequente fuga dos dois para Beirute, já que as leis da Síria não permitiam — e ainda não permitem — o casamento inter-religioso. Expliquei também que, mesmo tendo nascido no Líbano, eu não poderia ser libanesa porque os países árabes, como várias outras nações, só reconhecem a nacionalidade por sangue, e não por solo. Ela já tinha ouvido falar disso. O que Nicole não sabia era que a união proibida dos meus pais impedia que os filhos herdassem a nacionalidade síria. Sem casamento legítimo, não poderia haver descendentes sírios legítimos. Assim, Souad, Eddy e eu ficamos sem registro, sem pátria, sem documentos. Nicole me interrompeu:

— Você não tem nenhum documento?

— Nenhum. Nem meus irmãos.

— E a certidão de nascimento?

— Temos só um papel da maternidade que declara que nascemos vivos.

— E eles não podiam registrar vocês com esse documento?

— Não.

Ela ficou pensativa por alguns minutos e voltou a perguntar:

— Como você conseguiu se matricular na escola?

— Minha mãe conversou com o diretor e ele entendeu a situação. Foi o único diretor de escola que concordou em nos ajudar.

— Tudo isso é muito doido. — Nicole adora usar essa expressão.

— Nem ao hospital eu posso ir, porque não tenho documentos. Não posso viajar para fora do país com o meu grupo de escotismo. Não posso viajar com a turma do basquete ou jogar nos campeonatos oficiais. Não posso fazer nada.

— E como vocês fazem quando ficam doentes?

— A gente sempre tem que dar algum dinheiro para receber atendimento. Mesmo em hospitais públicos. Por sorte, quase nunca ficamos doentes.

— Que bom...

Nicole parou um pouco de falar, como se buscasse alguma lógica para aquela situação. Essa é mais uma das suas marcas registradas. Ela é cartesiana, extremamente racional. Nunca, ou quase nunca, deixa transparecer sentimentos. Até hoje, nossas amigas em comum dizem que ela tem uma pedra no lugar do coração — e a própria Nicole admite que é assim. Eu não acho que seja verdade, e o seu papel na minha história comprova que há um lado mole nessa rocha que ela garante ter dentro do peito. O curioso é que, hoje, a moça da lógica e da racionalidade está fazendo uma carreira brilhante como publicitária, uma área em que intuição, criatividade e emoção são as principais ferramentas de trabalho. Eu digo que ela é a publicitária mais engenheira que eu conheço, só para provocar. E ela retruca: "O meu lado intuitivo e criativo eu guardo para minhas peças publicitárias. Para todo o resto, a lógica tem de prevalecer". Faz sentido.

Mas vamos voltar ao diálogo daquela tarde de 2004:

— Ok, você não tem documentos. Nasceu no Líbano, está aqui, pode ser vista, tocada, mas não existe oficialmente. E qual é a solução para conseguir os documentos?

— Conquistar uma nacionalidade. Quando eu tiver uma nacionalidade, terei todos os documentos e direitos de qualquer cidadão.

— E teria que ser a nacionalidade dos seus pais. É isso?

— Na verdade, teria que ser a do meu pai. Nos países árabes, a lei diz que o sangue paterno determina a nacionalidade. Mas, no meu caso, dá no mesmo, porque minha mãe também é síria. Respondendo de forma prática à sua pergunta: sim, a nacionalidade vem por filiação.

— E por que seu pai não registra você?

— Porque não existe pai solteiro na Síria. Como eu te disse, a união de meus pais é proibida pelas leis do país.

— Mas não é ilegal no Líbano. Eles estão casados, afinal...

— Sim, mas não adianta o Líbano reconhecer o casamento. Os filhos teriam de ser registrados na Síria, a terra de meus pais. E a Síria não reconhece a união. É um nó. Entende?

— Entendo. Mas é muito doido.

— O único jeito seria o meu pai se converter ao islamismo.

— E por que ele não faz isso?

— Ele disse que tentou uma vez e não deu certo.

Tentar é modo de dizer. Quando meus pais deixaram a Síria, havia a promessa da conversão. Ao chegar ao Líbano, meu pai foi procurar um sheik para finalmente cumprir o combinado. O sheik, numa explicação breve e simples, é a autoridade especializada nos ensinamentos e na interpretação do Islã, o líder religioso de uma comunidade e o responsável pela celebração dos casamentos e pelas sessões de oração. É, portanto, quem deve ser consultado nos casos de conversão religiosa. Pois bem. O sheik recebeu meu pai e perguntou o motivo da decisão. Ele informou que era para se casar com uma muçulmana e ouviu a seguinte resposta: "Para se converter, é preciso muito mais do que o amor terreno. Vá estudar o islamismo e, quando estiver pronto, volte". Aposto um bracelete de ouro que, a esta altura da história, qualquer um é capaz de adivinhar a reação do meu pai. Sim, ele resmungou algum palavrão em árabe e nunca mais voltou.

Após eu ter lhe contado essa história do meu pai com o sheik, Nicole retomou as perguntas:

— E sua mãe não poderia se converter ao cristianismo?

— Não, não pode.

— Maha, vou pesquisar. Precisamos encontrar uma solução. Tem que haver uma, talvez com a ajuda de autoridades daqui ou até de outros países.

Nicole levou o assunto a seus pais. Dias depois, eles quiseram conversar comigo.

11

O PAI DE NICOLE SE CHAMA CHARBEL. É um sargento da reserva do exército libanês. A mãe, Nahida, aposentou-se como funcionária pública; trabalhava no Ministério da Educação. São as pessoas mais doces e certamente os pais mais liberais que eu conheci. Não havia assunto tabu na casa dos Khawand: eles falavam de política, religião, amizade, relacionamentos, liberdade de escolhas, o que fosse, com a naturalidade de quem conversa sobre o tempo, algo raro nas famílias libanesas. Contei toda a minha história, respondi a uma série de perguntas, desabafei, chorei e me senti extremamente acolhida por aquela família. Ouvi do sr. Charbel a promessa de que eles iriam estudar a fundo o assunto e me ajudar no que eu precisasse. "Vou fazer algumas ligações, consultar algumas pessoas. Tem que haver uma solução, Maha", disse, repetindo as palavras de Nicole — ou Kouki, como eles a chamam carinhosamente (desculpe por revelar seu apelido, amiga. Não conseguiria passar o livro todo com uma formalidade que não existe entre a gente).

De tanto eu falar de Kouki — sem contar detalhes de nossas conversas, claro —, meu pai acabou se convencendo de que se tratava de uma boa menina e liberou as visitas recíprocas, "com moderação". Souad e minha mãe ajudaram bastante nessa tarefa de quebrar a intransigência de George.

— Mas não abuse, Maha — disse dona Kifah.

— Ok, mãe, ok...

Moderação nada! Kouki vinha pouco a Bourj Hammoud, mas eu vivia na casa dos Khawand e era sempre recebida de forma festiva, como uma filha. Meu conceito de família mudou. Havia harmonia, diálogo, abraços, um boa-noite na hora de dormir e um bom-dia ao acordar. Era outro clima, de unidade, cumplicidade. Olhava para o sr. Charbel e pensava: não, o homem árabe não é sempre um bruto, e os filhos podem, sim, discordar, dialogar, colocar na mesa seus pontos de vista sem que isso acabe em briga. Nahida me dizia: "A porta sempre estará aberta para você". Como era bom ouvir aquilo. Quando eu tinha um problema, tocava a campainha e eles me recebiam, geralmente com mesa farta e palavras reconfortantes.

Em uma dessas conversas com a família Khawand, contei que já havia tentado de tudo para resolver o problema, até mesmo dizer que não conhecia meus pais. Cheguei a ir para um orfanato com a mentira pronta, disposta a pedir ajuda, mas me informaram que o processo não era tão simples assim — a minha situação precisaria ser comprovada para que me aceitassem. Também havia pensado em me casar. Quem sabe aquilo encurtaria o caminho, uma possível transferência de cidadania por parte do futuro e imaginável marido... Mas como me casar sem documentos? O sr. Charbel me disse: "Calma, vamos até a sua casa conversar com seus pais e ver se existe alguma possibilidade de resolver tudo isso". Na mesma hora, eu o alertei: "Tem certeza de que quer ir até lá?".

12

Kouki foi a única pessoa, até então, que realmente tomou aquele problema como se fosse dela. Na minha casa, essa questão gerava brigas entre meus pais ou indiferença entre meus irmãos. Souad e Eddy pareciam resignados, pois as nossas vidas, de um jeito ou de outro, aconteciam. Eles não verbalizavam esse conformismo, mas era como se dissessem: "Maha, deixa pra lá, está tudo certo". Não, não estava tudo certo. Era preciso mudar, buscar alternativas. No fundo, sempre tive a impressão de que Souad, ainda que não admitisse publicamente, me dava razão — ela também sofria com a situação, todos nós sofríamos, ora essa! Mas talvez não quisesse enfrentar o problema por medo ou respeito aos meus pais. Eu achava — e hoje tenho certeza disso — que a introspecção da minha irmã tinha muito a ver com a condição de se sentir à margem, à sombra, exatamente o que eu experimentava todos os dias. Minhas suspeitas se confirmaram recentemente, quando tivemos uma conversa muito franca sobre o assunto. Souad confidenciou que, na adolescência, sentia-se diminuída pela ausência de documentos, por não ter uma pátria, por ter de explicar a sua condição a todo momento. Cortava-lhe a alma ver os olhares curiosos (e muitas vezes as risadinhas abafadas) de quem ouvia a história, como se ela fosse uma alienígena. Por ser mais extrovertida que Souad e um tanto rebelde, acho que consegui lidar um pouco melhor com essa situação.

Eddy era o brincalhão da casa. Filho mais jovem, levava a vida como dava e não se importava muito com as consequências. Minha mãe evitava o assunto. E meu pai, nas poucas vezes que tocava nessa questão, era para acusar minha mãe, o que, invariavelmente, terminava em briga. Ele falava: "A culpa é sua, que é muçulmana". E minha mãe retrucava: "Você sabia que a gente não podia se casar, mesmo assim insistiu. Falou que ia virar muçulmano, mas não quis se converter". Ou seja, não havia o mínimo de civilidade para conversar.

Mesmo assim, Charbel, Nahida e Kouki fizeram questão de ir à minha casa conhecer meus pais. Eu expliquei o motivo da visita para minha mãe, a convenci a receber os Khawand e ela convenceu meu pai, dizendo que eles só queriam entender o nosso caso para ajudar a encontrar uma solução que fugisse da conversão religiosa — a grande questão em casa. Ele acabou aceitando. Qualquer saída que resolvesse o nosso problema sem mexer com sua condição de cristão poderia ser bem-vinda.

Os Khawand se sentaram, tomaram um café turco, abriram a conversa com algumas amenidades e entraram, enfim, no grande tema tabu de casa. Meu pai e minha mãe até começaram bem o papo, mas logo avançaram para a fase das acusações mútuas. Ela repetia a frase que eu já conhecia de trás para frente: "Você falou que assim que casasse comigo iria mudar de religião, mas não fez nada disso". E ele devolvia: "Você viu que eu quis mudar, a gente foi até o sheik, mas ele falou que eu tenho de estudar mais. Eu não vou estudar. A culpa é sua, da sua mãe, do seu pai, dessa religião". E a reunião ficou nesse clima péssimo, patrocinado pela descortesia de George e Kifah. Eu me encolhia de vergonha no sofá.

Kouki e seus pais saíram da minha casa assustados e ainda mais confusos. Na hora de acompanhá-los até o carro, olhei para o sr. Charbel e nem precisei dizer nada. Ele se antecipou: "Você avisou, eu sei". E aproveitou para esclarecer uma questão importante que não havia tido a chance de perguntar na reunião com meus pais. Era sobre o programa excepcional que o governo libanês tinha lançado em 1993 para conceder nacionalidade a uma série de pessoas que viviam no país e que, por algum motivo, não tinham a situação regularizada. Um programa bacana, sim, mas que custava dinheiro, mais uma forma de engordar a arrecadação federal.

— Seus pais não sabiam dessa oportunidade? — o sr. Charbel questionou.

— Sabiam. Mas meu pai estava viajando, foi impedido de voltar para casa e não conseguiu fazer. É uma longa história...

Eu não quis falar sobre a prisão, que ocorreu exatamente em 1993. Meu pai estava detido nos meses em que o governo libanês abriu essa porta inédita para a nacionalidade. A trágica ironia dupla do destino: o *baba* foi punido injustamente, e nós também.

— E sua mãe não podia fazer isso? — continuou.

— O processo tinha um custo e, na época, sem o meu pai em casa, estávamos quase sem dinheiro.

— Que pena.

Nem me fale, sr. Charbel, nem me fale...

Kouki também quis saber se algum dos meus outros familiares poderia ajudar. Ela conhecia a história de uma moça que tinha engravidado e havia sido abandonada pelo marido. Mulheres abandonadas nos países árabes enfrentam diversos problemas e costumam ser vítimas de uma série de maledicências. Uma moça grávida e abandonada é ainda pior. O que ela fez? Registrou o bebê, uma menina, como filha de seus pais. Pela lei, passou então a ser irmã da filha. Pelo coração, nada mudou. Era apenas um papel.

— Seria possível fazer algo assim, registrar vocês no nome de algum parente, mesmo a essa altura da vida? — Kouki quis saber.

— Legalmente, eu não sei dizer. Na prática, acho impossível. Meus pais não aceitariam essa alternativa. Além disso, não temos contato e nenhuma afinidade com nossos parentes. Vou dizer uma coisa, Kouki: minha família começa e termina com meus pais. Não quero saber de avós, bisavós, tios e tias de nenhum dos dois lados. Eles nunca se preocuparam comigo, com Eddy ou Souad, os filhos da união proibida.

— Vamos bater em outras portas, então.

13

Como não havia cooperação em casa para tentar resolver o problema, eu tinha duas saídas. Uma delas era recorrer diariamente à boa vontade da família Khawand. A outra, mais prática, era frequentar lan houses — as lojas que cobram por hora o uso de computador, já que eu não tinha um em casa — para fazer minhas próprias pesquisas sobre o tema. Juntei algum dinheiro com algumas amigas para pagar esses primeiros gastos e fui à luta. Comecei as buscas sem muita ordem ou critério, digitando tudo o que vinha à minha cabeça: cidadania no Líbano, na Síria, em outros países árabes, no mundo ocidental, casamento inter-religioso, conversão religiosa, registro de nascimento... Descobri, por exemplo, que 25 países não permitem que a mulher transfira a nacionalidade. Minha mãe, infelizmente, vem de um deles e mora em outro que também está na lista. Aliás, meus irmãos e eu nascemos na parte do mundo que praticamente criou essa inglória lista: nenhum país do Oriente Médio dá a mínima para o sangue materno. Não posso dizer que fiquei exatamente surpresa com essa informação.

De quebra, naquelas tardes, diante da tela do computador, também topei com o recém-criado Facebook. Para quem sempre observou a vida pelas frestas, a rede social abria a janela por inteiro. Eu via o mundo ali e o mundo me via. Bastava ter um e-mail para fazer o cadastro. É engraçado pensar no e-mail como um registro de nascimento on-line: não exige comprovação de pátria nem está submetido à burocracia do mundo físico. Crie um endereço e, *voilá*, você existe. Simples assim. O problema é que a existência nesse universo paralelo, embora fosse divertida e até libertária, não mudava em nada a minha condição na vida real. Eu continuava invisível do lado de cá da tela, e essa contradição entre o mundo físico e o virtual começou, com o tempo, a me deixar cada vez mais irritada. Lembrei-me da dica de Kouki de procurar autoridades. Pensei no alcance e na velocidade dos e-mails. Decidi, então, mandar mensagens a todas as embaixadas possíveis explicando a minha situação e pedindo ajuda para conquistar uma nacionalidade, o que automaticamente me tiraria das sombras. Nessas mensagens, eu assinava o meu nome e adotava uma espécie de sobrenome no mínimo instigante:

Someone Unknown (Alguém Desconhecido). Era uma forma de tentar chamar atenção para a invisibilidade.

O problema é que estava ficando cara demais essa história de frequentar lan houses quase todos os dias e eu ainda não havia completado a minha lista de embaixadas. Tentei, então, uma estratégia ousada: convencer meu pai a me dar um computador no Natal daquele ano de 2004. Ainda que não tivéssemos internet em casa, com um notebook em mãos eu poderia me deslocar a algum lugar com conexão — a escola, cibercafés ou até mesmo a casa de Kouki, por exemplo — e continuar minhas pesquisas e envios de e-mail sem gastar dinheiro. Joguei argumentos do tipo "será útil para toda a família"; "pode ajudar nos estudos"; ou mesmo "todo mundo tem um computador". Meu pai retrucava: "Não sabe falar outra coisa, Maha?". Até o dia em que, cansado de ouvir meus apelos, ele respondeu: "Vamos ver". Parei de pedir por já considerar aquele "vamos ver" uma vitória. Quando a noite de Natal chegou, esfreguei as mãos, convencida de que o desejado computador estava ali, apenas esperando para ser desembrulhado. Mas meu pai me deu um ursinho de pelúcia estranho, que tinha uma orelha azul e a outra vermelha. Atirei o ursinho nele e fui me deitar, sem saber o que me esperava no dia seguinte depois de tamanha afronta.

Acontece que George é realmente um sujeito complexo, difícil de entender. O mesmo cara bravo e impaciente também era capaz de atitudes surpreendentes. Na manhã seguinte, com uma doçura inédita, talvez motivada pelo espírito natalino, ele me disse que ainda não tinha condições de comprar o computador, por isso optou pelo urso de pelúcia. Mas prometeu que, assim que ele juntasse o dinheiro, eu teria o meu presente. Dois meses depois, ele apareceu com o computador, comprado em eternas parcelas e com juros. Passei até a olhar aquele ursinho de outra forma. Dei-lhe o nome de Moukhtalef, que quer dizer "diferente". Acho que foi uma maneira de me desculpar com meu pai.

14

Os PRIMEIROS MESES DE 2005 passaram rápido. Eu já estava com dezessete anos e minha vida tomou um ritmo surpreendente. Havia o basquete, o escotismo, os estudos, a tarefa diária de checar o computador para ver se tinha chegado alguma resposta das embaixadas. Recebi muitas, nenhuma delas promissora. A maioria dizia que não podia fazer nada. Algumas mensagens eram mais polidas, outras bem diretas. A embaixada alemã me avisou que, para ter a cidadania, eu precisaria estar na Alemanha. Era a mesma justificativa de Itália, Noruega, Suécia e outros tantos países da Europa. Ora, eu não podia viajar. Portanto, a ideia já nascia morta. Da Dinamarca, recebi a informação de que um dos caminhos era o casamento com um dinamarquês. Veja só, que beleza! Mas havia um probleminha: eu não tinha documentos para poder me casar nem vontade de fazer isso. A da Bélgica me sugeriu procurar a embaixada da Síria. Deu vontade de mandar um recadinho do tipo: "Jura?". Da República Tcheca, a resposta foi curta e definitiva: "Esse assunto não é da nossa alçada". É isso aí: sinceridade em estado bruto. Do Brasil e de outros países da América do Sul, eu não recebi qualquer mensagem naquele ano. Tentei os asiáticos e os africanos, sem sucesso. O Canadá lamentou a minha condição, mas disse que não podia fazer nada. Ah, como eu desejei o Canadá, um país aberto, laico, democrático. Nem problemas com o idioma eu teria: falava francês, herança da nossa colonização, e inglês, que aprendi na escola — além de armênio e árabe, obviamente. Seria um sonho ir para cidades como Montreal ou Toronto. Paciência. A embaixada americana também se esquivou, mas ao menos ali eu descobri a palavra que definia a minha situação: *stateless*. Eu era uma sem-pátria, uma **apátrida**.

Contei a Kouki a minha descoberta: "Sabe o que eu sou? Uma apátrida". Imaginava-me a exceção das exceções, uma alienígena. Dias depois eu iria pesquisar sobre o assunto e ver que existem pelo menos 10 milhões de pessoas nessa condição no planeta, quase todas elas vítimas de políticas discriminatórias (étnicas ou de gênero), omissões administrativas ou legislações conflituosas. Alguns apátridas são também refugiados; foram forçados a se deslocar para outro território por causa de guerras ou perseguição político-ideológica ou religiosa. Alguns exemplos do que pesquisei:

- Grupos inteiros podem se converter em apátridas da noite para o dia por causa de diretrizes políticas ou legais ou pelo estabelecimento de novas fronteiras entre países.*
- Acabam tornando-se apátridas os filhos de estrangeiros nascidos em territórios onde só há o reconhecimento de nacionalidade por sangue e o país de origem desse estrangeiro só reconheça a nacionalidade por solo.**
- No Oriente Médio, legislações que discriminam com base no gênero criam riscos de apatridia. Privar as mulheres do direito de passar a sua nacionalidade aos filhos, em condições de igualdade com os homens, é uma situação "que pode criar cadeias de apátridas que se estendem por gerações", segundo o Acnur. O Irã é um caso clássico de produção de sem-pátrias por distinção de gênero.***
- A desintegração da União Soviética, em 1991, gerou milhares de apátridas. Ainda hoje, centenas deles permanecem nessa condição. O mesmo ocorreu na extinção da Iugoslávia.****
- O governo de Bangladesh negou a cidadania a cerca de 300 mil pessoas da comunidade bihari, de língua urdu, quando o país conquistou a independência, em 1971.

* "Acabar con la apatridia en 10 años", *Informe Especial* UNHCR, 2014.

** "Aquí estoy, aquí pertenezco: la urgente necesidad de acabar con la apatridia infantil", *Informe Especial* UNHCR, 2015.

*** "Bajo el radar y desprotegidos: la necesidad urgente de abordar los derechos de los ninõs apátridas", *Informe Especial* UNHCR, 2012.

**** "Shadows of Themselves: Portrait of Statelessness". Reportagem especial de Mir Ubaid para a Al Jazeera, 2015.

A medida foi motivada, segundo o governo, pela resistência bihari à independência.*

- Em Mianmar, país predominantemente budista, foi negada a nacionalidade a 800 mil muçulmanos rohingya com base em uma lei de "cidadania" criada em 1982. A lei tinha uma complicada definição de cidadão, sempre atrelada à etnia, e restringia a liberdade de circulação, religião e educação.**

No meu caso, a apatridia vinha como consequência direta da combinação de dois problemas iniciais: o fato de eu ter nascido num local que reconhece somente a nacionalidade sanguínea e a paixão proibida de meus pais. Se George e Kifah tivessem nascido em um país laico, ou ao menos mais tolerante, a história seria diferente. Se eu tivesse nascido em um país que prioriza o território como origem, também não haveria problemas. Se minha mãe pertencesse a uma das nações que permitem a herança materna de cidadania, a questão estaria igualmente resolvida. Mas o "se" nunca entrou na minha história. Meus pais eram sírios, eu nasci no Líbano, eles não tinham condições de deixar a região — acho que nem queriam — e ponto-final. Pensar no que poderia ter acontecido ou lamentar a má sorte àquela altura do campeonato era só perda de tempo e energia.

Deixei a comunicação com as embaixadas um pouco de lado para tratar de assuntos mais imediatos. Um deles: a minha preparação para entrar em alguma universidade. No Líbano, existem dois exames federais durante a

* Em 2008, a justiça determinou que o governo de Bangladesh reparasse esses erros e concedesse a cidadania aos bihari. Muitos deles, porém, ainda continuam vivendo à margem da sociedade, sem cidadania e em pobreza extrema nos campos de refugiados. Fonte: "In Pictures: The Plight of Biharis in Bangladesh". Reportagem especial de Bijoyeta Das e Khaled Hasan para a Al Jazeera, 2014.

** Em 2012, choques entre os rohingya e os nacionalistas budistas causaram numerosas mortes, forçando milhares de representantes da minoria muçulmana a fugir para outros países. A violência só se agravou desde então. Em novembro de 2019, o governo de Mianmar foi acusado de violar a Convenção para a Prevenção e a Repressão do Crime de Genocídio, das Nações Unidas, assinada em 1948. Em 23 de janeiro de 2020, a Corte Internacional determinou que Mianmar tomasse medidas para proteger os rohingya. Fonte: "Acabar con la apatridia en 10 años", *Informe Especial* UNHCR, 2014.

vida estudantil. Um, regional, o Brevet, para passar do ensino fundamental ao médio. Outro, nacional, o BAC II, que dá acesso à faculdade e ocorre duas vezes por ano, em maio e setembro. Claro que a ausência de documentos era um problema para realizarmos ambas as provas. Souad já havia enfrentado obstáculos na primeira delas, quando foi para o ensino médio. "Sem papel, nada feito" era a frase clássica que ouvimos a vida toda. Foi o diretor da nossa escola quem conseguiu a autorização do ministro da Educação para que minha irmã pudesse seguir em frente. Ele me ajudaria também, um ano depois. Mas e no ensino superior? Para se inscrever no grande exame nacional, "o passaporte" para a universidade, era preciso novamente mostrar uma identidade. A coisa ficava mais séria. Souad tentou e foi barrada. Foi nesse momento, vendo toda a dificuldade com os papéis, que meu irmão Eddy desistiu dos estudos. Ele dizia: "No fundo, o pai estava certo, não vai acontecer". Não, o pai estava errado. O diretor da nossa escola entrou de novo em campo e conseguiu abrir as portas do BAC II para Souad. Ela fez o exame e passou.

A prova federal serve para todas as faculdades, públicas ou privadas. É um atestado de que o aluno pode frequentar um curso superior, o que não significa que não tenha que fazer novas provas na faculdade escolhida. Passou no BAC II? Legal. Agora escolha a instituição e faça o exame específico para o seu curso. Simples assim. Mas quem disse que "simples assim" é uma expressão que pode ser usada para as irmãs Mamo? Souad encontrou portas fechadas em quase todas as faculdades. A maioria, claro, não aceitava alunos sem documentos. E as poucas dispostas a aceitar cobravam mensalidades impraticáveis para o nosso padrão de vida. Resultado: minha irmã ficou um ano parada, sem estudar. Aproveitou as férias forçadas para trabalhar como professora particular de matemática e depois nos depósitos da Fattal, uma das maiores empresas de logística para bens de consumo no Líbano.

Chegava, então, a minha vez de encarar o BAC II, de novo com a providencial ajuda do diretor da escola. Eu não passei na primeira tentativa. Confesso: uma certa soberba acabou me atrapalhando. Como sempre fui boa aluna, achei que tiraria de letra o exame do governo. Em vez de estudar, jogava basquete ou dedicava as tardes livres às redes sociais e aos e-mails para as embaixadas. Fiz a prova e me dei mal. Telefonei para Kouki para falar do meu fracasso e dizer que estava pensando seriamente em desistir, até porque havia a situação da minha irmã, que fora aprovada no exame, mas rejeitada nas faculdades. Kouki estava com seus pais no norte do Líbano, onde vive grande parte de sua família. Eu me lembro até hoje das suas palavras: "Desistir coisa nenhuma. Estamos falando do seu futuro. Você vai fazer de novo a prova em setembro e eu vou te ajudar, assim como você me ajudou em meus estudos".

15

É VERDADE. Kouki começou sua vida de estudante numa escola que não tinha o árabe como língua oficial, só o francês. A coisa chegou a tal ponto que ela e a irmã, Nathalie, estavam esquecendo muitas palavras no idioma que a própria família falava em casa. Preocupada, sua mãe foi atrás de outra escola que também incluísse o árabe no currículo. Kouki demorou para se adaptar em disciplinas como Literatura, Geografia e História Árabes. Eu a ajudei muito nesse período, não apenas emprestando os meus livros, mas acompanhando seu dever de casa e seus estudos diários. Sempre afiada com os argumentos, ela resgatou essa passagem da sua vida para dizer que era uma questão de honra retribuir a imensa ajuda. Passamos a estudar juntas, dessa vez para valer, sem basquete, soberba e e-mails.

Passei com nota alta, mas, assim como Souad, enfrentei as mesmas caras feias e portas fechadas em faculdades. Na melhor universidade de Medicina de Beirute, o recepcionista jogou na minha cara o papel que confirmava a aprovação no exame: "Volte quando tiver documentos. Não vou perder tempo com você. Próximo...". Era uma sensação horrível, como se um muro surgisse na minha frente com a placa: "Fim da linha, contente-se em ter chegado até aqui". Em meus quase dezoito anos de vida, eu já havia enfrentado vários obstáculos e frustrações, mas nenhum comparável a esse bloqueio do futuro. Os campeonatos não disputados, as viagens que não fiz no escotismo, a aflição de ser parada numa blitz da polícia e até mesmo o medo das recusas em hospitais, tudo isso parecia passageiro ou contornável diante da impossibilidade de vislumbrar um futuro melhor, com um diploma nas mãos. Eu havia chegado até ali com notas altas na escola, falando quatro idiomas, com excelente desempenho no exame do governo, e não podia seguir em frente por causa de um papel? A vontade era de gritar para os burocratas das faculdades: "Eu existo, estou aqui e quero continuar meus estudos. Portanto, assine logo essa maldita autorização para que eu possa ter a chance de mudar de vida". E não ter de voltar para casa e dizer a meu pai: "Você estava certo".

Vendo a minha aflição, os pais de Kouki pensaram em uma solução drástica: me adotar como filha para resolver de uma vez por todas essa questão dos documentos e da cidadania. Foi em vão. Os advogados disseram que, com aquela idade, dezessete para dezoito anos, eu não poderia mais ser adotada. E, mesmo que eu fosse mais nova, havia o fato de que os processos de adoção no Líbano são bem complicados. Também fico imaginando qual seria a reação dos meus pais ao ouvir aquela proposta da família Khawand.

Fim da linha, Maha, fim da linha... Essas palavras martelavam na minha cabeça. Era melhor arrumar o emprego que fosse e continuar a minha saga com as embaixadas. Com sorte, um dia a nacionalidade viria e eu poderia retomar os estudos. Então Kouki surgiu à minha porta, numa tarde de setembro de 2005, com uma alternativa: "Tem uma faculdade nova, a Universidade de Artes, Ciências e Tecnologia do Líbano, mais conhecida pela sigla AUL, que fica ao lado da minha casa. É particular e os caras estão em busca de alunos, o que significa dizer que as mensalidades são mais acessíveis e eles têm, digamos, muito boa vontade com tudo que possa ajudá-los a encher as salas de aula. Estive lá, expliquei o seu caso e eles querem te ouvir". Mas não havia o curso de Medicina, ela avisou, era uma faculdade voltada para negócios e tecnologia. Antes que eu me manifestasse, Kouki se antecipou, traçando toda a estratégia para os próximos anos: "Esqueça a Medicina. Faça alguma coisa na área de negócios. Esse campo é amplo e bem promissor. Arrume um emprego para ajudar nos custos e, depois que terminar o curso, tente uma extensão, um MBA, na própria AUL. Quero ver alguma empresa dispensar um currículo como esse de uma garota poliglota". Kouki sabe mesmo vender uma ideia.

Fiz a prova, passei, escolhi o curso de Sistemas de Informação, arrumei um emprego na biblioteca da faculdade e, depois, na área administrativa, para ajudar meus pais a pagarem a mensalidade. Trabalhava das oito da manhã às cinco da tarde e estudava à noite. Souad entrou na mesma AUL, no mesmo ano, em Engenharia de Telecomunicações e Computação e também trabalhou na biblioteca, com o mesmo propósito. Nós havíamos, enfim, passado de fase, desbloqueado o futuro. A sensação agora era de alívio, ainda que fosse um alívio incompleto. Faltava a nacionalidade, claro, mas as bases para seguir em frente já estavam assentadas.

16

Foi um período muito bom na minha vida. Nunca estive tão próxima de Kouki. Passei a ir à sua casa toda semana e, com frequência, dormia lá de quinta a domingo. Meus pais não gostavam muito, mas, àquela altura, já adulta, eu não tinha mais paciência para as regrinhas caseiras. Souad dizia que eu era rebelde. Tinha razão. Mas era uma rebeldia necessária; do contrário, nada mudaria em nossas vidas. Nesses dias e noites com Kouki, costumávamos escrever muito sobre as nossas vidas, dando continuidade a uma espécie de diário que iniciamos ainda na adolescência — o "grande livro" de nossa amizade. Eram folhas e mais folhas manuscritas misturando palavras em árabe, inglês e francês em um código que somente nós duas éramos capazes de decifrar. As cartas privadas registravam nossos sonhos, frustrações, conquistas, desejos, visão do mundo, memórias... Mas, depois de um tempo, jogamos tudo fora. Havia coisas tão reveladoras de nossas inquietas personalidades ali que decidimos destruir as provas. Claro! E se alguém decifrasse o código? Melhor não arriscar. Era o que eu pensava naquela época. Hoje, lamento a destruição. Imagine que material eu teria para este livro com o "manuscrito secreto" em mãos... Mas minhas lembranças continuam vivas. Sigamos com elas.

Quando Kouki começou a dirigir, foi uma maravilha. Ela adorava *road trips* e costumávamos cruzar o Líbano de carro. O litoral era especial para nós duas. A energia de Byblos, a cidade mais antiga do Oriente Médio, fundada pelos fenícios, sempre me deixava renovada. Seguíamos por Chekka e Batroun e parávamos em Dbayeh para ver o pôr do sol e conversar sobre a vida — o meu momento sagrado de reflexão. Eu também adorava ir para o interior, no Vale do Bekaa, visitar cidades como Zahle e Chtaura. Era uma sensação boa, de independência, de estar com a minha melhor amiga desbravando cidades lindas e históricas, contemplando o Mediterrâneo, a arquitetura de pedras, as ruas estreitas que mal comportam um carro, as áreas verdes e férteis do interior, os cedros, as montanhas do Líbano... Mas, ao mesmo tempo, confesso, me batia o medo de jamais conseguir ultrapassar aquelas fronteiras, de ver, aos vinte e poucos anos, o meu mundo restrito aos 10 mil quilômetros quadrados do país. Muitas vezes, ao acompanhar o sol descer no mar de Dbayeh, eu me lembrava de uma frase, um tanto clichê, que ouvi sobre o futuro: "É como a linha do horizonte, que recua à medida que avançamos". Eu havia avançado, com estudo, faculdade, emprego, mas a minha linha mestra, a conquista da nacionalidade, parecia cada vez mais distante.

Nos momentos de maior angústia, Kouki me levava à cidade de Harissa para ver Nossa Senhora do Líbano. Ela, que não crê, sabia que minha fé era algo importante para a conquista do objetivo. Várias vezes fiz a peregrinação de 1º de maio até Harissa. Neste dia, todos os anos, milhares de jovens vão andando de Beirute à cidade da Santa, vestidos de azul em homenagem à padroeira. Dá para rezar um bocado, são seis horas de caminhada. Kouki achava isso muito doido. Mesmo assim, ela me acompanhava algumas vezes ao santuário, mas nunca nessas peregrinações. Era compreensível. Subíamos as escadas em formato de caracol que dão acesso à estátua da Santa — sempre apinhada de gente — e deixávamos bilhetes aos seus pés, pedindo sua intervenção para resolver os nossos problemas. Acho que dá para adivinhar o que eu pedia nas mensagens, né? Kouki brincou, certa vez: "Você deveria imprimir um lote desses pedidos. São sempre os mesmos". Além de Nossa Senhora do Líbano, me apeguei muito a santo Estêvão, o santo curador, cujo santuário fica em Batroun, e a *mar* (são) Charbel Makhlouf, monge que morreu no fim do século XIX e é considerado o santo das causas impossíveis no Líbano. Sem me esquecer, é claro, da minha inseparável cruz de ferro.

17

Em uma dessas viagens, eu disse a Kouki que estava pensando em me casar. Naquela época, eu namorava Hady, um cara legal, correto, educado. Estávamos juntos havia algum tempo e minha amiga já o conhecia. Mas ela nem me deixou continuar a contar o plano: "Ficou doida, Maha?".

Antes de detalhar o que veio depois dessa pergunta sobre a minha sanidade mental, preciso voltar um pouco no tempo e contar a história dos meus namorados.

Como é de se imaginar, eu namorava escondida. Se minha irmã fazia a mesma coisa naquela época, eu não sei dizer, ela nunca me contou. Mas, se tivesse que apostar, eu diria que não; Souad sempre foi muito obediente às leis machistas do meu pai. Eddy, o filho homem, estava dispensado desses cuidados, por razões óbvias. Devo dizer que o namoro adolescente no Líbano não é exatamente um namoro, mas uma relação de amizade mais próxima. Beijo, quando acontecia, só se ninguém — absolutamente ninguém — estivesse vendo. Meu primeiro namoradinho foi um cara chamado Christ. Era aquele tipo de cara de quem você sente o perfume a duas quadras de distância. Ele estava prestando o serviço militar obrigatório no exército, tinha dezoito anos. Eu estava com quinze. Sempre achei os soldados lindos, acho que por causa da farda, da postura, sei lá... E Christ tinha olhos verdes, era muito bonito. Olhos verdes são o meu ponto fraco. Depois dele, veio Kevo. Não durou muito. Uma vez meu pai me viu, de longe, na moto de Kevo e saiu correndo atrás da gente com uma faca. Nunca iria nos alcançar, claro. Mas foi um susto. Quando voltei para casa, ele já estava mais calmo. E "só" me bateu.

Até que veio Chady. Era o melhor presente que alguém poderia ganhar: ele fazia tudo para mim. Ia aos meus jogos de basquete, me levava para almoçar, comprava presentes, se dava bem com o meu irmão. Minha mãe sabia do nosso namoro. Souad também. Mas ninguém falava sobre isso em casa. Para todos os efeitos, ele era o amigo de Eddy, o que não deixava de ser verdade. Os dois se davam muito bem. Por isso mesmo, estranhamos quando Chady não apareceu para nos visitar no dia do aniversário de catorze anos do Eddy. Eu desci para comprar um presente para o meu irmão e, quando voltei, minha mãe estava esquisita. Contou que viu um cortejo de motoqueiros passar em frente à nossa rua com as pessoas gritando: "Deus está com você, Chady". Ele tinha morrido naquela manhã, num acidente de moto. Eu chorava o tempo todo, fiquei deprimida, não saía de casa. Até que, numa noite, tive um sonho: eu estava numa montanha muito alta, olhando para baixo e, de repente, *mar* Charbel me segurou e disse: "O que você está fazendo?". Eu respondi que estava muito perdida. Ele então se virou para mim e falou: "Olha aqui, Chady está comigo. Você não tem que se preocupar mais". E vi os dois descendo a montanha, entrando em um rio, sumindo, sumindo... A partir daí, nunca mais chorei. E, desde então, mantenho uma foto de *mar* Charbel perto da minha cama e outra dentro da carteira. Chady tinha uma gravura do santo na moto.

Depois de Chady, surgiu Hady em minha vida. Ele até conheceu o meu pai. E o meu pai, sempre dócil, só que não, perguntou para mim: "Quem é esse burro? O que ele está querendo?". Minha mãe gostava dele, era um moço educado. Bem... Namoramos dos meus dezessete aos vinte anos, e achei que fôssemos nos casar. Ele queria se tornar padre da Igreja Católica Ortodoxa, em que o casamento de sacerdotes não apenas é aceito, como incentivado. Acredita-se que o padre casado tem mais condições de assumir uma paróquia do que o celibatário justamente por sua experiência familiar. Faz sentido. De quebra, Hady me dizia que o casamento poderia ajudar a resolver o meu problema, que eu assumiria a nacionalidade dele, o marido. Mas casar como, se eu não tinha documentos? Pensamos em alguma alternativa, em recorrer a alguém que pudesse celebrar a união de qualquer forma — uma história que eu já conhecia de casa, cujo resultado era desastroso. Foi Kouki quem me abriu os olhos.

Voltamos, então, ao que ela me disse naquela tarde, depois de perguntar se eu tinha ficado doida: "E quem garante que, mesmo depois de dar esse jeitinho para o casamento, não haveria problemas para a transferência de cidadania de uma pessoa sem registro de nascimento, sem cidadania anterior? Além de ser muito nova para casar, você tem coisas bem mais importantes para fazer em sua vida. Gaste energia nos estudos, no trabalho e nas chances reais de conquistar uma nacionalidade".

Terminei o namoro com Hady.

18

DEIXEI O EMPREGO NA BIBLIOTECA DA AUL para trabalhar na Teleperformance, uma companhia de call centers que presta serviço a empresas de diversos setores. Minha função era atender os clientes de uma agência especializada na preparação de processos e agendamento de vistos de viagem — no Líbano, esse tipo de trabalho era feito via telefone mesmo; talvez o sistema seja mais moderno agora. O fato de eu falar quatro idiomas me ajudava muito na comunicação com clientes e embaixadas — eu fazia a ponte entre eles — e rendia elogios não apenas dos donos da agência, mas também dos meus chefes na Teleperformance. Mesmo assim, eles não me registraram. Já sei, já sei: sem documento, não há registro. E, sem registro, não se tem acesso a plano de saúde ou a qualquer outro benefício. A empresa, claro, aproveitava esse "detalhe" para pagar menos. Eu fazia as mesmas tarefas que os outros funcionários, mas o meu salário era inferior, pago por hora trabalhada. Ou seja, ilegalidade no nível máximo. Tempos depois, a Teleperformance me transferiu para outro cliente, a MTC Touch, a maior operadora de telefonia do Líbano. Era trabalho de meio período e eu caía sempre nas piores escalas: sábado, domingo bem cedo e feriados. O salário, ao menos, era melhor que o anterior.

Deu até para comprar uma *scooter* movida a bateria. Como a MTC era relativamente perto de casa, eu achava um tanto improvável que alguém me parasse no caminho até o trabalho. Achei errado. Um dia, ao sair da ponte que dá acesso ao centro de Beirute, um policial me parou: "Seu documento e o documento da moto, por favor". Gelei. Fiquei desorientada. "Documentos, moça", ele insistiu, já impaciente. Outros policiais se aproximaram. De repente, ouço: "Maha, é você quem está fazendo essa bagunça toda aqui?". Quando olho para ver o dono da voz, deparo-me com George Saliby, um amigo. Ele era o chefe daqueles policiais. Sabia da minha história e disse aos companheiros para me deixar passar. George apareceu do nada. Minha vida tem dessas coisas. Obrigada, *mar* Charbel.

19

Foi nessa mesma época, metade de 2006, que Kouki entrou na faculdade de Publicidade, mas nem tivemos tempo de comemorar. Ela estava com a família no norte do Líbano quando estourou a guerra contra Israel e teve que ficar por lá mesmo até a poeira baixar. O conflito começou na manhã de 12 de julho, quando o grupo xiita Hezbollah atacou dois veículos armados que patrulhavam a fronteira ao sul do Líbano com o norte de Israel. A emboscada acabou com três soldados israelenses mortos e dois sequestrados. Outros cinco morreram em uma tentativa de resgate fracassada. Em troca, o Hezbollah exigia a libertação de prisioneiros libaneses. O governo de Israel respondeu de imediato: bombardeando cidades que tinham células do Hezbollah e atacando a infraestrutura libanesa: usinas de energia e reservatórios de água, principalmente. Os israelenses também embicaram seus navios em nosso litoral. Houve bloqueio aéreo. Estradas foram fechadas e pontes, destruídas. Escolas, empresas e comércio baixaram suas portas. O país travou; era um perigo tentar se deslocar de um lugar para o outro.

Para a nossa sorte, Beirute não era um alvo prioritário de Israel. Mas a infraestrutura da capital, sim. Eu me lembro de um dia em que estávamos em casa e vimos, da janela, um clarão no céu. Minha mãe, que havia chegado ao Líbano em plena Guerra Civil e presenciado outras tantas guerras na Síria, alertou-nos: "A luz vai apagar". Em questão de segundos, ouvimos o estouro e o breu tomou conta da cidade. Israel havia destruído uma central de energia. Ainda me lembro de acordar assustada com o barulho das explosões, vislumbrando da fresta da minha janela os aviões que eu não queria ver cruzando os céus do Líbano.

Quando Israel mandava suas bombas, o Hezbollah respondia atacando cidades como Haifa, próxima de Tel Aviv. Hassan Nasrallah, o líder da organização, avisava ao governo israelense: "A cada ataque no Líbano, haverá um contra-ataque em Israel". E assim se fez. Era uma usina destruída aqui, um avião derrubado do lado de lá. Uma ponte bombardeada no sul do Líbano, navios israelenses queimados no litoral. Os ataques duraram 34 dias. Mas a vida só voltou ao normal — se é que é possível alguma coisa voltar ao normal depois de uma guerra — em setembro, com o fim do bloqueio aéreo e naval, a liberação das estradas e a infraestrutura sendo remendada pelo governo. Podíamos respirar de novo.

20

Kouki voltou do Norte e retomou os estudos. Eu fiquei mais um mês na MTC, mas logo arranjei outro emprego, dessa vez na TCS, uma empresa de TI. Consegui levar Souad para a mesma empresa. O trabalho era bom, mas eu tinha condições de tentar algo melhor e comecei a enviar currículos para outras companhias. A LG me chamou para uma entrevista. Uau, a LG! Houve uma prova. Passei. Fiz a entrevista e o diretor coreano disse que ficou impressionado com minha desenvoltura e meu currículo: "Por nós, está tudo certo. Venha trabalhar na LG". Mas faltava contar uma coisinha para eles, que eu guardei para o fim da conversa e até hoje não sei dizer por que fiz isso: "Eu não tenho documentos". Conclusão: perdi a vaga. Ele explicou que o meu cargo exigiria um treinamento de três meses na Alemanha. Sem documento, não se tira passaporte, não há viagem. Foi o fim da história com a marca coreana.

Sempre procurei ser forte e encarar a vida com otimismo, mas algumas pancadas, como essa da LG, eram bem doloridas. Poxa, eu tinha sido aprovada na seleção, gostaram do meu currículo, elogiaram o meu domínio de idiomas, o cargo era bom, havia a possibilidade de treinar na Alemanha, de viajar, mas a ausência dos papéis, sempre os malditos papéis, estragava tudo. Será que a empresa, com sua influência multinacional, não conseguiria uma autorização com o governo coreano, ou alemão, ou onde quer que tivesse filiais, para que eu ganhasse um visto especial e fizesse o curso? Não, Maha, isso é pedir demais... Essas frustrações me derrubavam, e eu corria para o único lugar capaz de me reerguer: a casa dos Khawand. Kouki me dava apoio: "Não era para ser, Mimo. Vamos em frente". Ela também me dava chocolate branco, que eu adoro e me acalma, e me levava a Dbayeh para ver o pôr do sol. Ou até Harissa para conversar com a Santa.

Pouco tempo depois, uma marca japonesa entrou em meu caminho, graças ao meu pai. Explico: George fazia o transporte de geladeiras e máquinas de lavar para a Unilec, representante das marcas White-Westinghouse e Toshiba no Líbano. Conhecia, portanto, alguns diretores de lá e comentou que sua filha estava em busca de emprego, era formada, poliglota etc., etc., etc. Deu certo: a Unilec me chamou para uma vaga na divisão Toshiba. Meses depois, eu apresentei Souad aos meus chefes e ela entrou para a contabilidade da Unilec. Obrigada, *baba*. Foi um período muito bom de aprendizado e, até então, era o meu melhor salário: quinhentos dólares por mês. Eu continuava sem registro, mas o presidente da Toshiba no Líbano, Viken Kassabian, um armênio tão talentoso quanto generoso, me deu um plano de saúde. Sim, o meu primeiro plano de saúde, com uma carteirinha em que se lia o nome Maha Mamo. Adeus propina, lábia e identidade falsa nos hospitais. Kassabian conseguiu essa proeza usando um argumento definitivo na negociação com a seguradora: "Se não fizer um plano de saúde para ela, não fará para ninguém aqui". O representante da empresa de seguros fez vista grossa para o meu "probleminha", claro. Não iria perder uma conta com centenas de contratos por causa desse detalhe.

Ah, como eu gostava da turma da Toshiba, sobretudo de Kassabian. Certa vez, no Natal de 2007 ou 2008, o presidente chamou alguns funcionários ao seu escritório e distribuiu doces árabes e produtos Toshiba. O critério dos presentes, se não me engano, era o desempenho naquele ano. Eu recebi apenas um envelope. "Abra depois", Kassabian me disse. Obedeci. Só fui abrir quando já estava na rua, em frente ao prédio da empresa. Eram mil dólares em notas de cem. Meu coração disparou com a sensação de ganhar meu primeiro bônus, que representava o dobro do meu salário. Não contei para ninguém. Peguei o dinheiro e comprei um laptop de treze polegadas, pequenininho, da HP, para substituir o velho notebook que meu pai havia comprado anos antes. Foi minha primeira conquista.

Nessa mesma época, eu comecei o meu MBA na AUL. Sim, eu segui à risca o planejamento de Kouki.

21

Eu tinha vinte e poucos anos, um salário que me permitia pagar sozinha meu MBA, ajudar em casa e ainda me divertir um pouco. Nessa fase de diversão, contei com um grande aliado: o meu irmão Eddy. Ele já era maior de idade e virou uma espécie de salvo-conduto para que eu pudesse frequentar baladas e voltar de madrugada. Sim, eu era adulta, um tanto rebelde diante das regras dos meus pais, tinha o meu salário e já frequentava algumas baladas com as amigas. Mas meu pai sempre resmungava quando eu dizia que iria sair. Na companhia de Eddy, o filho homem, *baba* ficava um pouco mais tranquilo e parava de encrencar. Meu irmão, é claro, não se importou nem um pouco com essa história de me acompanhar na noite libanesa. Saíamos, geralmente, eu, ele, Kouki, Nicole Nakhle, a minha amiga do basquete, e Roro, que conheci na universidade. Foram tempos bem divertidos. Claro que sempre dava um frio na barriga na hora de entrar nas baladas. E se pedirem documentos? "Relaxa", Kouki dizia, "eles quase nunca pedem identificação, sobretudo para as mulheres." Era verdade. A mesma coisa ocorria nas blitz da polícia, bem comuns no Líbano, sobretudo na madrugada, em ruas estrategicamente próximas às casas noturnas. Dificilmente as autoridades paravam carros só com mulheres. Mas Eddy estava conosco, o que era sempre um risco. Uma vez, ao sair de uma noitada, às duas e meia da manhã, nos deparamos com o trânsito parado. Era uma blitz. Eddy imediatamente saltou do carro e foi andando alguns bons metros pela calçada até que conseguíssemos passar pelos policiais. Voltou duas quadras depois quando já estávamos fora do raio de visão da polícia. E entrou rindo no carro. Acho que Eddy tinha algum parentesco com Roro ou Nicole Nakhle. A vida para eles sempre era uma festa.

Nicole e Roro eram a antítese de Kouki: expansivas, de riso frouxo, garotas que gostavam de dançar, curtir, beber, transformando cada noite em um acontecimento. Se Kouki, a minha melhor amiga e conselheira, com seu perfil controlador, exercia o papel essencial de botar os meus pés no chão, Nicole e Roro faziam exatamente o oposto. Era como se dissessem: "Voa, Maha, o tempo é aqui e agora". No fundo, as nossas noites celebravam o encontro da lógica com a emoção, a deliciosa e fundamental mistura que me ajudou a seguir em frente — voando ou aterrissando conforme as condições de pressão e temperatura.

Roro me conhecia antes de eu conhecê-la. Frequentamos a mesma escola, mas em períodos diferentes: ela à noite e eu, durante o dia. Eu sempre fui popular, tanto no Colégio Mesrobian quanto na AUL, acho que por causa do esporte, do meu jeito abelhudo, da facilidade de fazer amizade, sei lá... O fato é que, quando fui apresentada a Roro, ela me disse, com seu típico exagero: "Sei quem você é, já é uma celebridade aqui". Roro é o apelido de Roushig Hagopian, uma descendente de armênios que também morava em Bourj Hammoud, o que nos aproximou ainda mais. Compartilhamos igualmente o gosto por fotografia; éramos as fotógrafas da turma. Gostava de ver Roro em ação: independente, bem-humorada, mesmo levando uma vida de privações como a minha, era o tipo de pessoa com uma autoestima e uma segurança que me faziam muito bem. Adorava vê-la ao volante de seu Golf vermelho, o sorrisão no rosto, sempre disposta a fazer uma piada. Era nesse Golf que a gente seguia até um barzinho no bairro de Gemmayze, um reduto boêmio em Beirute, para comemorar com um shot de tequila o fim das provas. Roro era da doideira, minha parceira no "crime". Mas, se eu tivesse que escolher uma única passagem de Roro para congelar em minhas memórias, voltaria, certamente, ao Natal de 2011.

Nos dias que antecederam a festa, eu, Eddy e Roro estávamos no centro de Beirute vendo a movimentação nas lojas quando me ocorreu a ideia de comprar alguns doces para distribuir na rua. Para o negócio ficar ainda mais bacana, Eddy sugeriu que nos vestíssemos de vermelho, com o gorrinho do Papai Noel. Roro providenciou a trilha sonora, com todas as canções populares de Natal. Combinamos de sair no fim da tarde, com o carro de Roro cheio de balas e guloseimas, o som nas alturas, pelas ruas dos bairros mais pobres de Beirute. Foi espetacular ver as crianças se aproximando, nos abraçando, pedindo às duas Mamães Noéis e ao jovem Noel um saquinho de balas. Lavamos a alma e repetimos a dose em duas ou três outras noites. No ano seguinte, juntamos mais três ou quatro pessoas para o esquema. Também traçamos uma rota mais ampla, cobrindo novos bairros, durante todo o mês de dezembro. A coisa estava ficando organizada, profissional. Batizamos o grupo de Ho-Ho-Ho Santas, em referência a *Santa Claus* — "Papai Noel" em inglês. Para resumir a história, no terceiro ano já éramos famosos em Beirute. Até as rádios e a televisão falavam da iniciativa. Os moradores se esforçavam para decorar suas casas de modo a chamar a atenção dos Ho-Ho-Ho Santas. A essa altura, a gente distribuía não apenas doces e presentes, mas também cestas básicas. E nossa equipe, já com quinze pessoas, parava em frente às casas mais decoradas, mais festivas, para fazer a "boa bagunça". Roro e Eddy foram fundamentais para transformar essa bagunça em uma das minhas melhores lembranças do Líbano.

22

QUANDO EU TINHA UNS 22 ou 23 anos, recebi a primeira resposta promissora de uma embaixada, a da Suíça. Informava, em linhas gerais, que eu teria a possibilidade de fazer o pedido de asilo e deveria me dirigir à embaixada do país em Beirute. Fui, entrei numa sala muito grande e uma senhora extremamente desagradável, sem me dar nem um bom-dia, começou a perguntar os meus dados pessoais. Ela só olhava o computador e anotava o que eu dizia. Fez uma sabatina sobre a minha família na Síria:

— Quem são seus tios? Suas tias? Seus avôs? Com o que eles trabalham?

— Não sei, minha senhora. Moro no Líbano. Não conheço direito meus parentes. Sei apenas o nome de alguns.

E informei os nomes que sabia. Ela registrava tudo numa ficha e voltava à carga:

— Eles são casados? Têm filhos? Moram em qual cidade?

— Não sei os detalhes.

De novo, ela escrevia na ficha. A mulher estava investigando a minha família na Síria, e não o meu caso. Eu não tinha resposta para a maioria das suas perguntas. Quando eu sorria, ela anotava: "Sorriu". Se eu brincava, ela colocava lá: "Fez uma brincadeira". Sei que ela estava cumprindo uma função, mas uma conversa também é feita de boa educação e amenidades, ora essa. Passamos a tarde toda nesse jogo. Ela perguntava e eu respondia: "Não sei, minha senhora". Claro que a entrevista não deu em nada. Eu estava de volta à estaca zero.

23

Não sei se foi por me ver colecionando frustrações com as embaixadas, pelo medo de perder os filhos para o mundo caso algum país nos acolhesse ou porque já era costume da casa mesmo (ou por todos esses motivos), que minha mãe, nessa época, brigou novamente com o *baba* pela mesma razão de sempre: a promessa de conversão. Kifah foi embora e disse que só voltaria quando ele conseguisse o papel de nosso registro, o que implicaria exatamente sua adesão ao islamismo. Ela falou que queria se separar e parecia decidida. Nosso pai ficou visivelmente assustado. Eddy, Souad e eu a ajudamos a alugar uma casa, que era da avó de Roro. Pagamos a mudança e compramos alguns móveis e eletrodomésticos para que ela começasse a nova vida com um pouco mais de conforto. Imaginei até que a pressão, dessa vez, poderia surtir algum efeito. Mas, quinze dias depois, ela estava de volta ao apartamento antigo, de volta ao marido cristão e sem o registro.

Durante o período em que ela esteve fora, o meu pai alternou momentos de carência e de fúria. Chorava pela ausência da mulher, mas, ao mesmo tempo, dizia que, quando ela voltasse, "levaria um tapa pela ousadia de ter saído". A gente achava que era bravata. Quando ela voltou, ele comprou flores e a recebeu com um beijo. Reunimos a família, conversamos, bebemos e, de repente, o meu pai se levantou do sofá e deu um tapa na minha mãe. Ela sangrou. "Eu falei que iria dar o tapa e cumpri minha promessa. Um homem sempre cumpre a promessa", ele disse. Em seguida, começou a chorar, pediu desculpas, jurou que nunca mais faria aquilo e implorou para que ela não fosse embora. E ela ficou. O meu pai é caso de psiquiatria. Já comentei isso com ele, já tentei ajudar. Mas alguém imagina George sendo convencido a frequentar um médico de cabeça? Quanto à minha mãe, seria preciso fazer um simpósio sobre a questão religiosa e cultural para explicar tamanha subserviência, dependência ou qualquer outro sentimento que a mantenha em casa. Enfim...

Eu realmente estava cansada daquilo tudo e passei a me concentrar ainda mais em meus objetivos. Já não entendia mais o relacionamento dos dois.

24

Terminei a faculdade e arrumei um novo emprego. Corrigindo, aquele era "O" emprego. Era tão bom quanto o da Toshiba em termos de direitos e benefícios, mas ainda melhor no que dizia respeito a salário, atribuições e responsabilidades. A empresa era o Grupo Bocont, de Nabil El Boustani, membro de uma importante família libanesa, com grande influência no mundo dos negócios e da política. O curioso foi o dia da entrevista com mister Nabil (eu só consigo chamá-lo dessa forma). Levei minha mãe para me fazer companhia. Uma secretária me acompanhou até o escritório de Nabil. "Fique aqui na sala de espera", eu disse à *mama*, "que eu vou lá negociar e já volto." Entrei, cumprimentei Nabil e Chebli Karam, o engenheiro-chefe da Bocont, e já comecei a fazer algumas exigências, como se eu estivesse em condições de exigir algo. Disse que não trabalharia aos sábados, que cumpriria um horário predeterminado, nem *um* minuto a mais, que queria mil dólares de salário e benefícios. Mister Nabil, sempre muito elegante, sorriu, acenou positivamente com a cabeça, disse que concordava com minha posição sobre os horários e dias de trabalho e garantiu que eu teria bônus, plano de saúde, férias, tudo certinho, mesmo sem ter documentos. "Daremos um jeito, não se preocupe." Mas, como bom libanês, negociou os valores: pagaria novecentos dólares por mês. Apertamos as mãos. Saindo de lá, contei à minha mãe o teor da conversa. Ela olhou para mim e perguntou, num tom meio perdido entre a curiosidade e a bronca:

— Por que você não pediu 950 dólares?

— *Mama*, eu ganhava 500 na Toshiba. Cheguei aqui disposta a aceitar por 550, 600. E estou saindo com 900.

— Ok, se está bom para você...

Fico pensando até hoje se eu não deveria ter deixado minha mãe entrar no escritório de mister Nabil.

A Bocont reúne uma empresa de material de construção, uma importadora e um hotel. Comecei a trabalhar diretamente para mister Nabil como assistente da presidência, o que significava ajudá-lo a cuidar das três empresas. Eu era uma espécie de braço direito do dono da companhia. Ele confiava em mim, gostava do meu jeito de trabalhar e admirava a "minha força para lidar com as adversidades que a vida impôs à minha família", como costumava dizer. Mister Nabil já conhecia minha história, claro, e sempre me ajudou muito. Ao saber, por exemplo, que eu tive uma grave crise de urticária e fui obrigada a pagar uma pequena fortuna para ser atendida em um hospital, apresentando o documento de uma amiga (no Líbano, é comum as pessoas terem documentos de identidade com uma foto de quando eram crianças, o que me ajudava a enganar os atendentes dos hospitais), mister Nabil, assim como havia feito Viken Kassabian, da Toshiba, deu seu jeito e me incluiu no plano de assistência médica. Bastava mostrar uma identificação de funcionária da empresa com uma carteirinha corporativa do plano e os problemas de atendimento em prontos-socorros estariam resolvidos. Eu adorava trabalhar para ele — acabei até arrumando um emprego para Eddy na loja de esportes da mulher de mister Nabil. E também adorava trabalhar com Chebli Karam, que me ensinou tudo o que sei no mundo dos negócios, um mestre. Nos corredores das empresas ou do hotel, eu não era "a coitada que não tem documentos", isso não fazia a menor diferença naquele emprego. Mister Nabil foi fundamental para o meu crescimento profissional e seria imprescindível em importantes episódios de minha vida no futuro. Mas isso é assunto para daqui a pouco.

25

Eu não podia reclamar: quase tudo estava indo muito bem na minha vida, com exceção das lacônicas e sempre negativas mensagens das embaixadas — a única que parecia promissora, a da Suíça, não tinha dado em nada. Mas desistir não era uma opção. Voltei à carga com todas elas. E, quanto mais eu me aprofundava no assunto, mais profissional ficavam os meus e-mails. Já não assinava mais como *Someone Unknown*, mas como Maha Mamo, apátrida. E incluía o meu currículo profissional, para mostrar que não era uma desocupada. Também ampliei a minha lista de contatos, mandando mensagens para o Acnur, o Alto Comissariado das Nações Unidas para Refugiados, e para uma série de advogados. Kouki e seus pais também ajudavam a garimpar especialistas que pudessem me ajudar. O Acnur do Líbano enviou uma série de informações e dicas, mas não conseguiu avançar nas questões práticas. Quanto aos advogados, falamos com alguns deles, contamos toda a história, e a conclusão da maioria era de que a única alternativa era mesmo a conversão religiosa do meu pai. Alguns chegaram a perguntar se eu estava disposta a me casar, pois, em alguns países, é possível "ganhar" a cidadania pelo casamento. Kouki só me olhava, já sabia da minha resposta. Disse a eles: "Mas eu consigo me casar sem documento algum?". Não, não era possível, de modo que a questão sempre voltava ao mesmo ponto: a única forma era a conversão do meu pai, um gesto prometido, mas que jamais iria se cumprir. Apenas uma advogada, síria, apresentou uma opção diferente — e arriscada, intrincada e drástica. A sugestão era que eu entrasse com um processo culpando meus pais pela minha condição, de modo a requerer um registro de nascimento ou qualquer outro documento de identificação autorizado pelo Estado. Essa mesma advogada faria, então, uma combinação com um colega para defender os meus pais e transformar a condenação em uma multa leve, livrando-os da prisão — sim, eles haviam feito algo proibido pelas leis sírias. No filme *Cafarnaum*, de Nadine Labaki, há uma cena em que o personagem principal, um esperto garoto libanês de nome Zain, vai aos tribunais e faz exatamente a mesma coisa: atribui aos pais a irresponsabilidade de deixá-lo "existir" daquela forma. E, diante do juiz, ele diz: "Não é culpa minha". Quantas vezes eu quis que meus pais — principalmente o meu pai — entendessem essa frase tão simples e tão profunda. A falta de papéis não era minha culpa. Nem de Souad. Nem de Eddy.

Meus pais concordaram com a ideia da advogada síria. Foram comigo em uma segunda visita ao escritório. Pagaram a consulta. Assinaram uma procuração. Fizeram tudo o que era necessário para que o processo caminhasse. Acho que meu pai preferia correr o risco de ser preso a ter de se converter ao islamismo. Meses depois, a advogada se mudou para o Canadá e não conseguiu prosseguir com a ação. Ainda bem. Embora eu estivesse revoltada com os dois, eu os amo e fiquei com medo do desfecho daquela estratégia.

26

Sempre gostei de contar minha história para todo mundo. No trabalho, nas rodas de amigos, a pessoas que eu acabava de conhecer. Souad ficava brava, dizia que eu expunha muito a nossa situação. E expunha mesmo. "Numa dessas", eu dizia, "alguém ouve, pode ajudar..." E ela rebatia: "Numa dessas, alguém também pode atrapalhar". O pior é que tinha razão. Encontrei solidariedade pelo caminho, mas também muitos pilantras. Nem me lembro quanto gastamos com gente que prometia nos ajudar e sumia com o dinheiro. O maior calote foi de 6 mil dólares com um sujeito que dizia conhecer um figurão no Congresso que poderia resolver o nosso problema. Até hoje estou esperando para falar com o figurão. A lista de trambiqueiros incluiu até um padre. Ele parecia bacana, solícito, falou que tinha amigos importantes e que era capaz de abrir portas. A única porta que ele abriu foi a da nossa casa, para ir embora e nunca mais voltar.

Na primavera de 2013, quando eu já nem olhava com a mesma frequência a caixa de entrada do e-mail, pois as respostas das embaixadas eram cada vez mais raras, piscou uma notificação na tela do meu celular informando que havia uma mensagem da embaixada do México. Cliquei sem muito otimismo, já estava acostumada às dispensas educadas seguidas sempre de um "boa sorte", que é a maneira elegante de dizer "não nos escreva mais". Mas, dessa vez, o conteúdo era diferente. Dizia mais ou menos assim: "Acho que temos como resolver o seu problema. Podemos lhe dar um visto de trabalho e autorizar sua entrada no México se você arranjar um emprego no país. E, uma vez lá, poderá requerer a sua cidadania". Meu coração disparou naquele dia. Eu queria contar para todo mundo, mas resolvi ficar em silêncio. Primeiro, porque era apenas um primeiro contato. Depois, porque eu não aguentava mais a minha família menosprezando os e-mails que eu recebia. "Isso aí não vai dar em nada", era sempre o comentário do meu pai. Calei-me. Pelo menos até a conversa evoluir. E a conversa de fato evoluiu, graças ao escotismo. Explico: existe uma organização mundial dos escoteiros, com representações em vários países. Uma delas fica no México. Eu me encontrei com a comissária-geral do escotismo no Líbano, Raghida Milan, expliquei o caso a ela e perguntei se não haveria alguém na associação mexicana capaz de me mostrar o caminho para arranjar um emprego. Raghida nem precisou acionar seus pares. Disse que conhecia uma libanesa chamada Katia Nadim Bachaalani, ex-escoteira, moradora de Guadalajara, casada com um empresário também libanês, que talvez pudesse me ajudar. Peguei os contatos, falei com Katia, ela me conectou com seu marido, Charles, e seguimos trocando e-mails quase que diariamente. Charles me prometeu uma vaga em sua empresa e terminou assim uma das mensagens: "Passaremos o Natal juntos no México, quando você já será uma cidadã mexicana". Devolvi a resposta para a embaixada dizendo que o emprego já estava garantido.

Reuni a família e decidi contar a novidade. Faltavam alguns detalhes, mas a coisa estava praticamente certa. Meu pai mais uma vez me surpreendeu: disse que me ajudaria a pagar a passagem e me daria algum dinheiro para os primeiros meses no México. Justo ele, que não acreditava na minha estratégia de me corresponder com os governos. Souad, que estava deitada no sofá da sala ouvindo a oferta do meu pai, apenas levantou a cabeça e me disse: "Quero ver as mensagens que você manda". Perguntei o motivo e ela me respondeu que também tinha vontade de enviar alguns e-mails.

Quem sabe "dava sorte". Disse a ela que ficasse tranquila, pois assim que eu estivesse instalada no México, daria um jeito de levá-la, junto com Eddy. Mesmo assim, minha irmã quis ver as mensagens. Ok, Souad. Encaminhadas. Divirta-se.

Nos meses seguintes, continuei trocando e-mails com a embaixada no México. Souad também fez a sua lista de contatos, copiou o meu texto, trocando apenas o nome das empresas em que trabalhou e os detalhes pessoais e saiu apertando o *enter* para uma série de embaixadas. Entre outubro e novembro daquele ano, a conversa com o pessoal do México já não era mais tão promissora. Uma das mensagens dizia que o processo estava mais lento do que se imaginava e que eu teria de esperar mais um pouco. Murchei. Adeus, Natal no México. Pensei de novo naquela imagem da linha do horizonte que recua quando avançamos. O futuro parecia nunca chegar.

27

Um mês depois, Souad veio com a novidade: um de seus e-mails tinha acertado o alvo. A embaixada brasileira acenou com a possibilidade de emitir um passaporte especial e um visto para ela tentar a sorte no Brasil, que naquele momento estava flexibilizando a entrada de refugiados — uma medida humanitária motivada principalmente pela guerra civil na Síria. Souad enviara a mensagem para o destinatário certo no momento certo. Sorte? Não sei se acredito nisso. Gosto de pensar que é o universo agindo para corrigir a rota. Um mês depois de eu me desiludir com o México — ainda que o processo não estivesse encerrado de vez —, ali estava a minha irmã com uma alternativa mais promissora. No fim de dezembro, ela foi à embaixada brasileira buscar o *laissez-passer*, acompanhada da minha mãe. Lembro-me de ligar e perguntar: "E aí, Souad, tem foto, tem assinatura, como é?". Ela me descreveu o documento, e eu só fiquei imaginando como seria quando chegasse a minha vez. Sorria só de pensar na hipótese de deixar o Líbano. Souad havia sido informada na embaixada brasileira que Eddy e eu também teríamos grandes chances de, em alguns meses, obter o *laissez-passer* e o visto.

Eu ainda trocava mensagens com o representante da embaixada mexicana para saber como estava o processo do visto de trabalho — afinal, foi a primeira embaixada que respondeu, de fato, aos meus apelos. Mas não havia qualquer avanço desde a última conversa. Contei o caso da minha irmã, expliquei a opção brasileira e perguntei se o México poderia fazer algo semelhante. A resposta foi esclarecedora: "Se há uma chance concreta no Brasil, eu acho que você deve considerar. Por aqui, será preciso esperar mais um pouco". E se havia, ainda, alguma dúvida da decisão a se tomar naquele momento, o meu pai tratou de dissipá-la: "Você vai aonde forem seus irmãos. Sem você, eles não farão nada no Brasil, não conseguirão os papéis". Agradeci à embaixada mexicana e também a Charles Bachaalani, que estava me esperando para o Natal, e comecei a sonhar com o Brasil.

A prioridade naquele momento era pesquisar sobre o novo destino de Souad e encontrar alguma forma de viabilizar a sua vida por lá. Nossa grande preocupação era encontrar um lugar seguro para ficar, pois as notícias sobre violência no Brasil nos assustavam — sem contar o que já havíamos lido sobre mulheres refugiadas que, ao tentarem a sorte no exterior, em qualquer país, o Brasil incluído, acabam vítimas de crimes como tráfico de pessoas para a exploração sexual ou trabalho escravo. Vasculhamos as redes sociais e encontramos Nadine Nehmo, uma amiga do escotismo que conhecia o país — ao menos era isso que as fotos indicavam. Entramos em contato e a garota nos contou sua história com o Brasil. Tinha ido participar da Jornada Mundial da Juventude no Rio de Janeiro e depois ficou alguns dias hospedada na casa da família de Rui Guilherme Gomes, um estudante de Medicina que morava na cidade de Belo Horizonte, em Minas Gerais. Em nossas pesquisas sobre o Brasil, ainda não havíamos detectado o nome Belo Horizonte. Nem Minas Gerais. O que aparecia, geralmente, era o Rio de Janeiro e, de vez quando, São Paulo e o Amazonas. De qualquer forma, eu gostei do nome. Era o meu horizonte chegando. E gostei ainda mais das iniciais, BH, como as de Bourj Hammoud.

28

Troquei e-mails com Guilherme (ninguém o chama de "Rui", Nadine me avisara) e ele foi extremamente solícito. Contou que a família já havia recebido estrangeiros em casa — duas libanesas — e que todos ali gostavam muito dessa troca cultural. Mas avisou que estava de mudança para o Rio de Janeiro. Sozinho. Sendo o único a falar inglês na família, sugeriu um plano B para minha irmã se sentir mais à vontade em Belo Horizonte: Souad poderia ficar na casa de Emilene Fagundes, uma vizinha, companheira de Guilherme na Pastoral da Juventude e professora de inglês. "Já falei com a família Fagundes e as portas estarão abertas para Souad", ele escreveu. "E olha que coincidência: entre março e abril de 2014, a família de Emilene irá para Beirute, participar de um encontro da Pastoral. Eu também vou, com minha irmã Michele, pois tenho alguns dias de folga antes de me mudar para o Rio. Será uma ótima oportunidade de nos conhecermos." Era uma grande notícia, sem dúvida, mas a passagem de Souad estava marcada para março. Expliquei a situação e Guilherme nos acalmou: "Não tem problema. Enquanto estivermos aí no Líbano, Souad pode ficar na minha casa, com meus pais. Terá de recorrer a mímicas para se comunicar, mas é só por um mês". Ótimo, estava tudo arranjado. Eu não via a hora de conhecer Guilherme e Emilene.

No início de março, levamos Souad ao aeroporto Rafic Hariri. O grande dia, enfim, havia chegado. Ela passou pela primeira fiscalização de bagagem — em Beirute, a fiscalização de bagagem vem antes do check-in e fica no saguão principal, de entrada, de modo que dá para ver todo o processo —, demos um último tchauzinho e ela seguiu para a apresentação de documentos no saguão de embarque. Meus pais, Eddy e eu estávamos nos dirigindo ao estacionamento quando o meu celular vibrou, com uma mensagem. Era Souad. "Não me deixam entrar. Problemas. Faça alguma coisa." Na minha família, sempre foi assim: existe algum problema? Chama a Maha. Liguei para Souad para tentar entender a situação. Ela estava muito nervosa, falava de modo atropelado. Perguntei: "A polícia encrencou com os documentos? É isso?". Era só o que eu precisava saber para tentar fazer alguma coisa.

Pensa, Maha, pensa...

Lembrei-me de um amigo, "Hajj" Wissam (Hajj em árabe significa, entre outras coisas, "mestre", um apelido carinhoso para Wissam), que estava trabalhando na área de TI do aeroporto e, portanto, tinha acesso ao saguão. Liguei, expliquei rapidamente a situação e pedi que ele fosse até lá ver qual era o real problema. Em minutos, Hajj retornou: "Já estou com Souad, disse aos policiais que eu a conhecia e as coisas estão mais calmas. Mas, realmente, sua irmã não poderá passar. Eles alegam que, se ela tem um passaporte emitido pelo Brasil, então ela é do Brasil. E, se não há visto de entrada no Líbano, ela está de forma ilegal no país". Quis saber qual seria a solução. "Vocês vão ter que ir até a Polícia Federal resolver a situação", Hajj me instruiu. "E isso pode demorar." Não havia um posto da Polícia Federal no aeroporto. Teríamos de voltar com Souad para casa — não sem antes gastar uma lábia imensa para liberá-la — e tentar resolver a situação um outro dia. Entrei em contato com Guilherme, no Brasil, para avisar sobre o adiamento.

Na manhã seguinte, seguimos para a Polícia Federal, no centro de Beirute. O delegado examinou o caso e veio com a sentença para Souad: "Ok, vamos avaliar a situação e ver como podemos resolver. Mas há um problema: você tem passaporte emitido pelo Brasil. É uma pessoa do Brasil, sem comprovação de entrada no Líbano. Está, portanto, há 28 anos em situação irregular aqui", ele repetiu a versão dos policiais no aeroporto. E deu o golpe final: "É possível emitir uma autorização para você deixar o país, mas terá de pagar 5 mil dólares para cada ano vivido ilegalmente no Líbano". Eram 28 anos! Não tínhamos aquele dinheiro. Tentei argumentar, explicar a nossa história, mas foi em vão.

Pensa, Maha...

Liguei para mister Nabil, a pessoa mais influente que eu conhecia. Expliquei a questão, ele ouviu sem me interromper e apenas disse: "Vão para casa que eu vou ver o que posso fazer e aviso a vocês". Antes de nos despedirmos, ele me sugeriu que eu escrevesse um pedido formal de liberação, explicando a nossa história, algo breve, sem muitos detalhes, e enviasse a ele. Dias depois, o delegado nos chamou e avisou da mudança: a multa seria de pouco menos de 5 mil dólares para todo o período, e não mais por ano vivido no Líbano. Meu pai pagou a conta. Não sei se fez dívidas ou não, se os amigos ajudaram, mas o fato é que ele pagou. E fomos orientados pelo delegado a esperar um aviso da Polícia Federal sobre a autorização de viagem. "Quando isso acontecer, você terá 48 horas para deixar o país", ele avisou. O problema é que ninguém sabia dizer quando viria a tal autorização. Souad nem desfez a mala. Um mês depois, ela embarcaria para o Brasil, no dia 14 de abril. Ainda deu tempo de conhecer Guilherme, que havia chegado em Beirute um dia antes.

29

Acompanhei Guilherme e a família de Emilene em sua viagem no Líbano. De vez em quando, Guilherme saía da agenda da excursão e se juntava aos meus amigos. Ele e Michele chegaram a visitar a minha casa e conhecer os meus pais, e tiveram de responder a uma centena de perguntas sobre o Brasil. Também o levei para conhecer as ruas do comércio de Bourj Hammoud e os bares e baladas mais legais de Beirute. Emilene, mais introspectiva, chegou a ir a alguns bares, mas preferia a segurança dos passeios programados com os guias. Ela também não visitou Bourj Hammoud. Uma pena. O que importa é que deu para conhecer os dois brasileiros e saber que Souad seria muito bem recebida em Belo Horizonte.

30

A outra irmã de Guilherme, Mariana, foi buscar Souad no aeroporto para levá-la à casa dos pais, no Serrano, um bairro modesto, distante do centro de Belo Horizonte. Minha irmã conta que foi recebida com a mesa posta e a hospitalidade característica dos mineiros. Maria e Rui, os pais, faziam de tudo para que ela se sentisse em casa. O problema, como Guilherme havia previsto, era a comunicação entre os três. "Fiquei mais de um mês na mímica. Eu ajudava nas tarefas de casa e fazia as refeições com eles, mas a maioria do tempo eu ficava no quarto, pois não dava para conversar. E eu tinha medo de sair sozinha", Souad me contou. A única conversa que tinha, de vez em quando, era com o primo de Guilherme, Fred, um garoto de treze anos que morava na casa ao lado e estava estudando inglês. Não fosse ele, acho que ela ficaria muda para sempre. O perfil introspectivo de Souad jamais a permitiria fazer um movimento mais ousado. Não a imagino tentando se integrar com outras pessoas no bairro, mesmo com a dificuldade de comunicação, ou buscando, por conta própria, conhecer institutos ou entidades que ajudassem estrangeiros a fazer a adaptação cultural e a acelerar o aprendizado do idioma. Todas as cidades têm instituições assim, sobretudo as grandes como Belo Horizonte.

Fiquei pensando no que meu pai tinha dito sobre eu acompanhar meus irmãos e cheguei à conclusão de que a adaptação seria realmente mais fácil quando estivéssemos juntos...

31

Guilherme voou de Beirute para o Rio. Emilene e a família voltaram para o Serrano. Souad foi para a casa de Emilene e as duas construíram uma amizade muito forte, pois têm muitas coisas em comum — a começar pela habilidade culinária. Também são introspectivas e desconfiam de tudo e de todos. Emilene é solidária, prestativa e extremamente religiosa. Souad crê, tem a sua fé, mas é mais moderada. Ambas são caseiras, e minha irmã passou a ser mais prendada ao lado da amiga brasileira; aprendeu receitas deliciosas de bolo. Emilene tem quatro irmãos: Fernando, Wagner, Márcio e

Eduardo. Todos eles foram criados graças aos esforços do senhor Márcio Fagundes, carpinteiro dos bons e, nas horas vagas, um especialista em passarinhos (meu pai, afeito aos pombos, iria gostar dele), e da mãe, Maria Eunice, uma dona de casa que morreu um ano antes de Souad chegar. Emilene é, portanto, a única mulher na família Fagundes. Souad acabou virando a irmã que ela não teve. E talvez Emilene tenha virado a irmã que Souad idealizava. Não se desgrudam. Até hoje é assim.

32

Maio e junho passaram sem nuvens, no forte calor do verão libanês. Em agosto, Eddy e eu recebemos a autorização da embaixada brasileira para buscar o *laissez-passer*. Tiramos as fotos, assinamos os documentos; era o nosso troféu. Imaginei que a liberação para deixar o país ocorreria mais ou menos em um mês — o caso de Souad era a minha referência. Fomos à polícia. O roteiro era igual ao do episódio da minha irmã. Parecia um filme repetido: a mesma justificativa, o mesmo processo, a multa para mim e para Eddy, mister Nabil entrando no circuito mais uma vez e o prazo de sempre para analisar a situação. Ficaram com os passaportes. Um mês depois, de fato, eles nos devolveram com a devida autorização. Apenas um ponto havia mudado no *script*: Eddy e eu não poderíamos voltar ao Líbano por um período de cinco anos. Estávamos na lista de banimento do governo. Descobri depois que Souad havia tido a sorte de escapar da lista, pois o normal nesse tipo de processo é ganhar mesmo um cartão vermelho por um período predeterminado pelas autoridades. Éramos brasileiros aos olhos deles, ilegais no Líbano. Fazer o quê...

Eddy e eu teríamos 48 horas para deixar o país. Já havíamos feito todas as despedidas e as malas estavam prontas. Embarcamos para o Brasil na madrugada de 18 de setembro de 2014.

Parte II
Brasil

A nova existência

1

Aperto o cinto e os olhos. Não por medo da decolagem, que eu não poderia ter medo do que nunca vivi. É ansiedade mesmo, o ligeiro tremor no estômago do que ainda vou viver. O avião da Turkish Airlines aponta o nariz para a pista central e começa a acelerar. Deixo a janelinha levantada, os olhos agora já bem abertos, colo o rosto no vidro, que na verdade é plástico, e tento não perder nenhum detalhe da manobra: a pista próxima, a pista distante, cada vez menor, sumindo, sumindo... Os prédios e casas bem pequenininhos, como uma maquete de Beirute. Lembro-me de minha mãe que, com sua vasta experiência de nenhum voo no currículo, nos deu, a mim e a Eddy, todas as orientações antes do embarque: "Tenham cuidado, a decolagem é um pouco brusca. Deixem o cinto afivelado o tempo todo por causa das turbulências e, se houver qualquer problema, chamem o comissário de bordo". Eu adoro a decolagem. Eddy também. Ficamos curtindo aquela vertigem da subida, o barulhinho bom da turbina, até que o sinal luminoso nos autoriza a soltar o cinto (desculpe, mãe), o avião já atingiu o que o piloto chamou de altitude de cruzeiro. É muito boa a sensação de estar no céu. E ver o passado a 40 mil pés abaixo dos nossos.

Descemos em Istambul duas horas depois para fazer a conexão com a aeronave que nos levará ao Brasil. É uma longa espera no aeroporto para encarar o outro voo, de catorze horas. Estou tão pilhada que não consigo dormir. Eddy também nem pisca o olho. Queremos aproveitar cada minuto dentro do avião, que é bem maior do que aquele que nos trouxe de Beirute. Fico impressionada com o vaivém apressado dos comissários nos corredores estreitos e sua habilidade quase circense de servir bebida e comida para quatrocentos passageiros. E, por falar neles, os passageiros, posso dizer com toda a convicção que a tal ironia do destino realmente existe e pegou carona no voo da Turkish. Explico: passamos uma vida toda ouvindo de nossos pais para não termos contato com judeus, não nos relacionarmos com eles etc., etc., etc. — sim, é a questão palestina, com todos os seus desdobramentos, levada para dentro de casa e passada de geração em geração. Pois bem: metade dos viajantes dessa aeronave é de estudantes judeus ortodoxos que, de tempos em tempos, fazem suas orações enquanto o avião segue em seu voo de cruzeiro. Observo o ritual por um instante, imagino que sejam preces de proteção e agradecimento, me dou conta de que são jovens como Eddy e eu — um pouco mais novos, certamente —, dentro do mesmo avião, rumo ao mesmo país e cheios de sonhos assim como nós. Por que é mesmo que não podemos nos relacionar, conversar sobre nossos sonhos? Enfim... os meus anseios do mundo ideal parecem potencializados nessa viagem, talvez porque o propósito dela seja justamente deixar o mundo que eu conheço para trás. Eddy sugere uma *selfie*, um registro para o "capítulo um" da nova existência. Sorrimos. A luz se apaga. Eu me distraio com a tela *touch* à minha frente, com filmes, músicas e jogos, uma saída para fone de ouvido e uma entrada para carregadores de celular, bem acima da mesinha retrátil de refeições — o cara que bolou aquilo tudo deveria ganhar um prêmio de aproveitamento de espaço. Quando canso dos filmes e das músicas, deixo a tela no modo "plano de voo" e fico olhando a representação gráfica do trajeto da aeronave: as linhas pontilhadas partindo de Istambul, cruzando o oceano Atlântico e entrando na América do Sul com seu mapa imenso, tomado quase todo pelo Brasil. Não sei, não, mas acho que caberiam uns mil Líbanos dentro do Brasil — li em algum lugar que o menor estado brasileiro, Sergipe, tem o dobro do tamanho do Líbano. Também observo as nuvens. Sempre quis saber como seria estar sobre elas. É lindo, mágico, o avião parece surfar naquelas ondas brancas. Por sorte, o céu está claro quando nos aproximamos do nosso destino e dá para vê-las por um bom tempo.

— Em breve, pousaremos no Aeroporto Internacional de São Paulo — avisa o comandante.

O comentário de minha amiga Nicole Nakhle sobre "pegar" mil aviões vem à minha mente e faço uma conta rápida, só por diversão. Se bem me lembro, devo ter repetido aquele gesto imaginário de capturar os aviões que via da minha pequena janela todas as noites por pelo menos três anos. Sendo assim, eu tinha mais de mil no meu estoque de ilusões. Então, imagino que, naquele exato momento, alguém, em algum canto, está observando de uma fresta qualquer o avião da Turkish cruzar os céus, desejando com toda força estar a bordo dele, como eu finalmente estava. Torço para que essa pessoa que eu não conheço, com seu sonho que nem sou capaz de imaginar, também esteja aqui, algum dia, surfando nas nuvens.

A aeronave começa a descer. Sinto de novo uma leve vertigem e uma pressão no ouvido.

— Tripulação, preparar para o pouso.

Coloco as mãos no apoio da poltrona. A tela mostra a aproximação da pista. Estamos quase lá. Vem o solavanco daquele bicho de três toneladas tocando o solo, a redução brusca da velocidade, o ouvido voltando ao normal, o passeio do avião pela pista. Eddy sorri, satisfeito. O motor, enfim, é desligado. Desembarcamos no Aeroporto Internacional de São Paulo para mais uma conexão, dessa vez para Belo Horizonte. "Está quase acabando", digo ao meu irmão. Que nada! Nossa falta de experiência com aeroportos, passagens e conexões cobra o seu preço. Rodamos pelo terminal de voos domésticos atrás da Turkish Airlines para fazer o check-in. Nenhum sinal dela. Pergunto a algumas pessoas sobre a localização do balcão da companhia. Em vão. Até que me dirijo a um guichê qualquer e um atendente me diz que a companhia tem um escritório em uma área que fica do outro lado do aeroporto. Atravessamos, apressados, os saguões — Eddy reclamando de fome, eu reclamando da reclamação dele — e, quando chegamos ao ponto indicado, não há qualquer vestígio da empresa turca. Parece pegadinha de algum programa de TV. Voltamos ao terminal doméstico e alguém, enfim, nos diz que a Turkish não voa pelo Brasil e pede para olhar nossas passagens. O voo para Belo Horizonte, que a essa altura já havia partido, era da brasileira TAM. Custava a agência do Líbano, onde compramos as passagens, nos avisar sobre a troca de companhias? Afinal, era nossa primeira viagem, com duas longas conexões pelo caminho. Bem, temos de resgatar as bagagens e pagar uma multa para pegar o próximo avião para Belo Horizonte. Ligo para Souad e aviso que vamos nos atrasar. E muito.

Desembarcamos no Aeroporto de Confins, em Belo Horizonte, na madrugada do dia 20, dois dias depois de deixar Beirute.

— Trouxe o Líbano todo aí, uai? — pergunta o sr. Márcio, pai de Emilene, assim que nos vê na área de desembarque de Confins. Obviamente, não entendo uma palavra do que ele diz, mas Emilene faz a gentileza de traduzir, num esforço danado para explicar que o "uai" não significa nada específico, mas serve para tudo em Minas Gerais.

Sorrio, já me desculpando pela montanha de malas que o pai vai enfiando como dá na caçamba e até mesmo na parte interna da caminhonete da família. Sim, eu disse "pai" porque, a partir daquele dia, seria exatamente esse o papel que ele assumiria em nossa vida brasileira. Eu, Eddy, Emilene e Souad seguimos no carro de Maria, mãe de Guilherme — por sorte eles vieram em dois carros até o aeroporto; do contrário, teríamos de nos ajeitar na caminhonete junto com as oito malas.

E lá vamos nós para mais uma hora de carro até o bairro do Serrano, tempo suficiente para mudar de cidade no Líbano. Tempo suficiente também para eu me distrair lendo as placas pelo caminho, na velocidade de quem ainda está aprendendo a juntar letras: "C-e-n-t-r-o"; "r-e-t-o-r-n-o"; "P-a-m-p-u-l-h-a" — que eu pronuncio "Pampulrra", divertindo os brasileiros do carro. Emilene me explica que a pronúncia correta é "Pampulia", que, em português, o *l* com o *h* fazem um som de "li" combinado com a vogal que vem logo em seguida. É muita informação para uma madrugada só, ainda mais depois de tantas horas de voos, conexões e confusões no aeroporto. Fico com *Pampulrra* mesmo na cabeça, com o meu agá árabe e inglês. O sono começa a bater forte e o Serrano parece nunca chegar.

Meu primeiro dia no Brasil não existe. Durmo mais de 24 horas, o que significa dizer que pisei em solo brasileiro na manhã do dia 20, mas acordei somente no dia 21 de setembro. Passei em branco, como dizem, mas tudo bem porque eu tenho crédito: nasci no dia extra de um ano bissexto (lembra-se?), portanto, zerei a conta. Acordo com o som das calopsitas e dos agapornis, os pássaros lindos, coloridos, que o pai cria em um viveiro bem cuidado, localizado na parte da frente da casa, logo depois do portão de entrada. Ele também tem galinhas e galos na propriedade, os meus despertadores orgânicos de agora em diante. É engraçado pensar que estou em uma das principais cidades do Brasil, um mundo de 2,5 milhões de pessoas, a sexta maior aglomeração urbana do país, e ouço agapornis e galos garnisés me chamando para o café da manhã. O Brasil é realmente um país diferente.

Os Fagundes moram em um sobrado grande, com seis quartos amplos, quatro na parte de baixo e dois no nível de cima, divididos por um pequeno hall e o banheiro. Eddy fica em um dos quartos do segundo andar. Eu e Souad, que até então dormia na parte de baixo de casa, compartilhamos o outro. Temos, enfim, um quarto para chamar de nosso, com camas individuais e uma grande janela. E temos também uma pequena sala e uma varanda imensa para contemplar a vista, receber os amigos e ver o pôr do sol. É a nossa Dbayeh particular, sem a beleza e a brisa do mar, mas com um poente de arrombar a retina, de tão intenso e tão bonito.

Nossa varanda também nos presenteou com um fenômeno que eu jamais imaginaria existir: a "chuva chegando". Ouve-se o barulho dos trovões, o céu escurece, o vento se torna mais intenso, mas ainda não há um pingo d'água caindo do céu, porque a chuva, explica Emilene, está em outro lugar. "Mas, calma, que já, já ela chega." Incrível. Nunca vi isso no Líbano.

O acesso entre os dois andares se dá por uma escada de alguns poucos degraus ao lado do viveiro de pássaros, na parte da frente da casa. Deve ter, sei lá, uns dez degraus, se tanto. Para quem estava acostumada a subir e descer 156 todos os dias em Bourj Hammoud, aquilo ali parece um playground. O pai conta que, quando chegou ao Serrano, em 1975, era "tudo mato", o bairro começava a receber os primeiros moradores. Ele levou quase três décadas para construir toda aquela estrutura, laje por laje, viga por viga, até chegar ao formato atual, sem pressa e sem fazer loucuras financeiras. Nunca deu um passo que não podia, ele diz, pois tudo na vida acontece quando tem de acontecer: "*Dianta* correr com os *trem,* não", costuma repetir. Sei bem o que é isso. Embora eu não tenha vivido um dia sequer sem pensar na minha cidadania, na busca frenética pelos atalhos que pudessem me garantir os papéis, só consegui erguer realmente a primeira base concreta desse sonho — a primeira viga — agora, aos 26 anos, com a alternativa Brasil. Desembarco no exato momento em que o país flexibiliza a entrada de refugiados, poucos dias depois de terminar o meu MBA, o que me permitiu concluir os estudos, e no tempo justo para que meu pai, o de verdade, conseguisse juntar algum dinheiro de modo a garantir ao menos os gastos dos primeiros meses para os três filhos, prazo suficiente, segundo ele, para que arrumássemos emprego. Além disso, o Brasil surgiu em minha história quando o projeto México, que estava muito bem encaminhado, começou a naufragar. Gosto de pensar que o universo espera uma conjunção de fatores para apontar a hora certa dos próximos capítulos. Nem adianta correr com os *trem*.

Passo os primeiros dias dentro de casa, tentando me adaptar o mais rapidamente possível aos hábitos brasileiros. O café da manhã, com leite, café, manteiga e pão francês, é bem diferente do desjejum libanês, com pão árabe, *manoush* (uma massa aberta, assada no forno, recheada com queijo, *zaatar*, carne moída ou espinafre), azeitona em conserva e o café turco ou chá-preto. Também estranho o arroz, feijão, carne e salada de quase todos os dias. Gosto de feijão com arroz, mas não com essa frequência. Em compensação, descobri algumas maravilhas na culinária local. A mandioca, preparada de qualquer forma, frita ou cozida, é uma delícia, assim como um prato de nome simpático que, se eu pudesse, devoraria todos os dias no almoço e no jantar, o bife acebolado.

Devo dizer: nós, os Mamo, fomos mal acostumados, pois Kifah fazia de tudo na cozinha. E, quando digo "tudo", não me refiro apenas a seu vasto repertório de receitas, mas também à sua autossuficiência no ofício. Kifah não pedia ajuda, ela se bastava. Tínhamos em casa o velho script da tradicional família árabe: o pai provê, a mãe cuida de todo o resto. Souad, Eddy e eu não tocávamos no fogão — nem sequer arrumávamos a mesa. Mas, no Brasil, a situação é completamente diferente. Tem que ser. Não podemos ficar de braços cruzados esperando que os Fagundes se façam de Kifah. Souad, por ter chegado antes, está se virando bem na cozinha, graças a algumas dicas de Emilene e outras tantas da nossa mãe. Aliás, a consultoria a distância de dona Kifah tem sido bem produtiva; minha irmã já consegue trazer um pouco da culinária do Líbano para o Serrano. Eu acho ótimo que ela tenha aprendido tudo isso, pois agora nossos almoços, regados a arroz, feijão, salada, carne e macarrão, passam a ter tabule, homus e o indispensável pão árabe. O pai Márcio também adora esse cardápio líbano-brasileiro, tanto que anda cobrando outras receitas da minha irmã: "Só falta aprender a fazer quibe, né Souad?". Ela sorri, um tanto encabulada, toda vez que ele diz isso. Eddy e eu não entendemos, no início, a cobrança irônica do pai nem a reação de Souad, até ela mesma nos explicar a brincadeira. Foi o seguinte: quando a minha irmã chegou ao Brasil, bastava dizer que veio do Líbano para ouvir dos amigos e parentes dos Fagundes a pergunta inevitável: "Sabe fazer quibe?". Não, Souad não sabia fazer quibe nem nada que exigisse se dirigir à cozinha, pegar uma panela, ligar o fogão ou acender um forno. Como já disse, nossa especialidade, até então, era o pós-cozinha, ou seja, comer. Ah, sim: e o quibe, ao contrário do que se imagina, não é uma iguaria tão apreciada no Líbano. Mas esse nem era o problema. A questão é que, de tanto ouvir a mesma pergunta, Souad acabou se irritando. Certo dia, ela disse: "Agora que sei cozinhar, me recuso a fazer quibe, só de birra". Por isso, o pai gosta de provocá-la. Quanto a mim, posso dizer que avancei pouco nesse quesito. Faço o básico no fogão, o suficiente para ajudar minha irmã no dia a dia. Eddy, por sua vez, nos surpreendeu. Sua receita de quiabo é maravilhosa e ele sabe "pilotar" uma churrasqueira como ninguém.

Meu irmão também descobriu, um dia desses, que alguns hábitos do homem libanês, ou melhor, do homem árabe, são vistos do lado de cá como, digamos, privilégios sem sentido e fora de moda. Em bom português: folga mesmo. Logo nos primeiros almoços no Serrano, Eddy ficava sentado à mesa, esperando que alguma das irmãs o servisse. Geralmente, Souad fazia as honras — ela, como irmã mais velha, sempre assumiu esse lado Kifah. Até que Guilherme chamou Eddy para uma conversa e explicou que, no Brasil, não existia essa história de mulher servindo o homem, pelo menos entre os mais jovens. "Tá com fome? Levanta e enche o prato, uai." Lição aprendida. Agora, meu irmão não só "faz" o próprio prato como também ajuda nas tarefas triviais da casa, como lavar louça, arrumar o quarto etc. Aí está a maior prova de que o ambiente molda o comportamento. George Mamo deveria ver Eddy em ação no Brasil.

Seguimos nesse ritmo, buscando absorver os costumes e a cultura do país. Emilene prepara algumas aulas em português e nos empresta livros, o que é essencial em nossa primeira fase de aprendizado. Souad, já um pouco mais adiantada do que eu e Eddy no idioma, também nos ajuda com as primeiras palavras. Emilene nos leva à igreja e às quermesses e nos mostra o Serrano. Primeira parada: a padaria onde Souad trabalha, a Trigo Real. Interessante: um lugar para vender pão, mas que também tem leite, café, frios, temperos, enlatados, doces e até uma prateleira com sacos de arroz, feijão, açúcar e sal. Legal. O visual é diferente, mas o sortimento é bem semelhante ao das mercearias de Beirute. Souad, porém, me corrige:

— Não. Mercearia também tem frutas e produtos de limpeza. E não tem a variedade de pães da padaria.

— Mas o supermercado, então, é melhor, porque tem tudo isso, incluindo variedade de pães — replico. — Por que ir à padaria se dá para comprar tudo no supermercado?

— Porque o pão da padaria é mais gostoso — ela tenta me explicar, mas tudo o que consegue é me confundir ainda mais. — Quanto às frutas, é melhor comprá-las na feira do que em mercearias ou supermercados.

Padaria, supermercado, feira... Acho pouco prático. No Líbano, a gente ia nos supermercados de bairro ou nas mercearias e resolvia a questão. Souad me diz:

— Espere só até você ver o Ceasa!

Dois dias depois, o pai Márcio nos leva ao local, um depósito gigantesco onde se vende, por atacado, frutas, verduras e legumes. Em poucas palavras, é um shopping center dos vegetais. Minha conclusão de nossa turnê exploratória pelo reino dos bens alimentícios é uma só: para abastecer a casa, gastando de maneira inteligente, a fórmula seria comprar pão na padaria, frutas na feira, legumes e folhas no Ceasa e o resto no supermercado. Ou seja, tire dois ou três dias no mês para encher a despensa. Na prática, porém, eu vi que não funciona assim. Resolve-se tudo no supermercado mesmo, com algumas incursões à padaria para comprar os pães quentinhos que Souad entrega no balcão. E para ouvi-la fazer a pergunta clássica sobre o tipo de embalagem preferida do cliente: "Papel ou plástico?".

Ela vende os pães e sempre repete esse bordão. Acho que são as duas palavras que mais fala em português. Virou até piada na casa dos Fagundes. Quando eu quero irritar minha irmã, chego perto dela, de surpresa, e repito, bem rápido: "*Papelouplástico? Papelouplástico?*". Eu sei, eu sei... Às vezes pareço ter dez anos de idade, mas não quero perder nunca esse meu lado brincalhão. Os dias ficam mais suaves quando não nos levamos tão a sério. Aprendi isso com Eddy.

O emprego na Trigo Real é muito útil a Souad. E ajuda em nosso orçamento. Mas acho que ela está trabalhando demais e exercendo funções que nada têm a ver com sua formação. Minha irmã é graduada em Engenharia da Computação e da Comunicação, com mestrado, é especialista em telecom, fala quatro idiomas e está lá, com a barriga no balcão, repetindo: "Papel ou plástico". De qualquer forma, o dono da padaria, ao contrário de outros patrões, jogou limpo com ela: disse que a colocaria primeiro nos serviços básicos, de atendente, para que treinasse o português, e depois, quando estivesse afiada no idioma, iria para o caixa. Souad é muito boa em contabilidade, já trabalhou na área financeira no Líbano. Ela afiou o idioma. Até demais. Um dia, conversando com Emilene, deixou escapar alguns palavrões e ouviu da amiga o seguinte conselho: "Acho que o seu português já está avançando bem, né? Que tal trocar de emprego, procurar alguma coisa na sua área?".

Souad teve três experiências antes da padaria. A primeira delas foi como intérprete para torcedores argelinos que vieram ao Brasil acompanhar a Copa do Mundo. Não conseguiu ver nenhum jogo, mas, em compensação, visitou algumas cidades do sul do país que receberam partidas da seleção argelina, como Curitiba e Porto Alegre. Foi sua primeira atividade remunerada e uma excelente oportunidade para conhecer um pouco mais do Brasil. Também chegou a dar aula de inglês a alguns jovens do Serrano e de bairros próximos, uma gentileza da professora Emilene enquanto minha irmã não arrumava emprego fixo. Em julho, logo depois da Copa, surgiu o esperado emprego fixo. Parecia promissor. Souad havia conhecido um empresário libanês, dono de padarias e restaurantes em Belo Horizonte, que lhe prometera uma vaga com todos os direitos trabalhistas garantidos, uma boa remuneração e horários decentes. Ela começou na vigilância, mas logo estava no balcão e até mesmo limpando banheiros, trabalhando até tarde. Quis saber do patrão o que estava acontecendo, pois todas aquelas atividades não faziam parte do acordo entre os dois. Ao argumentar que era formada, que tinha diploma e podia ajudar até na contabilidade e na parte de tecnologia, ouviu a seguinte frase: "Aqui, seu diploma não vale nada. Agradeça por eu ter te arranjado um emprego". Outras estrangeiras que também foram recrutadas pelo libanês e sofreram esse tratamento hostil baixaram a cabeça, em nome da manutenção do emprego. Mas minha irmã não se curvaria a ele. Terminou seu trabalho naquele dia, em respeito às colegas, despediu-se delas e nunca mais voltou. Foi aprender papel, plástico e outras palavras menos nobres da língua portuguesa na padaria do Serrano, onde, ao menos, era respeitada. Mas faltava arranjar algo em sua área. Souad enviou currículos a diversas empresas. Sem sucesso.

Não dá para dizer que fomos pegos de surpresa. Sabíamos das dificuldades. Somos estrangeiros, com uma situação ainda indefinida, sem o domínio da língua local e tendo de disputar emprego com milhares de brasileiros num momento de crise no país, uma combinação que nos coloca em desvantagem em qualquer processo de seleção. Há ainda uma dificuldade extra: o não reconhecimento automático dos nossos diplomas, que devem ser revalidados por alguma universidade pública brasileira, um processo que leva tempo e sobre o qual não temos qualquer controle. Paciência. Também não há o que fazer em relação à conjuntura ou até mesmo a eventuais preconceitos em relação à nossa condição, os "árabes refugiados". A única variável que podemos controlar nessa equação é o aprendizado, urgente, do idioma, dos hábitos locais e da cultura brasileira. Não só por uma questão profissional, mas sobretudo para o nosso crescimento pessoal no país. Acredito que o caminho para a cidadania também parta desse ponto. Assim, precisamos circular mais.

Já conhecemos o zoológico, o centro da cidade, algumas igrejas — sempre dependendo da carona de um dos irmãos de Emilene e dos eventuais programas de família. Os Fagundes são naturalmente caseiros, receosos com horários e com grandes deslocamentos. É o estilo deles, eu respeito isso e serei eternamente grata a tudo o que estão fazendo por nós. Mas não quero essa limitação de espaço e não pretendo reeditar no Brasil qualquer coisa que se assemelhe às restrições ou regras que tínhamos em Bourj Hammoud, sob as asas de Kifah e George. Temos de ver mais gente, aumentar a rede de contatos. O amigo do amigo pode conhecer outro amigo, dono de uma empresa, que esteja procurando profissionais com experiência em tecnologia, que sejam bons com números e falem inglês e francês... Só saberemos disso conversando, fazendo amizade. Pegamos um avião, ora essa. Cruzamos o oceano. Desejamos tanto a nova vida e vamos ficar encolhidos? Quero visitar outros pontos da cidade, conhecer, de fato, Belo Horizonte, vivenciar o dia a dia dos mineiros. Sei que Souad tem os compromissos do trabalho e não poderá nos acompanhar em tudo — além do fato de ela também ser naturalmente caseira. Mas Eddy e eu combinamos de tirar uns dias para fazer esse processo de adaptação antes de entrar para valer no modo "vida real" no Brasil, o que inclui a busca por um emprego, aulas formais de português e a incansável luta pela nacionalidade. Estabelecemos duas ou três semanas de "folga" para mergulhar no universo mineiro e aprender todos os *trem*.

Peço a ajuda de Guilherme para montar um tour por Belo Horizonte e ele sugere, logo de saída, a Lagoa da *Pampulia* (eu já consigo trocar o "lh" por "li"), um lugar lindo, onde as pessoas se encontram, namoram, andam de bicicleta, caminham, correm... Ótimo, eu já estava sentindo falta de praticar esportes. Márcio, irmão de Emilene, e sua esposa, Luciene, nos acompanham no passeio e me convidam para uma leve corrida na pista de cooper que contorna a maravilhosa lagoa. Guilherme dispensa o convite e se despede, pois tem compromissos no hospital. Já eu corro por meia hora, feliz da vida. Só que, de repente, começo a passar mal. Que sorte a minha, não? Tivesse acontecido minutos antes, o amigo médico estaria ao meu lado. Fazer o quê... O passeio tem que ser interrompido.

São os velhos sintomas da minha velha conhecida, a urticária: vermelhidão, inchaço, ardor, coceira intensa. Tenho a sensação de que aquilo pode se agravar e peço a Márcio que me leve ao hospital e ligue para Eddy — ele sabe onde guardo os meus remédios. Não conhecia o sistema de saúde no Brasil. Chego à Unidade de Pronto Atendimento, a UPA, me colocam em uma maca, chamam o médico, tratam do problema e, só depois de me verem fora de perigo, os médicos e funcionários se preocupam com a burocracia. É um mundo novo para nós, os Mamo. Imaginava que, assim como ocorre no Líbano, teríamos de pagar uma pequena fortuna para que eu fosse atendida — tanto que Souad e Eddy chegam à UPA com todo o dinheiro que havíamos trazido para o Brasil. Guilherme, sabendo do meu problema, também vem ao pronto-socorro e nos tranquiliza, dizendo para guardarmos nossas economias:

— O Brasil tem um sistema público, o SUS, para atender quem não possui plano de saúde e quem não pode pagar os altos custos de atendimento.

Fico surpresa quando um enfermeiro me conta que os hospitais públicos e os postos de saúde sofrem uma série de críticas por parte dos brasileiros, pois a minha experiência, como estrangeira, atendida em situação de emergência, foi a melhor possível. Já estou bem e posso ir para casa. Na volta para o Serrano, Guilherme brinca:

— Começou bem seu tour em Belo Horizonte: da Pampulha para a UPA. Qual será o próximo passo?

Dois dias depois, estamos na praça do Papa, que fica bem próxima a uma mesquita e uma sinagoga. No caminho, ainda cruzamos com um centro espírita e igrejas evangélicas. Se eu queria uma prova da liberdade religiosa no Brasil, aquele passeio encerrou o assunto. Fico pensando em como a história dos Mamo poderia ser diferente se meus pais escolhessem um país assim para começar a vida... Mas não foi o que aconteceu e por isso estou aqui tentando reescrevê-la. Da praça do Papa, saltamos para a praça de alimentação de um shopping, pois a fome começou a bater. Estranho a presença de uma pia entre as mesas, com as pessoas lavando as mãos ali mesmo, à vista de todo mundo. No Líbano, jamais lavamos as mãos em público, é um hábito íntimo. Também me espanto com uma garrafa de Pepsi de 3,3 litros que vejo no freezer de uma lanchonete. Que medida é essa? Por que 3,3 litros? Não podia ser 3 ou 3,5 ou 4 litros? Guilherme sorri e diz que vale a pena comprar uma dessas quando se está com uma turma grande, sai mais barato do que comprar um monte de latinhas. Não duvido da vantagem econômica, só gostaria de saber a razão do fabricante para não acrescentar um pouquinho mais de refrigerante e arredondar a casa decimal. Bem, escolhemos um restaurante árabe para matar a fome e um pouco da saudade de casa.

— Pede um quibe, Souad! — eu provoco.

Ela nem liga. Olho o cardápio: homus, tabule, kafta. Vamos nessa. Meu veredicto: é a cozinha árabe adaptada ao gosto brasileiro, mais salgada onde não devia, insossa em pratos que exigem mais tempero. O pão, que eles chamam de sírio, também deixa a desejar. Como pouco. Será que eles servem bife acebolado por aqui?

Na saída do shopping center, vejo um anúncio em uma vitrine: "Tudo por R$ 1,99". Lembrei da Pepsi de 3,3 litros. O Brasil é realmente um país diferente.

Em uma manhã comum de um dia sem compromissos, sem passeio programado, recebemos a visita de Isabela Sena, uma garota simpática de cabelos e olhos castanhos, um pouco mais alta do que eu, formada em Relações Internacionais e que me impressiona com seu jeito de falar — não só pelo inglês impecável, mas principalmente pela desenvoltura e segurança com que coloca os temas e seus argumentos. Souad já a conhecia e pediu que viesse até o Serrano conversar com os "novos libaneses". Isabela se apresenta, como se isso fosse necessário: Eddy e eu já a conhecíamos antes mesmo de vir para o Brasil, de tanto ouvir Souad falar da nova amiga. Isabela quer saber como foi a viagem de avião e nossa opinião sobre os primeiros dias de Belo Horizonte, diz que vai nos levar para conhecer outras cidades em Minas Gerais e visitar outros estados, se oferece para nos ajudar com o idioma, ri de nossos problemas com os costumes locais — arroz e feijão todo dia? — e fica surpresa ao saber, quando lhe trago um copo de Coca-Cola quase transbordando, que, no Líbano, servir um copo cheio é sinal de estima pelo convidado. Ela sorri, agradecida. Souad pede que eu conte a nossa história e Isabela ouve pacientemente, mais uma vez, a saga que já ouvira de minha irmã, só que dessa vez na versão Maha Mamo, que eu diria que é um pouco mais estendida e detalhada — além de Souad ser mais tímida e, portanto, mais objetiva do que eu na narrativa, há o fato, óbvio, de que ninguém conta a mesma história da mesma forma. Isabela faz uma série de comentários — todos muito pertinentes — e pergunta se eu e Eddy já havíamos providenciado nossos documentos: o protocolo de pedido de refúgio, o CPF e a carteira de trabalho. Souad, por ter chegado primeiro, já tinha dado entrada em toda a sua papelada.

Em linhas gerais, a lei funciona assim: se você é um estrangeiro que deseja morar no Brasil, deve se apresentar à Polícia Federal para regularizar sua situação migratória munido de passaporte válido e do visto apropriado, obter a permissão de residência e solicitar a carteira de identidade de estrangeiro, além da carteira de trabalho e dos demais documentos obrigatórios no país, como a inscrição no Cadastro de Pessoa Física (CPF). No nosso caso, a coisa complica um pouco. Chegamos ao Brasil como apátridas, solicitantes de refúgio, sem nenhum documento de um país de origem. Temos apenas o *laissez-passer* e o visto humanitário. Devemos, então, nos apresentar à Polícia Federal e requerer o Protocolo de Solicitação de Reconhecimento da Condição de Refugiado, que deve ser renovado a cada seis meses até que o governo tome a decisão final sobre o pedido. Com o protocolo em mãos, é possível dar entrada no CPF e na carteira de trabalho. Já a identidade para estrangeiro virá quando nossa solicitação de refúgio for aceita. E eu nem penso na hipótese de ser recusada.

Teoria posta, voltemos à conversa com Isabela.

Respondo a ela que sim, já havíamos protocolado o pedido de refúgio, tínhamos o CPF e a carteira de trabalho.

— Ótimo — ela diz. — Agora só falta preparar o currículo e começar a procurar um emprego.

É maravilhoso pensar que, nesses poucos dias de Brasil, eu já tirei fotos, registrei minhas digitais, assinei papéis e trouxe dois documentos para casa. Frequentei a burocracia pública me divertindo até com as filas, a bagunça e a confusa comunicação entre estrangeiros e atendentes. Nada me irrita, tudo é novo. Posso trabalhar devidamente registrada. Posso abrir uma conta bancária com o meu nome, sem precisar que alguém, gentilmente, se ofereça para ser o titular da conta, como ocorria no Líbano, já que a carteira de trabalho também serve como documento oficial de identificação no Brasil. Posso ter um plano de saúde, tomar todas as vacinas que não tomei na infância. Posso, enfim, viver uma vida quase normal. Quase, porque falta o ponto alto da montanha: a nacionalidade, que me trará a carteira de identidade, o passaporte e a satisfação de uma nova existência como cidadã, legalmente falando.

Pergunto à Isabela sobre os próximos passos para a conquista da nacionalidade e ela repete a frase que já havia dito a Souad:

— A lei está mudando. Vamos estudar e acompanhar. No Brasil, nenhum processo que envolva a boa vontade política é simples e rápido.

Isabela Sena é natural de Belo Horizonte. Mora pertinho dos Fagundes, no Castelo, também um bairro modesto, distante do Centro. Estudou no colégio Batista, formou-se em uma das principais universidades brasileiras, a PUC, e trabalha em Betim, na região metropolitana de Belo Horizonte, para uma empresa que presta serviços ao Grupo Fiat. Conheceu Souad quase por acaso — digo quase porque eu não acredito em acasos. Seu primo, Gabriel, vizinho de Emilene, foi quem contou a ela que a família Fagundes havia hospedado uma menina apátrida, vinda do Líbano, muito tímida e com uma trajetória de vida complicada. Isabela estranhou: "Se é apátrida, como chegou até aqui?". Gabriel não soube responder e pediu que ela fosse até o Serrano conversar com a garota para entender a situação, ver se tinha documentos, se estavam em ordem, enfim, tentar ajudá-la de alguma forma. Isabela bateu à porta dos Fagundes e entrou em nossa história.

Como não acredito em sorte — já disse isso algumas vezes —, comento com Isabela que o universo agiu para colocar Gabriel no caminho dos irmãos Mamo.

— No meu também — ela retruca. E conta alguns episódios que mostram a influência do primo em sua vida. Foi ele quem a convenceu, ainda na adolescência, a aprender inglês e arrumou um curso em uma igreja evangélica, com um missionário americano que cobrava dez reais por mês para ensinar o idioma. Mais tarde, quando ela ainda estava indecisa sobre a carreira, Gabriel sugeriu: "Já ouviu falar de Relações Internacionais? É a sua cara". Isabela deu um bico no sonho de cursar qualquer coisa relacionada às ciências biológicas — sua intenção desde o colegial — e acatou a dica do primo. Diz que não poderia ter feito escolha mais acertada. Eu só posso concordar.

Seu trabalho para a Fiat consiste em cuidar de toda a infraestrutura e documentação de funcionários expatriados, tanto os que saem do Brasil para assumir postos nas filiais da montadora pelo mundo quanto os estrangeiros que vêm trabalhar na América do Sul. Isabela também fala espanhol, fruto de uma temporada em Barcelona, e tem especial predileção pelas questões de direitos humanos, tanto que foi voluntária do Centro Zanmi, uma organização que atendia refugiados, sobretudo haitianos, que migraram para Belo Horizonte depois do terremoto de 2010, a tragédia que agravou a já complicada situação político-social daquele país. Resumindo a história, eu não poderia estar em melhor companhia: uma especialista em relações internacionais, craque em documentação, conhecedora da burocracia do país, fascinada por direitos humanos e disposta a ajudar. Eu e ela nos entendemos desde o primeiro minuto.

— Conte comigo — diz, quando nos despedimos.

Vou contar. Eu tenho certeza de que Isabela será a nossa referência no Brasil a partir de agora, não só por seu conhecimento, mas principalmente pela amizade.

2

MINHAS FÉRIAS VOLUNTÁRIAS de duas semanas chegam ao fim: consigo um emprego de entregadora de panfletos promocionais do supermercado francês Carrefour. Até tentei argumentar com o rapaz que me contratou que eu falava francês, era formada, tinha mestrado, quem sabe não haveria uma vaga melhor... Não, não havia. A função era aquela mesmo: entregar panfletos, por um salário de pouco mais de seiscentos reais ao mês.* Ok, se é o que tem, vamos nessa. Eddy está comigo. Precisamos, afinal, reforçar o caixa, porque o *baba* não vai nos sustentar para sempre. Logo de manhãzinha, depois de sermos acordados pelas calopsitas e pelos garnisés, tomamos o ônibus até a sede do supermercado, engolimos, voando, um café com leite e um pão com manteiga, e uma Kombi nos despeja em algum bairro de Belo Horizonte para entregar as "ofertas imperdíveis" do dia. Temos um mapa com o nome das ruas a serem cobertas, um colete verde com a marca do supermercado e uma mochila para carregar os papéis, que colocamos nas caixas de correspondência ou nos portões de casas e prédios. É um trabalho cansativo e silencioso, quase não falamos com ninguém. Vez ou outra cruzamos com um morador ou um porteiro, a quem saudamos com "bom dia, obrigada, obrigado ...". Nada mais do que

* Em outubro de 2014, o valor nominal do salário mínimo era R$ 624,00. Fonte: Departamento Intersindical de Estatísticas e Estudos Socioeconômicos (Dieese).

isso. Quem mandou eu zombar de minha irmã com o "papel ou plástico"? Fazemos uma breve parada de meia hora para o almoço — devorado na calçada mesmo — e partimos para um novo bairro, com novos portões, novos porteiros, o mesmo panfleto. O trabalho só termina às seis da tarde. Daí é encarar uma hora de ônibus até o Serrano, jantar, banho e cama. Até os passarinhos nos chamarem mais uma vez para o batente do dia. Ficamos um mês nessa rotina.

Entrego o último panfleto no fim de outubro e sigo no ônibus para o Serrano pensando nos empregos que tive no Líbano, no pessoal da MTC, na Toshiba, em mister Nabil. Agora estou aqui, perambulando pelas ruas de Belo Horizonte distribuindo as ofertas imperdíveis mais caras que eu já vi. Penso em minha irmã no balcão da padaria e na quantidade de currículos que ela mandou, todos recusados. Penso em Eddy, que não tem formação superior — se, para nós, já é difícil, imagine para ele. Digo a mim mesma: "Calma, Maha, tenha calma. O panfleto foi só o primeiro passo, daqui a pouco aparece um emprego melhor. Você já conhece todos os obstáculos do mercado brasileiro, sabia que seria desse jeito. É muito cedo para perder a fé. Calma".

Eddy sabe o que se passa pela minha cabeça quando estou introspectiva assim e dá o seu jeito de interromper o meu lamento silencioso. Desembrulha um panfleto todo amarfanhado do Carrefour que trouxe no bolso da calça, me entrega e diz:

— Bom dia… Obrigado.

Rimos. Ele sempre faz a vida parecer melhor.

Vou me deitar pensando nas possibilidades que temos no Brasil, na urgência de aprender o português, no que fazer para encurtar o caminho até um bom emprego. Acordo no dia seguinte ouvindo a voz de Isabela, desço apressada as escadas e a vejo na sala explicando para Emilene e Souad como funciona o Centro Zanmi, onde ela trabalhou como voluntária e onde se pode aprender português e fazer cursos de aculturamento, tudo de graça. Ótimo, é uma grande oportunidade de acelerar o nosso processo de adaptação ao país. Isabela nos convida a visitar o Zanmi. Souad não pode, tem o trabalho na padaria. Eddy também não, tem algum compromisso, acho que com o pai Márcio.

— Mas a Maha vai com você. E o que ela decidir está decidido — ele diz.

Souad concorda. Eu sigo com Isabela.

São vinte minutos de carro até o Zanmi, tempo suficiente para eu aplacar a minha ansiedade enchendo Isabela de perguntas sobre as mudanças na lei brasileira. Fico sabendo que a lei atual, o Estatuto para os Estrangeiros, é da década de 1980, ainda no regime militar, época em que os imigrantes eram vistos como "uma ameaça à estabilidade e à coesão nacional". Dá para imaginar, portanto, que as regras e normas para quem vinha de fora não eram exatamente flexíveis. Entre 2008 e 2009, o Congresso encaminhou dois projetos de lei para a revisão desse estatuto, as sementes do que seria a nova lei de migração — que é a que me interessa. Um ano depois, enquanto as propostas de mudança ainda estavam na mesa dos parlamentares, o governo começou a dar vistos humanitários a estrangeiros que precisavam de suporte, sobretudo os haitianos. Em 2013, o país avançou mais um pouco: o Comitê Nacional para Refugiados (Conare), ligado ao Ministério da Justiça, publicou uma norma para facilitar a concessão de vistos aos imigrantes sírios que escaparam da guerra civil naquele país.

— Ou seja, ainda que a lei não esteja pronta, há excelentes sinais de uma nova postura em relação aos estrangeiros — diz Isabela. Ela não estava brincando quando me disse que iria estudar o assunto.

— Sem esses sinais, provavelmente eu não estaria aqui hoje, né?

— Provavelmente não. Essa movimentação motivou a embaixada brasileira a emitir o passaporte e o visto para vocês. E a decisão do Conare foi bem importante. Ela não só abre uma discussão mais séria sobre o papel do Brasil na questão de refúgio como também contribui para a revisão da Lei de Migração como um todo. Não sabemos o que, de fato, vai mudar, mas certamente será uma lei mais flexível e bem mais preocupada com o direito dos estrangeiros do que a atual. O mundo é outro. Não dá para ficar com normas de mais de trinta anos atrás.

— E tem prazo para a mudança acontecer?

— Difícil dizer. É necessária a aprovação do Congresso. Primeiro, o projeto passa pela Câmara dos Deputados. Se for aprovado, vai ao Senado. Se não for, haverá outra discussão, emendas, ajustes. Aí fazem uma nova votação na Câmara, uma nova votação no Senado e assim vai. Acho que o caminho é longo.

— Mas, se tudo isso for aprovado, eu ganho a nacionalidade?

— É o que eu espero. O que esperamos, né, Maha?

Sim, uma espera de 26 anos. Eu nem me surpreendo mais com todos esses pontos de interrogação. Minha vida sempre teve muitas perguntas e poucas respostas. A notícia boa é que as autoridades brasileiras estão, ao menos, analisando o assunto e que a discussão, ao que parece, só avança. Devagar, mas avança. Isso basta para me manter otimista.

Estamos próximo do Zanmi. Mudo de assunto e pergunto sobre a noite em Belo Horizonte.

— É maravilhosa — Isabela me conta. — A gente diz aqui que BH não tem mar, mas tem bar. Se quiser, levo vocês para conhecer os lugares que a gente frequenta.

Nem precisa repetir a oferta.

O Zanmi fica na região central de Belo Horizonte. É um lugar modesto, bem cuidado, com uma pequena recepção e algumas salas. Um francês careca, de sorriso contido, vem nos receber. É Pascal Peuzé, o coordenador. Ele mostra o local, explica brevemente como funciona e quer saber da minha história. Quase não interrompe. É um excelente ouvinte — característica das pessoas inteligentes, a meu ver. Termino o monólogo e confirmo que meus irmãos e eu vamos frequentar os cursos. Pascal se despede com uma frase curta que eu já tinha ouvido de Isabela e me parece ser a senha brasileira de quem quer realmente ajudar: "Conte comigo". Não é "vamos tentar" ou "vou ver o que posso fazer". "Conte comigo" é mais enfático, soa verdadeiro. Na saída, Isabela me diz que Pascal é doutor em Letras, especialista em língua e literatura alemãs, hebraico e literatura rabínica. Uau! Eu nem sabia que existia uma literatura rabínica. Meu detector de pessoas inteligentes não falha. Pergunto o que quer dizer Zanmi e ela explica que significa "amigos", em crioulo. Um nome apropriado para o centro, sobretudo um centro dirigido por Pascal.

Do Zanmi, saltamos para um barzinho na região da Savassi, bairro nobre da cidade. Isabela faz alguns telefonemas e, em poucos minutos chegam duas amigas, ambas profissionais de Relações Internacionais, mineiras, na faixa dos 25 anos — um pouco mais velhas que ela. Indre lembra o jeito de Isabela, porém é mais quieta. Manuela é como Roro, a minha amiga de farra no Líbano: extrovertida, engraçada, emotiva... Fala por nós três. Diz que vai me levar em um estádio de futebol e me faz repetir a palavra "galo". Estranho o pedido, ela ri e conta que é o símbolo do time mais popular da capital, o Atlético Mineiro — seu time do coração, claro.

— Quando você estiver no estádio, vai entender melhor o que significa esse "galo" — diz. — Quer saber? Vou dar uma camiseta do Atlético *procê*.

Brindamos. Experimento uma caipirinha, pois não "existe" estar no Brasil sem prová-la, segundo as regras de Manuela. Muito boa a bebida. E forte. Fico só naquele gole mesmo para não dar vexame no primeiro encontro com as novas amigas.

As duas já conhecem minha história.

— De trás para frente, de tanto que Isabela fala nos irmãos Mamo — confirma Indre.

Ótimo. Então é hora de ouvir a delas.

Manuela Rios nasceu e cresceu em Ouro Branco, uma cidadezinha no interior de Minas Gerais, de 40 mil habitantes, distante uma hora e meia de Belo Horizonte. Queria ser médica, inspirada em sua mãe, enfermeira no sistema público de saúde. Quase não acreditei na coincidência: passei minha adolescência em Bourj Hammoud dizendo que seria doutora e minha mãe também trabalhava como enfermeira. Parece que eu e Manuela fomos, ambas, motivadas pelo mesmo desejo de ajudar as pessoas. Mas desistimos do curso por razões distintas. A faculdade de Medicina não me aceitou. Manuela deu um bico no sonho de cursar Medicina depois de conhecer um *trem* chamado Relações Internacionais. Tomou gosto pelas questões globais, sobretudo as humanitárias, quando fez um intercâmbio de um ano na Alemanha, na cidade de Siegen, ainda no fim do ensino médio.

— Com as relações internacionais, dependendo do trabalho e do propósito, dá para ajudar um montão de gente, milhões de pessoas — ela diz.

Manuela só foi conhecer Indre e Isabela depois de formada. Aliás, ela já dividiu uma mesa de trabalho com Isabela, atuando também como fornecedora da Fiat. Fico só imaginando essa curiosa convivência: uma é o oposto da outra. Isabela é firme, rigorosa. Manuela, a tranquilidade em pessoa. Elas garantem que, apesar de alguns atritos, o *trem* funcionava. E funcionava porque as afinidades são maiores do que as diferenças de comportamento. Além de colegas de profissão — e torcedoras do Galo —, as duas têm o mesmo sonho de vida: o de um dia trabalhar com questões humanitárias.

— Até agora só trabalhamos com migração para rico — conta Manuela. — É legal, mas nós sempre tivemos uma pegada social muito forte, sabe? Aquela vontade de usar nosso conhecimento para ajudar mais gente.

Foi a pegada social que motivou o voluntariado das duas no Centro Zanmi.

Indre Medeiros é de Belo Horizonte. Quando ainda estava na faculdade, a PUC Minas — a mesma de Isabela —, fez um intercâmbio de seis meses na França. Diz que voltou para concluir o curso de Relações Internacionais já querendo arrumar as malas de novo, pois sempre sonhou em fazer a vida no exterior.

— Você não gosta do Brasil? — pergunto.

— Adoro, mas não quero fincar raízes em um só lugar, tenho muita curiosidade sobre outras culturas, comportamentos, estilos de vida. Essa curiosidade me faz querer experimentar o mundo — ela diz.

Ouço Indre falar e fico sonhando com essa liberdade de ir e vir. Um dia terei meu passaporte definitivo, que eu torço para que seja brasileiro. Quem sabe não experimentamos juntas o mundo? Afinal, o mundo é a minha casa, como comentou minha amiga Kouki antes de eu pegar o avião para o Brasil.

Bem... Indre, que não conhece Kouki, continua. Está falando agora de seu fascínio pela parte cultural nas relações internacionais, da compreensão de hábitos e comportamentos como peças fundamentais no processo de integração entre povos e países. Que maravilha de discurso! Digo a Indre que estou muito bem acompanhada, sentada à mesa com três amigas, especialistas em relações internacionais, com perfis diferentes, mas com a mesma alma solidária, que serão fundamentais em minha missão no Brasil. Brindamos. Manuela, uma chorona confessa, se emociona. Eu tomo só mais um gole de caipirinha, pois não quero dar vexame. E mudo de assunto:

— Você também é Galo, Indre?

Ela diz que não liga para futebol. Sua paixão é a música. Aos cinco anos, aprendeu a tocar violino e na adolescência chegou a se apresentar em grandes salas de Belo Horizonte. Hoje toca por diversão, sozinha, em casa. Curioso pensar que uma garota com o perfil de Indre, mais quieta, introspectiva até, tenha enfrentado auditórios lotados, luzes e aplausos. Ela, porém, me explica:

— Nunca tive medo de público. Só não gosto de gastar energia à toa. Se vou dizer alguma coisa, que seja para quem realmente quer ouvir. Isso vale para uma apresentação de violino, relações na empresa ou mesmo na mesa do bar.

Gosto de ouvir Indre.

A moça do violino saiu da faculdade de Relações Internacionais direto para a área de recursos humanos da Fiat; é a responsável pelo suporte aos expatriados. Foi ela quem contratou Manuela e Isabela como prestadoras de serviço da montadora.

Pedimos mais uma rodada de caipirinha para minhas novas amigas e nos despedimos. Manuela avisa:

— Ô, Maha, a partir de hoje não é mais Manuela e Isabela. É Manu e Bela, tá? Indre... é Indre mesmo.

Termino a noite pensando em Indre, Bela e Kouki. Em Manu, Nicole Nakhle e Roro. O Brasil como espelho do Líbano, o que, de certa forma, me deixa mais confortável. A minha base emocional para seguir em frente está preservada.

No dia seguinte, conto a Eddy sobre o passeio, as novas amizades, a divertida noite de Belo Horizonte, a promessa de irmos ao estádio ver o Galo. O pai Márcio ouve a conversa e interrompe:

— Já era. O Eddy é Cruzeiro.

Eddy me mostra um bonequinho com o uniforme azul e branco do rival do Atlético, presente de Rafael, irmão de Bela. E Bela nem me contou?! Acho que não sabia da traição azul do irmão. Mas Eddy não está muito preocupado com futebol, quer saber mesmo é da noite na Savassi. Ele sempre foi meu companheiro de baladas em Beirute.

Pascal me liga avisando que um padre, o frei Júnior (ele é padre e frei), precisa com urgência aprender árabe. Pergunta se estou disposta a ensiná-lo; haverá remuneração. Dias depois, eu conheço o padre, uma figura sensacional. Ele já havia estudado hebraico com Pascal em 2013, quando fez um trabalho voluntário em Israel, e agora quer liderar um projeto semelhante na Palestina, por isso a urgência das aulas. Fico impressionada com a facilidade de frei Júnior com idiomas e sua devoção aos estudos, não apenas em relação à gramática e à conversação, mas também pelo interesse pela cultura local. Mais do que um aluno, ele virou um grande amigo da família. Chega ao Serrano cedinho, nos ajuda a preparar o almoço, fala sobre história e cultura brasileiras, dá um monte de conselhos bacanas e, de quebra, nos ensina português.

— Vai ser uma troca, tá? — ele me diz logo em nossa primeira aula. — Você faz esse amigo aqui falar árabe e eu dou um curso intensivo do meu idioma.

Combinado. O frei também nos leva frequentemente à sua paróquia para almoçar, jantar e assistir a jogos. Do Cruzeiro. Seu coração é azul — e claro que o frei do coração azul não perderia a oportunidade de dar uma camisa do time ao meu irmão, dizendo que é um presente "abençoado". Até emprego frei Júnior já tentou arrumar para a gente. Eu mesma cheguei a fazer uma entrevista por indicação dele.

Depois da missão na Palestina, ele pensa em se mudar para a Jordânia, quer passar uma temporada maior no Oriente Médio. Torço para que dê certo. E sugiro que dê um pulinho em Beirute para conhecer meus pais.

— Boa ideia. Aliás, gostaria de falar com seus pais desde já. Você me coloca em contato?

Claro. Não atender pedido de padre é até sacrilégio. Eles conversam por telefone e fico como uma espécie de tradutora em *stand by*. Só entro se a comunicação enroscar, porque meu aluno quer treinar o que aprendeu nas aulas. Meus pais adoram a conversa e também se surpreendem com a capacidade de comunicação do meu aluno. Dou a última aula no fim de novembro, feliz da vida em ajudar alguém a cumprir uma missão. Amém, padre.

No ônibus de volta ao Serrano, fico pensativa de novo, mas dessa vez para agradecer aos céus pelos eventos de 2014. Começamos com a excelente notícia do *laissez-passer*. Veio a viagem dos sonhos. Depois, a família acolhedora, o vizinho solidário, a prima estudiosa, as amigas especialistas em nossa causa e os primeiros empregos — ainda que informais, sem registro e temporários. Só falta a lei salvadora, que há de vir, com a força de *mar* Charbel. Mas já está bom demais. Não posso reclamar.

Só que o ano ainda não terminou. Pesquiso o site do Acnur no Brasil e vejo o anúncio de uma campanha mundial pelo fim da apatridia chamada *I Belong* (Eu pertenço), prestes a ser lançada pela organização. O mote completo da peça é "Todos têm o direito de pertencer". Todos, claro. Os milhões de apátridas do planeta, incluindo Souad, Eddy e eu. É isso o que queremos: pertencer. Mando um e-mail para o Acnur, um texto curto falando sobre o meu problema e de meus irmãos e a nossa situação no Brasil e anexo outra mensagem que havia mandado para o Acnur do Líbano em 2010, esta sim, gigantesca, bem detalhada — e que, na época, foi praticamente ignorada. Termino o e-mail dizendo: "Eu realmente agradeço se puderem me ajudar com o processo de naturalização para que eu consiga finalmente existir depois de 26 anos de vida". Quarenta minutos depois, meu telefone toca:

— É Maha Mamo?

Confirmo.

— Aqui é Isabela Mazão, do Acnur Brasil. Recebi seu e-mail e estou ligando para dar uma resposta.

3

ISABELA MAZÃO TEM A VOZ SUAVE e uma didática que faz lembrar meus bons professores no Líbano. Fala de assuntos tão complexos, como apatridia, refúgio, convenções internacionais e leis de migração, de forma simples — a simplicidade dos que, sabendo, não precisam ser doutorais (li essa frase em um livro* e nunca mais me esqueci, pois acho que é outra característica das pessoas inteligentes). Ela quer detalhes da minha história. Conto. Isabela ouve com atenção. Também quer saber se eu já tenho os documentos de praxe e se fiz a solicitação de refúgio — a mesma preocupação de sua xará, Isabela Sena, quando nos conhecemos. Em seguida, me pergunta se tenho dúvidas a respeito do processo para regularizar minha situação no Brasil. Algumas, eu respondo.

— Estou ouvindo — ela diz.

— Por que tenho que esperar a aprovação do refúgio? O que me interessa é a nacionalidade, viver como brasileira, e não como refugiada.

— Maha, a nacionalidade não é impossível, mas deixa eu te dizer uma coisa: o Brasil tomou uma atitude excelente, fora dos padrões, ao dar a você e seus irmãos o passaporte *laissez-passer* e o visto. Foi incrível. Graças a isso,

* MERCADANTE, Luiz Fernando. *Vinte perfis e uma entrevista*. São Paulo: Siciliano, 1994. A frase em questão está na página 145, no perfil do arquiteto João Batista Vilanova Artigas, publicado originalmente pela revista *Mais* em dezembro de 1973.

vocês conseguiram pôr os pés em território brasileiro e fazer a solicitação de refúgio. Assim, tiveram acesso, pela primeira vez, a documentos que dão o direito de trabalhar, utilizar um hospital, ter uma vida regular. Quando o refúgio for aceito, vocês terão novos documentos, como a identidade de estrangeiro e a carteira profissional definitiva e, com eles, mais direitos. O que estou dizendo é que o refúgio pode não ser a solução para o seu problema, mas serve muito bem neste momento. Com o reconhecimento do refúgio, aí sim, podemos tentar a nacionalidade. Para que isso aconteça, vocês terão de esperar quatro anos e pedir residência. Estando com a residência, devem entrar com um pedido de naturalização, e isso leva mais algum tempo. Há boas chances de sucesso, mas é preciso ter muita paciência.

— Mas eu não sou exatamente uma refugiada, né? Não fugi de guerras nem de perseguição política.

— Imagine o seguinte: a partir do momento em que você deixou o Líbano, com passaporte e visto emitidos pela embaixada brasileira, o governo de lá, segundo o seu relato, a considerou uma pessoa em situação irregular durante os 26 anos em que viveu em Beirute. Por isso, cobraram uma multa grande e a colocaram na tal lista de banimento do país por um período de cinco anos, certo?

— Sim.

— Você não pode, portanto, voltar para o Líbano. Também não pode ir para a sua, digamos, segunda opção de residência, a terra de origem, da descendência de seus pais, a Síria. Há uma guerra em curso lá, as pessoas fogem da região. Ou seja, você não tem opção de abrigo, não pode voltar para nenhum dos dois países. É, tecnicamente, uma refugiada. E o Brasil reconhece essa condição pela Lei 9.474.

— E quanto tempo demora para sair o refúgio?

— Existem casos de pessoas que aguardam há quatro, cinco anos sem uma resposta. Ficaram até conhecidas pelos funcionários da Polícia Federal, pois a cada semestre estão lá, repetindo o ritual, renovando o pedido e a expectativa.

— E a questão da apatridia? Não pode encurtar o caminho para a nacionalidade? Aliás, estava escrito apátrida no meu passaporte *laissez-passer*. Eu achei que o Brasil já estava preparado para os apátridas...

— Esse lance do *laissez-passer* pode ter sido só uma nomenclatura, uma opção do sistema. Embora o Brasil seja signatário da convenção da ONU de 1954, que diz que, uma vez identificado um apátrida, o país deve facilitar o acesso à naturalização, não existe ainda uma lei estabelecendo, de fato, os procedimentos para lidar com os estrangeiros sem pátria. Esse é um dos temas que o Acnur discute com o governo brasileiro: a necessidade de se aprovar uma lei ou um artigo específico para isso. Respondendo objetivamente à sua pergunta: sim, uma vez que a apatridia for reconhecida por lei, o caminho para a cidadania vai se tornar mais fácil.

— E não há previsão para a publicação da lei. Já sei disso. Mas, se o Brasil assinou a tal convenção, nós não podemos usar isso a nosso favor?

— Talvez. A gente pode apresentar seu caso para a Defensoria Pública da União e, considerando sua situação de apátrida, tentar buscar um caminho no Ministério da Justiça para acelerar o processo de cidadania com base não apenas na convenção de 1954, mas também na de 1961,* que estabelece medidas efetivas para evitar e reduzir os casos de apatridia. É uma alternativa, incerta, mas podemos tentar.

— Se há uma chance, ainda que mínima, eu quero tentar.

Acho que o que mais me agrada na conversa com Isabela, além de todo o seu conhecimento, é a franqueza com que ela sempre trata do tema, uma franqueza que em nenhum momento me soa pessimista. Ao contrário. Ao colocar as cartas na mesa, ela me ajuda a clarear a estratégia e a buscar atalhos que, de uma forma ou de outra, possam encurtar o caminho até a conquista da cidadania brasileira.

* Convenção sobre o Estatuto dos Apátridas, de 1954, e Convenção para Reduzir os Casos de Apatridia, de 1961. A diretriz de 1954 define a condição de apátrida, estabelece direitos e obrigações e propõe aos estados contratantes que facilitem o acesso à integração e à naturalização. Em seu artigo 32º, diz: "Esforçar-se-ão, em especial, por apressar o processo de naturalização e por diminuir, em toda a medida do possível, as taxas e encargos desse processo". É uma convenção que trata da proteção das pessoas apátridas. A convenção de 1961 estipula salvaguardas claras, detalhadas e concretas para assegurar uma resposta adequada à ameaça de apatridia e estabelece medidas efetivas e compromissos formais dos países no que diz respeito à concessão de nacionalidade. Oitenta e oito países são signatários da primeira e sessenta aderiram à segunda. O Brasil é signatário das duas convenções. Fonte: Acnur, com dados de 2016.

— Maha, temos uma campanha chamada *I Belong — Everyone Has the Right to Belong,** que será lançada no ano que vem em todo o mundo. A pressão mundial está aumentando para a causa apátrida. Acho que temos um caminho a trilhar juntas para ajudar não apenas na sua cruzada, mas também na de 12 milhões de pessoas.

— Não sei como posso ajudar, mas conte comigo.

Adorei usar a expressão "conte comigo". Desligamos, depois de uma hora e meia de conversa, com a promessa de jamais perder o contato.

Falo com Kouki e com minha mãe todos os dias. Com Kouki, na maioria das vezes, por mensagem. Com minha mãe, geralmente por Skype, às vezes por telefone, de manhã e à tarde. Nas conversas com minha mãe, ouço mais do que falo. Ela conta como está a vida com a casa vazia, sem os filhos, às vezes chora — já resolveu a questão de tentar não demonstrar fragilidade — e diz que qualquer dia toma coragem e pega um avião para nos visitar no Brasil. Nas conversas com Kouki, é o contrário: eu falo muito mais do que ouço. Conto das novidades, tento atualizá-la sobre as leis, falo dos empregos, das amizades, descrevo os lugares que estou conhecendo em Belo Horizonte, digo que passei uma hora ao telefone com uma menina do Acnur chamada Isabela Mazão e que foi ela quem me ligou logo depois de ler o meu e-mail. Kouki fica animada:

— Pelo que você está me contando, Mimo, acho que essa moça pode ser um grande caminho para o seu sonho. Se não me engano, até aqui você só havia tido respostas por e-mail, quase todas protocolares, técnicas. Mesmo as mensagens positivas vinham escritas, nunca faladas. É a primeira vez que alguém de uma entidade tão importante quer realmente ouvir a sua história. Já parou para pensar nisso?

Já, já parei. As respostas das embaixadas eram realmente protocolares, como diz Kouki. A imensa maioria, inócua. A única sinalização positiva que

* "Eu pertenço — todos têm o direito de pertencer", em tradução livre. (N. E.)

eu havia recebido, a do México, também veio por e-mail, assim como a mensagem do Acnur do Líbano, também devolvida remotamente. Não que isso fosse um problema, o que importava era ter respostas, mas a iniciativa de Isabela Mazão realmente tinha algo de diferente. Ela rompeu a barreira on-line e escutou de verdade. Ouviu a história, ouviu a respiração, a ansiedade, os apelos de quem, de fato, tem um ideal de vida e não vai sossegar enquanto não alcançá-lo. Resumindo, ela comprou a causa como se fosse dela, assim como haviam feito Bela, Manu, Indre e minhas amigas do Líbano. Mas, diferentemente de todas elas, Isabela Mazão tem em sua retaguarda a influência do Acnur, a voz da ONU, e isso é um grande diferencial.

Fico pensando no que Isabela Mazão me disse sobre trilharmos juntas um caminho para a causa. Eu, Maha Mamo, a menina de Bourj Hammoud recém-chegada ao Brasil, cujo único sonho é ganhar uma nacionalidade, de repente desperto para o óbvio: a causa é coletiva. Claro que eu sabia dos 12 milhões de apátridas, claro que me solidarizo com eles, claro que não quero que ninguém passe pelo que nós, os irmãos Mamo, estamos passando, mas eu ainda não havia transposto a fronteira que nos coloca na multidão, e não em uma bolha. É exatamente este o objetivo da campanha *I Belong*: chamar a atenção do mundo para o problema. Não sei o que Mazão tem em mente, o que o Acnur tem em mente, mas essa conversa me enche de energia. Mudo o chip: ajudar a todos significa ajudar a mim e a meus irmãos, não mais em uma batalha solitária, mas com um propósito mais amplo. No próximo telefonema, vou pedir detalhes a ela sobre essa cruzada contra a apatridia. Gosto de dizer "cruzada", palavra que ouvi em nossa primeira conversa. É sonora, poderosa.

Kouki diz que vem ao Brasil. Bela começa o mestrado no Centro de Estudos em Direito Internacional de Belo Horizonte e se aprofunda cada vez mais no tema apatridia. Também troca de emprego, está em uma nova consultoria que presta serviços para — adivinhe só? — a Fiat. Fico imaginando se não há uma vaguinha para mim, Eddy e Souad na montadora. Todo mundo trabalha lá. Manu e Indre seguem firme em seus empregos e no sonho de um dia voltar a morar fora. Nicole Nakhle está ficando famosa no Líbano: por suas mãos já passaram shows que reuniram astros internacionais como Coldplay, Scorpions, Pet Shop Boys — aliás, ela conseguiu que os integrantes da banda me dessem aqueles óculos laranja que usam no palco. Guardo até hoje. Ah, que lembranças boas desses shows, sobretudo do festival de Byblos, que acontece no verão libanês. Mar, sol e rock'n'roll, a mistura perfeita, naquela cidade linda, histórica. Um sonho. Roro continua trabalhando em uma empresa que presta serviços ao porto de Beirute e, pelo que sei, continua a Roro de sempre, a Manu do Líbano. Diz que não vem ao Brasil porque morre de medo de avião. *Nana* pergunta por nós, diz Kouki. Que saudade da *nana*! Que saudade de Bourj Hammoud. Minha mãe brigou novamente com meu pai e foi para a Síria. Nenhuma saudade de casa.

O toque do celular interrompe meus devaneios. É Mazão:

— Maha, um canal de TV quer fazer uma entrevista com um apátrida. Posso passar seus contatos?

— Claro que pode. Aí está um jeito de eu ajudar a causa, contando a minha história.

O pessoal do tal canal, que é o Futura, especializado em conteúdo educativo e social, entra em contato comigo, explica a dinâmica da entrevista, diz que será um documentário pequeno e que eu e meus irmãos seremos os personagens principais. Basta contarmos a nossa história. Legal. Falar é comigo mesmo. Eles me informam que querem gravar em abril, dali a algumas semanas, e eu digo que estaremos no Rio de Janeiro — eu e meus irmãos sempre tivemos vontade de conhecer o cartão-postal do Brasil, ver de perto o Cristo Redentor e, com a notícia da chegada de Kouki, decidimos apressar esse sonho. Os produtores do Futura adoraram a notícia: é mais fácil gravar no Rio do que mandar uma equipe para Belo Horizonte. Combinamos a data. Sorte a minha que Kouki estará junto, pode me ajudar a me lembrar de alguns episódios do Líbano, porque Souad é mais reservada e Eddy, ainda que entre os amigos seja brincalhão e extrovertido, tem uma certa timidez na frente de desconhecidos. Sobretudo quando são desconhecidos com uma câmera na mão.

Kouki chega a BH, conhece o Serrano, a casa dos Fagundes, reclama comigo do peso do *derbak* — um tambor árabe, lindo, presente do meu pai — que teve de trazer na bagagem, diverte-se com as mímicas do pai Márcio para tentar se comunicar e segue com a gente para a noite da cidade. Vamos ao Maletta, um lugar incrível que Bela e Manu já haviam me apresentado.

— O que é isso aqui? — Kouki pergunta, com a mesma cara de espanto que fiz quando visitei o local. Não há estrangeiro que não se surpreenda com o multicultural, multicolorido e etílico Maletta, um edifício antigo no centro da cidade, onde moram muitos estudantes, mas que também tem uma parte comercial, com botecos, lanchonetes, lojas de informática, salões de cabeleireiro e livrarias espalhadas pelo hall de entrada e na sobreloja. Fica lotado, principalmente nos fins de semana. — É um prédio residencial, uma galeria ou uma balada?

— É tudo isso junto, Kouki. E aí está a magia do Maletta, sem contar que é a democracia em sua plenitude, com todas as tribos reunidas em um só lugar.

Kouki também se surpreende ao me ver conversando com as amigas em português — ainda que seja com frases curtas e primárias.

— Vou tentar aprender esse idioma, Mimo. É bonito, sonoro — ela me diz.

— Legal, Kouki, mas já é hora de voltarmos para o Serrano. Foi um voo longo de Beirute até aqui e amanhã você entra com a gente em outro avião para o Rio. Precisa descansar. A sorte é que a viagem até o Rio de Janeiro é curta, de uma hora.

Pedimos uma última caipirinha, que minha amiga adora, e seguimos para a casa dos Fagundes. Aliás, Emilene, Eduardo e alguns amigos também vão para o Rio, mas preferem a viagem de dez horas de ônibus.

Copacabana, Ipanema, Leblon… As montanhas e o mar, a paisagem magnética, as praias coloridas, o céu sem nuvens, um azul completo. Como é bonito isso aqui! Mais bonita ainda é a democracia da areia. Gente de todos os tipos, de todas as classes, compartilhando espaço e diversão, a praia como patrimônio de todos. No Líbano, elas pertencem, em sua maioria, a hotéis e resorts. Quem quiser dar um mergulho no mar ou tomar sol tem duas opções: ser hóspede do hotel ou pagar um ingresso. Uma tristeza. Mas deixemos o Líbano para lá que eu tenho coisa mais importante a fazer.

Câmera ligada. Três, dois, um… Gravando!

Meu nome é Maha Mamo. Tenho 27 anos e sou uma apátrida.

Meus pais são sírios. Minha mãe é muçulmana e meu pai é cristão. E o casamento deles é ilegal na Síria. Então eles fugiram para o Líbano para se casar... Não puderam registrar o casamento na Síria.

No Líbano, onde nasci, a questão da nacionalidade é diferente do Brasil. Porque aqui, quando você nasce em território nacional, você é automaticamente brasileiro. No Líbano, você herda a nacionalidade do pai. Meu pai é sírio, mas eu não posso ser síria porque o casamento dele é ilegal... A única solução seria o meu pai se converter ao islamismo... Se ele fizesse isso, nós teríamos nossos documentos agora, documentos sírios... Mas ele prefere morrer a se converter.

Termino a entrevista reforçando a esperança nas leis do Brasil para conseguir a minha nacionalidade.

Acho que me saí bem. Ou melhor, nos saímos bem. Falei mais do que todo mundo, mas Eddy e Kouki também deram depoimentos. Souad decidiu não participar, ficou com Emilene. Eu me senti muito confortável diante da câmera.

— Nasci para ela — digo à Kouki, já esperando a reação.

— Deixa de ser convencida, Maha — ela retruca.

Bem, o diretor comentou que estava ótimo e explicou que a nossa entrevista seria intercalada por cenas do Rio, depoimentos de especialistas, alguns dados do Acnur sobre apatridia e que tudo aquilo seria editado e transformado num minidocumentário de treze minutos, com previsão de ir ao ar em julho. Só em julho... E o que eu faço com minha ansiedade?

— Se quiser, eu gravo você com meu celular e você fica vendo todos os dias. Quer? — brinca Kouki. Ela não perde a chance de me dar o troco.

Ficamos mais alguns dias curtindo o Rio e seguimos para Belo Horizonte. Manu e Bela nos esperam para uma turnê pelo interior de Minas Gerais. Vamos para Ouro Preto, Ouro Branco, Mariana, Tiradentes. Do mar às montanhas, muito bom. Eu e Kouki costumávamos fazer isso com frequência no Líbano. A diferença é que mudávamos de paisagem em duas horas, no máximo. No Brasil, tudo é exponencialmente maior e mais distante. Antes de Kouki ir embora, ainda arrumamos tempo para visitar o Ceará. Manu nos acompanha, com alguns amigos. Adoramos Jericoacoara. E eu não consigo dizer esse nome sem pensar muito e pronunciá-lo de forma silábica.

Kouki retorna para o Líbano com um "até breve": diz que vai voltar e trazer Nicole Nakhle da próxima vez.

Aproveitamos bem o nosso primeiro verão brasileiro, mas já passa da hora de retomar a busca por um emprego. Souad faz um registro em um site de recrutamento e é chamada pela Decla Tecnologia, sua primeira chance na área de TI. Vai ganhar menos de mil reais, mas está feliz da vida, o que também me deixa feliz. É bom ver Souad sorrindo. O clima da casa fica melhor assim. E, por falar em clima, acho que os ventos do outono vieram abençoados. Eddy e eu também arrumamos trabalho, em uma importadora de vinhos franceses, a M., indicada pelo Centro Zanmi. Estamos finalmente passando de fase: Souad mexendo com o que sabe e com o que gosta, Eddy e eu com nosso primeiro registro em carteira, trabalhando longe do sol, com um produto bacana e, aparentemente, com pessoas boas — os dois sócios da M., um brasileiro e um francês, foram supercordiais em nosso primeiro contato. Vamos trabalhar inicialmente no estoque. Bem melhor que a panfletagem.

Saímos com a turma para comemorar. Bela me pergunta se o emprego da M. prevê registro em carteira. Digo que sim e mostro, orgulhosa, a carteira de trabalho, que sempre trago comigo. Ela pega o documento, folheia e atesta:

— Está errado.

— Como está errado, Bela? Olha aqui, contratada no dia tal, com salário de R$ 788,00.

— Isso está certo, o que estou dizendo é que, na página de identificação, você está registrada como libanesa.

— E daí?

— Daí que isso pode trazer problemas futuros. Se você tem um documento oficial sustentando que é libanesa, esse documento pode ser usado para provar que não existe apatridia. É uma contradição. Percebe? Não precisamos correr esse risco. Vamos amanhã mesmo fazer uma nova carteira e depois você pede para a empresa assinar de novo.

Ela estava certa. Obviamente, há outras dezenas de provas da minha condição de apátrida, mas um detalhe como esse nas mãos de um burocrata — e eu sei bem o que é lidar com burocratas — pode fazer um estrago. Corremos ao Ministério do Trabalho para providenciar a nova carteira, não apenas a minha, mas também as de Eddy e Souad, que têm o mesmo problema.

A atendente quer saber o motivo da troca.

— Está errado aqui. — Eu coloco o dedo na linha da nacionalidade. — Não sou libanesa.

— E de onde você é?

— De lugar nenhum. Eu sou uma apátrida, uma pessoa que não tem pátria, e estou tentando resolver minha situação no Brasil. Meus irmãos também.

— Uma o quê?

— Apátrida, sem pátria.

Ela checa o computador. Deve ter ido à internet ver se esse lance de apátrida realmente existe. Eu faria a mesma coisa no lugar dela. A moça pede para eu esperar um pouco. Conversa com alguém. Conversa com outro alguém — uma chefe, desconfio. Volta e me diz que não dá para colocar essa "nacionalidade" porque não há referência, não há registros de casos assim nos procedimentos do Ministério. Começo a contar a história da minha vida e a de meus irmãos, a superiora da garota se aproxima, puxa uma cadeira, ouve atenta o meu relato. Sinto que já estamos quase amigas e termino a saga dos Mamo dizendo que o erro na carteira pode ser um obstáculo às nossas chances de ter uma nacionalidade. A superiora se levanta, pede que eu espere mais um pouco, demora-se alguns minutos e volta dizendo para a atendente anotar "apátrida" no local de nascimento. Foi legal ver a menina escrever aquelas oito letras com um sorriso no rosto.

Acho que estou ficando boa nesse negócio de contar a minha história.

O trabalho na M. é das oito às cinco, dentro de um estoque abarrotado de vinhos que, como era de se esperar, chegam ao Brasil com os rótulos escritos em francês. Os sócios já providenciaram a tradução e eu, Eddy e mais algumas pessoas contratadas por eles nos encarregamos de colar a versão em português no lugar das etiquetas originais. Meu irmão e eu levamos uma certa vantagem por falar francês e já estar com o nosso vocabulário em português um pouco melhor, o que reduz os riscos de fazer confusão entre rótulos e vinhos. Olho para as caixas espalhadas pelo chão: vinho tinto, rosé, branco, vinhos do mesmo *chateau*, com o mesmo nome, mas de safras diferentes, com a mesma uva, mas de anos distintos...

— Será que eles não preferem que a gente entregue panfletos? — digo a Eddy.

Ele nem reage à minha piada. Está concentrado na montanha de vinhos à sua frente. Quem faz o trabalho pesado é meu irmão. Empurra uma caixa aqui, leva para lá, organiza.

— Não quero que você pegue as caixas, pode machucar as costas — vai logo avisando.

Minhas costas agradecem, meu coração de irmã também. Os demais contratados parecem fazer corpo mole. Abrem a caixa, pegam as garrafas, dão uma olhada rápida e colam os novos rótulos sem se importar muito com a checagem, com safras, datas e outros detalhes. Eddy, não. Ele traz um lote de vinhos, enfileira na minha frente, tira o rótulo francês, nós dois comparamos com a versão em português e, só então, colamos. Terminado o lote, devolvemos as garrafas para as caixas e meu irmão as coloca no lugar.

Já é metade do ano quando um dos sócios nos faz outra oferta. Diz que gostou do nosso trabalho, que está abrindo uma loja em um dos principais shoppings da cidade e nos convida para ajudar na decoração.

— Vamos pagar o mesmo salário. Aceitam?

A ideia era fazer a decoração com isopor e caixas de madeira, um negócio bem alternativo, *cool*. Topamos. Mas o trabalho era bem mais pesado do que imaginávamos. Eles nos colocaram na montagem da loja, o que significa cuidar da eletricidade, passar fios, instalar lâmpadas e carregar caixas, além de ajudar na decoração propriamente dita. Ou seja, levantamos a loja do zero. Pelo mesmo salário. Mas tudo bem, Eddy e eu ainda estávamos felizes. Exaustos, mas felizes, pois o relacionamento com os donos era bom e o trabalho com os vinhos e com as lojas era mil vezes melhor do que a panfletagem. Loja pronta, o sócio vem com nova proposta:

— Vocês falam francês, né? Querem trabalhar como vendedores?

Uau! Vendedores de uma casa de vinhos, num shopping bacana, trabalhando no ar condicionado... Eu já pensava até em fazer um curso de *sommelier*.

O Canal Futura exibe o documentário na metade do mês de julho. Fico um pouco encabulada ao me ver, não tenho aquela segurança toda que tentei demonstrar a Kouki.

— Nossa, acho que falei demais — comento com meu irmão.

Mazão me liga e infla o meu ego de novo:

— Ficou ótimo, Maha. Você fala muito bem, tem carisma.

Agradeço e digo que estou à disposição para outras entrevistas: "Conte comigo". Na verdade, contamos uma com a outra. Mazão manda um e-mail para um dos diretores do Acnur Américas, Juan Ignacio Mondelli, com o link da reportagem e uma frase curta: "Acho que você vai gostar disso".

Sigo minha vida na M., com a carteira de trabalho devidamente corrigida, e aproveito cada vez mais a noite de Belo Horizonte e os fins de semana. Vou ao estádio Independência ver o Galo. É emocionante. Manu enlouquece na torcida, é muito engraçado vê-la em ação nas arquibancadas, tentando traduzir para mim os gritos de guerra, ajudando a desenrolar a bandeira imensa que vai subindo da base até o topo da arquibancada.

— Galo Doido, Galo Doido! — repito na saída do estádio, para delírio da minha amiga.

Precisamos comemorar a vitória do Galo Doido, claro. Eddy e Bela se juntam a nós duas no varandão do Maletta. Voltamos para o Serrano quando já é madrugada.

Souad, com sua mania de fazer o papel de mãe e pai, começa a ficar irritada comigo. Brigamos bastante porque ela quer controlar os meus horários. Eddy também chega tarde, mas está livre das suas broncas. Ela chegou a perguntar ao pai Márcio se ele não iria fazer nada. O que ele poderia fazer, coitado? Souad deixa o pai Márcio numa situação complicada. Afinal, sou adulta e, mesmo com todo o respeito e carinho que tenho pelos Fagundes, o pai sabe que não tem esse controle. Sou uma mulher de 27 anos, ora essa. Desde que não atrapalhe a rotina da casa, o sono deles, qual é o problema de voltar de madrugada uma vez ou outra? Souad diz que está preocupada com a minha segurança, que vivemos num bairro distante do centro, fala dos perigos das madrugadas, de ter prometido ao pai e à mãe que protegeria a família... Ouço aquilo e não aguento:

— Pare de achar que é Kifah. Você é Souad, entendeu? Minha irmã mais velha, que eu amo, mas não pode ser a fiscal da minha vida.

Ficamos sem conversar por alguns dias. Eddy não se mete no problema. Nem os Fagundes. Tudo bem, digo a eles, daqui a pouco a vida volta ao normal. Já conheço esse enredo desde Bourj Hammoud.

Descubro o motivo da irritação da minha irmã: a Decla, de que ela gosta tanto, está de mudança para Rondônia, para ficar mais próxima do seu principal cliente. Os donos chegaram a fazer um convite para minha irmã trocar Belo Horizonte por Porto Velho, oferecendo casa e um salário melhor, mas Souad não quis. Ficou com receio de ir para um lugar tão distante. Acho que acertou na decisão. O que seria a vida dela em Rondônia, sem o suporte que havíamos conquistado em BH? Se ainda fosse uma cidade próxima, de um estado vizinho, vá lá, poderíamos nos ver de vez em quando. Mas estamos falando de um país continental, e Porto Velho fica no extremo norte, enquanto estamos no sudeste. São quase quatro horas de voo até lá, o dobro do tempo que eu levei para ir de Beirute a Istambul, cruzando países. Bem, a decisão de Souad, embora acertada, a coloca mais uma vez na condição de desempregada, o que significa novos currículos, novos registros em sites de recrutamento, novas expectativas. Paciência.

Recebo outro telefonema de Mazão. É só ver o nome dela na tela do celular que eu já fico ansiosa:

— Maha, lembra do cara que eu te falei, o Juan Ignacio Mondelli, meu chefe no Acnur?

— Aquele para quem você mandou o link com a minha entrevista?

— Ele mesmo. Me disse que gostou muito da sua entrevista e perguntou se podia usar a história dos Mamo como exemplo em um evento sobre apatridia.

— Lógico. Sabe qual é o evento?

— Acho que é um curso que ele vai dar no Acnur. Juan Ignacio é muito respeitado dentro da organização. É um aliado poderoso.

Juan Ignacio Mondelli é um argentino que praticamente só trabalhou para o Acnur. Está lá há dezesseis anos. Formou-se em Direito pela Universidade de Buenos Aires, é doutor em Relações Internacionais e Direito Internacional e mestre em Liberdade Civil e Direitos Humanos. Passou muito tempo lidando com refugiados na Argentina, no Uruguai, no Paraguai, no Chile, na Bolívia e no Peru. Em 2013, tornou-se o — atenção — "oficial regional de proteção para temas de apatridia do Acnur Américas". Resumindo: é o cara que mais entende de apatridia na região. E está ao meu lado. Um "aliado poderoso", como disse Mazão.

Em julho, Mondelli conta à Mazão que vai fazer em evento importante em Curaçao e quer levar apátridas para apresentarem suas histórias às autoridades presentes, os cônsules, embaixadores e representantes dos ministérios da Justiça de diversos países latino-americanos. Pediu à minha amiga que entrasse em contato comigo e me convidasse para participar. Aceitei, claro. Com um frio na barriga, mas aceitei. O evento será em setembro e eu terei que contar a minha trajetória. Seria legal, comenta Mazão, se eu tivesse algum material de apoio, como vídeos, fotos ou mesmo um PowerPoint.

— O pessoal do Acnur que estará no evento vai te ajudar em tudo, não se preocupe — ela diz.

Já estou preocupada, Mazão. Embora eu seja capaz de contar a minha história até dormindo, jamais estive num palco, falando de mim para centenas de pessoas. Minha plateia, até aqui, são os amigos, os conhecidos ou no máximo os profissionais das embaixadas que leem minhas mensagens eletrônicas. Penso em Indre e em suas audições de violino: "Gaste energia com quem quer realmente te ouvir". Acho que o público do evento quer realmente ouvir. Isso me acalma um pouco. De qualquer forma, preciso ligar para Kouki. Ela é boa em organizar narrativas e material de apoio. Também preciso estudar mais sobre apatridia e ver como funciona exatamente o Acnur, além de, é claro, conferir onde fica Curaçao, que eu não faço a mínima ideia se está nas Américas, na Europa, na Ásia ou na África. "Calma, Maha, tenha calma", digo baixinho a mim mesma. Vai ficar tudo bem. E comemore: porque você vai fazer um evento do Acnur, estar no meio deles, com uma causa grandiosa. De quebra, ainda vai conhecer outro país.

Opa! Conhecer outro país. Como? Com que passaporte? Quem vai autorizar a entrada? Calma, Maha. O pessoal do Acnur deve ter uma alternativa. Mondelli e Mazão já pensaram nisso, certamente. Relaxa.

Aviso aos donos da M. sobre a oportunidade em Curaçao. Eles não gostam muito, mas me deixam ir, não sem antes fazer uma série de recomendações e um autoelogio à imensa generosidade com que estão me tratando:

— Olhe, vamos liberar a sua viagem, mas tem que voltar rápido. E não diga isso para ninguém. Estamos fazendo uma exceção, um favor para você. Pense nisso.

Dá vontade de dizer: "Uau, quanta benevolência em me deixar viajar e frequentar um evento do Acnur que pode ajudar na conquista do maior objetivo da minha vida e da vida de meus irmãos. Vocês são bem generosos mesmo, hein?". Mas me dá preguiça de retrucar e, como também preciso do emprego, fico só no "Muito obrigada pela compreensão". E vou cuidar dos meus afazeres como vendedora de vinhos e tudo o mais que eles me jogaram nas costas.

Sim, porque eu não sou apenas vendedora de vinhos. Continuo colando os rótulos, mudando a decoração e atendendo os clientes. Trabalho quase todos os dias além do meu horário, sem receber um tostão de hora extra. A loja está vendendo bem, eles ganham dinheiro. Abrem a segunda loja, abrem a terceira. Eles nos colocam para trabalhar na montagem de todas. Um dos sócios nos informa:

— Além de vender, quero que vocês cuidem do meu estoque e façam o inventário. Vocês são bons nisso.

Dividimos nosso longo dia entre o estoque e as lojas. E o salário continua o mesmo.

Claro que eu estou exausta. Exausta e furiosa. Eddy também. Começo a procurar outro emprego e, por sorte, uma empresa alemã de importação e exportação me chama. O escritório fica mais próximo de casa, o trabalho é de segunda a sexta, há plano de saúde, vale-transporte, alimentação, um salário melhor e a carteira de trabalho assinada corretamente de acordo com as funções que eu iria exercer. Uma beleza. Dou então a notícia aos sócios da M.:

— Muito obrigada, adorei trabalhar aqui, mas já é hora de seguir em frente, subir mais um pouco.

Os caras ficam loucos:

— Você não pode sair assim, depois de tudo o que fizemos por você.

Posso. Saio do shopping, ando alguns poucos metros na rua e eles me ligam:

— Volte que a gente tem uma oferta a fazer.

Volto para ouvir: promoção, trabalho de segunda a sexta, transporte, plano de saúde, vale-refeição. Eu serei a administradora, não apenas das lojas, mas também de um restaurante que eles têm no centro de Belo Horizonte. Vou trabalhar em um escritório, em cima desse restaurante. Aceito, com a condição de que meu irmão também ganhe mais. Colocam meu irmão como responsável por todo o estoque, "o" encarregado do departamento. Vem o primeiro mês e eles dizem que não podem pagar exatamente a mesma coisa da outra empresa. Melhoram o meu salário, mas argumentam que, com o plano de saúde e os demais benefícios, fica difícil fechar a conta. Resultado: eu vou ganhar mais do que ganhava como vendedora, mas menos do que ganharia na outra empresa. O que aumenta bastante é a responsabilidade e a carga de trabalho. Bem feito, Maha. Quem mandou voltar?

Se o trabalho na M. está me deixando de saco cheio, a vida fora dele vai muito bem. Depois de vários contatos telefônicos, finalmente tenho a chance de conhecer Isabela Mazão pessoalmente. Ela mora em Brasília e vem a Belo Horizonte para participar de um evento do governo, a primeira reunião do Comitê Estadual para Refugiados. Eu também fui convidada, por intermédio de Pascal, a fazer uma exposição de fotos no local — fotos que eu havia feito ainda no Líbano sobre a minha vida, com o tema "Minha história em fotos: como um apátrida enxerga o mundo", e que lá foram exibidas em um centro de exposição no bairro de Hamra, em Beirute. Mazão me viu, apresentou-se e, no fim do evento, eu, ela e Pascal seguimos para o Pizza Sur, na Savassi. Tenho tempo de conhecer um pouco mais da história da minha amiga do Acnur.

Isabela Mazão é de Barbacena, mas passou boa parte da infância e da adolescência em Uberaba, na região conhecida como Triângulo Mineiro. Terminou a escola, fez cursinho preparatório para a faculdade sem ter a mais vaga ideia do que queria ser. Demorou um ano e meio para decidir. E fez isso por exclusão: não queria ser médica nem advogada, tampouco engenheira... Não gostava de nada que tivesse a ver com ciências exatas ou biológicas. Acabou caindo nas Relações Internacionais. É curioso ouvir tanta gente talentosa, que parece ter nascido para aquilo, contar que cursou RI por pura falta de opção. Deve ser aquele tipo de faculdade em que se entra sem ter a menor ideia do que significa e se pega o diploma completamente apaixonada pelo assunto. Pelo menos é o que vejo nos olhos das minhas amigas.

— Sei não. Minhas colegas falam até hoje que eu fui a única que saí do curso sabendo o que queria fazer com aquilo, porque a maioria não sabe. Relações Internacionais é muito generalista, não tem uma profissão definida — Mazão me corrigiu.

Ela só soube o que queria fazer "com aquilo" graças a um professor que explicou o que significava a figura do refugiado dentro do sistema internacional e o papel da ONU e do Acnur na proteção de pessoas nessa condição. Mazão apaixonou-se pelo assunto. Frequentou cursos e palestras, fez um trabalho na faculdade sobre o tema e arranjou um intercâmbio no Canadá em 2006 para aperfeiçoar o inglês. Assim que terminou a faculdade, foi morar na Venezuela para aprender espanhol e fez um estágio na Unesco. Na época, sua chefe era uma brasileira, Ana Lúcia Gazzola, que, tempos depois, seria nomeada diretora do Instituto Inhotim, considerado o maior museu a céu aberto do mundo, na cidade de Brumadinho, a sessenta quilômetros de Belo Horizonte. Inhotim tem um dos mais importantes acervos de arte contemporânea do Brasil. E lá foi Isabela Mazão trabalhar com Ana Lúcia novamente, agora em Brumadinho. Nesse tempo, ela já havia concluído seu mestrado sobre... adivinha o quê? Refúgio, claro. Em 2009, Ana Lúcia foi nomeada secretária de assistência social no governo do estado de Minas Gerais e arrastou Isabela para trabalhar na área de direitos humanos. Em outubro de 2010, Isabela se candidatou a um cargo no Acnur e foi chamada para o escritório de Brasília.

Desde então, ela trabalha na Unidade de Proteção do Acnur, que é o departamento que dá orientação direta aos refugiados. Sua função é garantir que eles tenham acesso à documentação, conheçam o procedimento correto de solicitação de refúgio, entendam todas as etapas e saibam que têm direito a assessoria. Enfim, ela está na linha de frente da recepção aos estrangeiros que chegam ao país sem ter a menor ideia de como funcionam as leis, os processos e a burocracia local. E, para operar nessa linha de frente, o Acnur firma parcerias com diversas ONGs, financiando essas organizações. Assim, juntos, as ONGs e o Acnur podem ampliar o alcance aos refugiados, pois as ONGs são a primeira porta em que eles batem. É um bom trabalho em equipe. Há também o canal direto com o Acnur. Qualquer refugiado, qualquer pessoa, pode acessar a entidade por telefone ou e-mail, como eu fiz. Uma das tarefas de Isabela é justamente responder a esses questionamentos diretos. Geralmente, ela o faz por mensagem, mas, no meu caso, diz, a situação era mais confusa, um limbo entre refúgio e apatridia. Ela leu meu e-mail curto, com o anexo longo, e decidiu me ligar. Ainda bem.

Termino o encontro com Pascal e Mazão ouvindo o mesmo recado: "Sua nacionalidade um dia vai chegar, mas tenha paciência". Aproveito para perguntar a Mazão sobre Curaçao. O evento está próximo e me preocupo com os documentos de viagem. Ela repete o que já havia dito em nosso último telefonema:

— O Acnur vai te auxiliar em tudo o que for possível. Vai dar certo.

Só para lembrar: tenho CPF, carteira de trabalho e protocolo de solicitação de refúgio. Em tese, eu não poderia ter o passaporte para estrangeiros, de cor amarela, concedido apenas a refugiados reconhecidos. Sou só uma solicitante de refúgio, apátrida, o que complica ainda mais o cenário. Até que se tenha uma decisão sobre o meu processo, eu não posso pedir o passaporte para estrangeiros. O que fez o Acnur? Mandou uma carta para o Conare, o Comitê Nacional para os Refugiados, explicando a situação, falando da necessidade de eu estar no evento e pedindo autorização especial para a obtenção do passaporte. A autorização foi concedida, outra grande exceção do governo brasileiro. A voz da ONU é mesmo impressionante. Eu comemoro. Mazão e Mondelli também. Só há um problema: a autorização para a expedição do passaporte chega em cima da hora. Estamos a menos de vinte dias da data do evento, que será em 19 de setembro, e ainda precisamos providenciar o visto. Ok, vamos ao passaporte. Entro na Polícia Federal, que já está ciente da autorização do Conare. Temos pressa. Eles entendem. No dia seguinte, me entregam o passaporte número 367. Olha só! Na história toda do Brasil, só emitiram 366 passaportes amarelos. Mas precisava ser tão chamativo? Gosto de tudo o que ilumina, mas um passaporte para refugiados deveria ser um pouquinho mais discreto. A condição já é complicada, não precisa de publicidade.

Enfim... Na hora de fazer a biometria, que sintoniza os dados pessoais com o microchip do passaporte, o sistema não funciona. Alguém me explica que o sistema da Polícia Federal não reconhece as digitais de documentos emitidos em menos de 24 horas. É preciso ao menos um dia para que haja conexão entre o registro e a tecnologia. O atendente chama a oficial responsável pelos estrangeiros e explica o problema. Jamais vou me esquecer do nome dela: Maria do Carmo. E de suas palavras:

— Não deu para pegar as digitais? Escreve aí que o sistema não funcionou, que havia urgência para a emissão do passaporte e deixa ela ir embora. Ela vai representar o Brasil, tem de embarcar.

Uau! Quando ela fala que eu vou representar o Brasil, eu digo a mim mesma:

— *Nóó*... Como assim? — Entenda o *nóó* como um "Nossa Senhora", mineiramente falando.

Até então, não tinha me dado conta do peso que levaria nas costas. Sabia da importância do evento, claro, mas não me via com essa força. Quer saber? Adorei. Vou representar o Brasil mesmo sem ser brasileira. Digamos que é um aperitivo para a cidadania.

Ligo para Kouki para dar a grande notícia:

— Vou representar o Brasil num evento do Acnur em Curaçao.

— Sensacional, Mimo! Onde fica Curaçao?

— Fiz uma busca e apareceu algo sobre a Holanda. Acho que é na Europa. Não tenho ideia do que apresentar. Você me ajuda a montar uma apresentação?

— Claro. Vou pensar em uma estrutura de narrativa e fazer um PowerPoint com aquelas fotos da sua exposição de como um apátrida enxerga o mundo. Acho que vai ficar legal.

Claro, as fotos que eu acabei de usar no evento com Mazão. Como não pensei nisso antes? Kouki tem muitas delas, inclusive as que não fizeram parte da exposição. Dias depois, ela me manda o documento pronto e algumas dicas do que falar, com uma sequência bacana de fatos e datas. E termina o e-mail assim: "Boa sorte, Mimo! Obs.: Curaçao fica no Caribe". Obrigada, Kouki. Pelas dicas e pela geografia.

Só que falta uma etapa: a emissão do visto. Brasileiros não precisam de autorização para entrar em Curaçao. Mas, ainda que o passaporte luminoso tenha sido expedido pelo Brasil, eu não sou brasileira. Sou de lugar nenhum e, sendo de lugar nenhum, preciso ter o visto. Como nada é simples na história de Maha Mamo, as autoridades de Curaçao torceram o nariz para o caso. A resposta da embaixada para o e-mail de Mazão é mais ou menos assim: "É muito difícil essa menina conseguir o visto. É muito difícil ela viajar com esse passaporte, sem nacionalidade, ainda como solicitante de refúgio. Por que vocês não fazem um evento via Skype?". Murcho. Mazão murcha. Mondelli, não:

— Ela vai de qualquer jeito — ele garante. — O governo de Curaçao está recebendo um megaevento sobre apatridia e não vai deixar um apátrida entrar? Vai, sim.

Ele chega a Curaçao alguns dias antes do evento, pede uma reunião com uma autoridade do governo — acho que o ministro da Justiça — e explica o caso. Mazão, eu e todas as minhas amigas estamos aflitas. A mala arrumada. O passaporte amarelinho no bolso. A reserva da passagem para São Paulo — onde seria a primeira conexão — está feita. Mondelli me liga:

— Vá para o aeroporto agora. Já temos a autorização para o embarque.

Embarco para São Paulo. O governo de Curaçao emite uma autorização em um papel oficial. Tecnicamente, é um troço chamado *waiver*, que pode ser resumido como a "dispensa de uma exigência" — no caso, o visto no passaporte. Mondelli manda o tal *waiver* por e-mail. Mazão, que estava em São Paulo, imprime o documento e, acompanhada de dois colegas do Acnur,

Vinícius Haesbaert e Fernando Bissacot, vai até Guarulhos entregar pessoalmente o meu "bilhete premiado". Aproveitamos para jantar no Pizza Hut, voando, pois meu avião sairá em poucas horas. Engulo uma pizza de calabresa, conversamos sobre o evento e me despeço dos bons amigos, dizendo:

— Vocês vão ver o que vou fazer em Curaçao. Me aguardem.

Entro correndo no saguão de embarque do aeroporto internacional de São Paulo. Apresento meu passaporte amarelinho. O oficial olha espantado o passaporte luminoso e o visto de papel, eu falo alguma coisa sobre refúgio e ele me deixa passar. Entro, enfim, no avião para Bogotá, a segunda conexão. E, da capital da Colômbia, sigo para Willemstad, a capital de Curaçao. Ufa! Estou tão feliz que nem me importo em ficar dez horas no aeroporto de Bogotá, a conexão mais longa da minha curta carreira de viajante.

Mondelli disse que me levaria a Curaçao e cumpriu a promessa.

No avião, penso no tamanho da rede que vai se formando ao meu redor. Vou enfileirando os nomes, como na escalação de um time de futebol: Kouki, Nicole Nakhle, Roro, Bela, Manu, Indre, Mazão, Mondelli, o Acnur como um todo. São as pessoas com quem eu posso contar. Sempre.

4

ESTOU, ENFIM, NO AEROPORTO INTERNACIONAL HATO, em Willemstad, Curaçao. Pego minha mala, passo pela burocracia do controle de passaportes, sigo para o portão de desembarque, olho para as pessoas segurando plaquinhas com a identificação dos passageiros... Nenhuma com meu nome. Pelo visto, não tem ninguém esperando. Procuro um táxi, um ônibus. Em vão. O jeito é me enfiar mesmo em uma Kombi que anuncia paradas em todos os hotéis — a Kombi me faz lembrar a época de entrega dos panfletos do Carrefour, o calor das ruas de Curaçao também. A ilha é bonita, com sua arquitetura colorida, um povo que parece feliz de estar ali. Dá vontade de saltar e ir caminhando até o hotel para conhecer o local, mas preciso descansar. Foi uma viagem muito longa e eu não costumo dormir em aviões. O evento é amanhã, tenho de estar em forma, com todo o discurso na ponta da língua, a narrativa bem ensaiada, em sintonia com os vídeos e fotos preparados por Kouki.

O Encontro Regional sobre Apatridia será na sala de convenções do próprio hotel, o Renaissance, que está lotado. Um rapaz de barba, de uns 35 ou 36 anos vem em minha direção, com os braços abertos, sorrindo:

— Enfim, você está aqui, Maha. Prazer, sou Juan Ignacio Mondelli.

Uau! Mister Mondelli, o aliado poderoso, a nova peça do meu quebra-cabeças. Ele me leva para conhecer o salão onde vou discursar e me apresenta a Monica Espinoza e Priscilla Abarca, duas importantes colegas do

Acnur, que o ajudaram muito na tarefa de me levar a Curaçao. Fico pensando em quantas pessoas Mondelli movimentou para que eu estivesse no evento. Agradeço o empenho dos três. Entramos no salão, imenso, cheio de mesas redondas com os nomes de todos os convidados, divididas por países. Ao fundo, há uma mesa destinada aos palestrantes. Vejo uma plaquinha onde se lê: "Maha Mamo, apátrida". Dá um frio na barriga. Em poucos minutos, estarei com o microfone em mãos contando a minha vida para todas aquelas autoridades. Meu primeiro discurso público. Internacional. Uma plateia superqualificada. Penso em *mar* Charbel, em santo Estêvão, na Nossa Senhora do Líbano, na minha cruz de ferro, em Souad e Eddy. Digo a mim mesma, baixinho: "Vamos lá, Maha".

O telão mostra as fotos que fiz em Beirute, usadas na exposição *My Story in Photos*, as mesmas exibidas recentemente no evento do governo de Minas Gerais. Logo, entra a imagem de uma folha de papel onde se leem as primeiras linhas de meu discurso. Estas:

Meu nome é Maha Jean Mamo e eu tenho 27 anos. É dessa forma que eu apresento a vocês a minha história como apátrida: no papel, porque cada papel que guarda a minha história é a prova da minha existência. Eu me mudei para o Brasil no ano passado para tentar alcançar o maior objetivo da minha vida: encontrar um país que possa me dar a nacionalidade… Eu deixei muita coisa para trás disposta a contar uma nova saga: a de uma lutadora que batalhou até o limite em busca do seu sonho — um sonho que é a realidade vivida pela maioria das pessoas…

Conto em detalhes a minha trajetória, falo da ausência dos documentos, das dificuldades, sempre com o apoio da galeria montada por Kouki. A imagem da folha de papel dá lugar à fotografia de um navio e discorro sobre o meu horizonte curto, a impossibilidade de viajar por não ter passaporte.

Sai o navio e entra um cachorrinho fofo.

Até eles, os animais de estimação, têm cartões de identidade e direitos… Cadê os meus?

A tela segue exibindo uma estrada com curvas sinuosas, depois uma escola, um escritório, um hospital, um celular. Olho as figuras e vou enfileirando os episódios da minha vida:

Minha vida é feita de altos e baixos. Nada é simples. Eu sempre tenho que achar caminhos alternativos para tudo, a estrada é sempre sinuosa. Será reta algum dia? Quando eu tinha dezessete anos, queria estudar Medicina, mas as universidades recusaram minha matrícula pela falta de identidade ou passaporte. Enfrentei vários problemas ao procurar emprego. E, quando encontrava algum, meus direitos não eram respeitados. No meu emprego atual, eu não posso ser promovida, o meu salário é inferior ao dos colegas que exercem a mesma função, não tenho seguro social ou qualquer outro benefício. Porque eu não tenho carteira de identidade. Sem uma identidade, eu também não consigo ser atendida em hospitais. Sem uma identidade, não se tem nada. Por isso sempre chamei a mim mesma de "uma pessoa desconhecida". Até a assinatura dos meus e-mails era assim.

Termino a apresentação dizendo que:

... ser forte é uma opção para a maioria das pessoas. No meu caso, é obrigatório. É essa força que me move em direção ao meu maior sonho, a nacionalidade. Obrigada.

Estou suada, minhas mãos continuam frias. Enxugo rapidamente o rosto com a bandeira brasileira que levo no pescoço, a echarpe improvisada do meu figurino em Curaçao. Gostei dela, acho que vou adotá-la como a marca registrada das minhas apresentações. Ouço os aplausos e relaxo, mas só um pouco — ainda sinto uma tensão muscular, os ombros pesados. Mondelli encerra as apresentações após a minha palestra:

— Depois do que acabamos de ouvir, o dia está completo.

Ministros, cônsules e secretários de Justiça de diversos países vêm falar comigo. Alguns com os olhos marejados, outros prometendo rever a lei para estrangeiros em seus países. Algumas *selfies*, muitos abraços, vários convites para visitar cidades. Eu não sei o que dizer, apenas agradeço. Olho para Mondelli e ele sorri. Pergunto sua opinião sobre o meu discurso.

— Não está vendo o resultado? Olha esse povo todo querendo falar com você.

— Estou falando da narrativa, o material de apoio, a dinâmica.

— Tem alguns pontos a melhorar, tecnicamente falando. Talvez um discurso um pouco mais curto, um material de apoio que misture suas fotos com dados sobre apatridia. Mas isso tudo, Maha, a gente resolve com o tempo. O que conta mesmo é o seu carisma e a sua capacidade de emocionar as pessoas. Podemos dizer que você personificou um tema que, até então, não tinha um rosto, não tinha uma narrativa por trás. E isso é ouro para a causa.

Estou nas nuvens neste momento. Ligo para Kouki e digo que a apresentação foi ótima, que pode melhorar, claro, mas que o mundo veio me abraçar depois do discurso. Minha amiga se emociona.

— O mundo é sua casa, Mimo — ela repete a frase da nossa despedida no Líbano.

Desligo, pois tenho que ir a uma festa de confraternização no salão principal do hotel, com todas as delegações presentes. Faço amizade rapidamente, chamo todos eles de *habibi* — que quer dizer "querido" ou "amigo", em árabe —, danço, conto sobre meu engano com a localização de Curaçao, achando que iria para a Holanda e que imaginava encontrar a Angelina Jolie no evento. Sim, imaginava mesmo: Angelina Jolie é embaixadora do Acnur. A turma se diverte com a história, ainda mais quando eu mostro a fotomontagem em que estou abraçada à atriz, feita por Roro poucos dias antes de eu vir para Curaçao. Foi engraçado ver as pessoas se soltarem aos pouquinhos, deixarem o protocolo, o paletó e o salto alto de lado e partirem para a pista de dança, sorrindo. Ali não havia mais autoridades, representantes, delegações. Eram pessoas se divertindo nos salões do Renaissance.

— Você é realmente uma peça, Maha — comenta Mondelli.

Ainda dá tempo de dar uma passadinha no cassino do hotel. Os organizadores do evento haviam brindado os convidados com cinco dólares para brincar nas máquinas. Pergunto a uma moça do governo do Panamá se ela não vai jogar.

— Não ligo muito para isso — ela me diz.

Insisto, falo que é só diversão, e ela ganha quatrocentas pratas em um dos caça-níqueis. Ela fica felizona e acaba me comprando um presente de cinquenta dólares, um bibelô, com o lucro da jogatina.

No dia seguinte, quando todos estão se despedindo para voltar a seus países, ouço um ministro da Costa Rica gritar, no meio de todo mundo:

— Tchau, *habibi*! Prazer em conhecê-la.

De repente, a moça do Panamá, a mesma que ganhou a bolada no cassino, faz o mesmo. Ela se aproxima, me abraça, me chama de *habibi* e diz que quer me ver nos palcos do seu país para, quem sabe, sensibilizar as autoridades para a causa apátrida.

Estou nas nuvens, de novo.

Deixo Curaçao no dia 20 de setembro e desembarco no Brasil um dia depois. Mal coloco as malas na minha cama, o telefone toca. É uma chamada de Brasília. Atendo, a moça se identifica, diz que é do Ministério da Justiça. "Que merda que eu fiz lá no Caribe?", penso. Tento ficar calma e digo:

— Sim, é Maha Mamo. Pois não...

E lá vem a pergunta:

— Como foi em Curaçao?

Pronto! Fiz mesmo alguma besteira grande e as autoridades brasileiras vão me enquadrar. Quem mandou ser tão extrovertida, falar o que pensa? Tenho que aprender a me controlar, a ser mais discreta. Estou representando o Brasil, ora essa!

— Foi muito bom — respondo, já pronta para ouvir a bronca do outro lado.

— Então... — a mulher continua. — Quando você quer que a gente marque a entrevista para o seu pedido de refúgio?

Quase não acredito no que acabo de ouvir. Eu me lembro de Isabela dizendo que tem gente esperando a entrevista há quatro, cinco anos. São só cinco ou seis funcionários que trabalham nessa área no Conare. Uma vez por mês eles se reúnem e entrevistam duas ou três pessoas — por isso a fila. Os pedidos de refúgio aumentaram, sobretudo por causa dos sírios, e o ministério não aumentou a equipe de atendimento. Que sorte a nossa! Acabo de completar um ano no Brasil e já sou chamada. Eddy e Souad também serão entrevistados.

Eu disse sorte? Acho que não foi sorte, não acredito nela. Talvez Curaçao tenha sido decisivo nesse ponto. Lembro-me agora de um representante do Ministério da Justiça do Brasil, presente no evento, cobrado por outras autoridades: "E aí, o que o Brasil vai fazer? Trouxeram a menina para cá, e agora? Vão acelerar a cidadania dela?". Eu queria que acelerassem a de todos, não apenas a minha e a dos meus irmãos. Mas vamos chegar lá, esse é o objetivo da *I Belong*.

Ao me levar a Curaçao, Mondelli sabia que a pressão boa para o meu lado aumentaria. Ao mandar o e-mail com o link do Canal Futura para sensibilizar Mondelli a me incluir em algum grande evento do Acnur, Mazão também sabia disso. Ela mexeu todos os pauzinhos para que essa situação acontecesse. Mais ou menos a mesma estratégia que a embaixada brasileira usou quando nos concedeu o visto e o *laissez-passer*: nos colocou num avião, no momento da flexibilização da política para refugiados, pois sabia que, assim, poderia ampliar as nossas chances de conquistar a cidadania. Nada é por acaso.

Conto a novidade sobre o refúgio a meus irmãos. Mais uma fase que avançamos. O pai Márcio diz que precisamos celebrar a grande conquista. Chamamos os amigos para um churrasco na varanda. Eddy pilota a churrasqueira. A reunião começa na hora do almoço e se estende até a noite, de modo que dá para todo mundo ali apreciar o pôr do sol, o único momento em que fiquei em silêncio por alguns minutos para agradecer por tudo o que estava acontecendo na minha vida e na dos meus irmãos. Souad me conta que, depois de três meses desempregada, conseguiu, enfim, uma nova chance, em uma empresa chamada CH&TCR, prestadora de serviço para as mineradoras Vale e Samarco. Vai trabalhar com programação, o que gosta. Ela só não gosta muito do bairro em que está localizada a empresa, a Lagoinha, distante do Serrano e considerada uma região perigosa, com altos índices de assaltos, além de ser um conhecido reduto de usuários de drogas. Paciência, Souad. Não estamos na condição de escolher emprego.

Colocamos a conversa em dia. Bela concluiu o mestrado. E trocou a fornecedora da Fiat por um emprego na própria Fiat. Surgiu uma vaga inesperada, a convidaram e ela aceitou. Está cada vez mais próxima de Indre. Aviso a todos que Kouki e Nicole Nakhle vêm ao Brasil para o Carnaval. Manu oferece sua casa para hospedá-las. Legal, mas acho que elas vão ficar pouco em Belo Horizonte. A ideia é viajar bastante, conhecer um pouco mais do Nordeste.

Faço a entrevista no Conare dez dias depois do telefonema do Ministério da Justiça. Por Skype, com uma Oficial de Elegibilidade chamada Rebecca Maia, muito educada e atenciosa. Acho que me saí bem. Eddy e Souad passam pela mesma experiência, no mesmo dia. O Conare nos avisa que a aprovação do refúgio obedece a algumas etapas. Depois da entrevista, a oficial faz um parecer sobre o caso para a Coordenação-Geral do Conare, que, então, faz uma nova avaliação e manda o documento para o comitê do órgão decidir a questão. Se não houver o reconhecimento da condição de refúgio, o estrangeiro pode apresentar um recurso contra a decisão. Se a resposta for positiva, basta ir à Polícia Federal para providenciar a carteira de identidade de estrangeiro. O processo não é tão rápido, pode levar alguns meses. Mas sempre fui otimista, acho que Eddy, Souad e eu não teremos problemas. Caso meu otimismo se confirme, em breve teremos não só a identidade, como também a Carteira de Trabalho e Previdência Social definitiva.

Será mais uma porta para a nacionalidade. Como disse Mazão, a condição de refugiado nos dá o direito de, daqui a quatro anos, solicitar a residência e, então, a cidadania. A outra porta depende do Congresso. É a aprovação da lei que trata especificamente de apatridia, com poder para facilitar e abreviar o processo que me transformará, enfim, em brasileira. Torço para que seja votada rapidamente. Uma terceira via, que imaginávamos viável, caiu por terra. Eu e Mazão chegamos a falar com um advogado sobre a possibilidade de invocar a convenção de 1954 para encurtar o caminho, mas ele não comprou a causa. Delicadamente, nos disse que a melhor alternativa era realmente aguardar a boa vontade do Congresso brasileiro.

— Calma, Maha. Uma coisa de cada vez. Comemore essa inesperada entrevista de refúgio, com grandes chances de ser bem-sucedida, e brinde a nova oportunidade de contar a sua história para o mundo — diz Mazão.

Ela está certa. É uma transformação, um capítulo importante na minha vida. Eu acabo de ter uma prova da força dos eventos do Acnur: a chamada para a entrevista de refúgio ocorre um dia depois de eu ter subido ao palco de Curaçao. Não preciso de advogados para buscar atalhos. Preciso de um microfone, um palco e uma agenda recheada de eventos. Mondelli e Mazão me garantem que é exatamente esta a intenção: me incluir no calendário oficial do Acnur. Sou o rosto para a causa, como diz Mondelli, a voz que pode se somar ao coro da ONU para ajudar a sensibilizar governos e mudar as leis. É isso que acelera os processos.

Ok, tenho de aprimorar o discurso. Garanto que o próximo será melhor do que a minha estreia; cada apresentação é sempre melhor que a anterior. Vou falar com Kouki de novo, com Bela, estudar apresentações de celebridades na internet.

— Mas sem ficar mecânica, entendeu? — comenta Mazão. — Aprimorar é bom, mas muito do seu sucesso nessa primeira apresentação se deveu à espontaneidade, ao carisma e ao toque emocional, legítimo, que você deu ao discurso.

Certo. Mexer no texto e no material de apoio, sim, mas não na essência e no modo de contar. Acho que a fórmula é essa. Já estou sonhando com o próximo evento, que há de vir.

Desço das nuvens. Tenho o meu trabalho na M. como administradora. Mas, de repente, a administradora também vira vendedora.

— Ah, a gente precisa que você acumule essa função... — diz um dos sócios.

Aumento salarial? Nada disso. Meu irmão, o encarregado do estoque, continua carregando caixas. Achei que ele seria uma espécie de supervisor, com uma prancheta nas mãos, e não com caixas nas costas. Eddy acabou se machucando e ainda teve de ouvir insinuações de que aquilo era mentira "só para tirar uns dias de folga".

— Deixa comigo, que estou anotando todo esse abuso e todas as horas extras em um caderno. Eles vão ter de pagar centavo por centavo — garante meu irmão.

Eu já não aguento mais aquele ritmo de trabalho — e me revolta ver Eddy sendo tratado daquele jeito. Mas há um salário, um emprego. Não é fácil arrumar outro e a chance que eu tive de sair de lá, eu não aproveitei. Melhor me apegar às boas notícias, aos eventos, aos amigos, às poucas, mas salvadoras, horas de diversão em Belo Horizonte.

No fim do ano, a mãe do sócio francês chega para uma temporada no Brasil. Se eu achava que as coisas estavam ruins é porque ainda não havia conhecido aquela mulher. É uma senhora extremamente desagradável, preconceituosa, controladora, que trata o filho — um marmanjo de trinta e poucos anos — como se fosse um moleque desprotegido. Diz que tem dinheiro dela no negócio e se acha no direito de fazer o que bem entende com a empresa. Olho para o tipo e me lembra alguém... Hummm... Já sei, a Cruella de Vil, também conhecida como Cruela Cruel, personagem de *101 dálmatas*, da Disney. É igualzinha: metade do cabelo preta, metade branca e um ar de superioridade que contamina o ambiente. Quando estou trabalhando no computador, fazendo a contabilidade, emitindo notas fiscais, ela entra no escritório, desliga a luz e diz: "A conta, sou eu que pago. Não é você. Portanto, abra aí a janela e trabalhe à luz do dia". Ou: "O que você está fazendo aí no computador? E o balcão?". Nem adianta argumentar que a loja está vazia, sem clientes no momento, muito menos dizer que é um abuso esse acúmulo de funções — sobretudo quando não se ganha um tostão a mais.

Penso na Cruela, penso na minha condição, na de Eddy, no trabalho insano e intenso e na promessa nunca cumprida de aumentar meu salário e regularizar minha carteira — eu ainda estou registrada como vendedora, e não como administradora. Vem o Natal e trabalhamos feito condenados. Não pagam hora extra nem a comissão combinada. Passam as festas, chega janeiro e eu digo a mim mesma: "Quer saber? Foda-se a M.". E saio de lá.

Souad também já não está mais na CH&TCR. Dois meses antes, em novembro de 2015, houve a tragédia ambiental na cidade de Mariana causada pelo rompimento de uma barragem da Samarco, a principal cliente da empresa. Sem os contratos da mineradora, então às voltas com processos, multas, indenizações, a CH&TCR diz que sua receita irá diminuir sensivelmente. Resultado: corte de custos, o que significa demissão de funcionários. Ao ouvir aquilo, minha irmã começou a enviar currículos, de novo. Era novata na empresa, obviamente um alvo dos cortes. A boa notícia é que arranjou logo um emprego. Trabalha, agora, na Netimóveis, um dos maiores portais imobiliários do país, na região da Savassi, o que a deixou bem mais tranquila.

Recomendo a Eddy que saia da M. Ele me responde de uma forma tão séria que quase não reconheço meu irmão:

— Não saio até que paguem tudo o que me devem. Se eu sair agora, vou ter de entrar com um processo contra eles. E isso leva tempo. Enquanto estiver aqui, eu consigo pressioná-los.

Respeito a sua vontade, embora lamente a decisão.

Isabela Mazão me diz que haverá um grande evento da ONU em parceria com o governo da Turquia, a Cúpula Humanitária Mundial. Será na segunda quinzena de maio. A ideia era me convidar apenas para estreitar relações com os jovens refugiados ativistas que estarão no encontro, mas Mondelli conseguiu me colocar no palco.

— Será importante para a causa, para o Acnur e para a sua trajetória de palestrante — diz Mazão.

Ainda tenho o meu passaporte amarelo. Na verdade, o passaporte deveria ter sido confiscado assim que eu pisei de volta em solo brasileiro, vinda de Curaçao — ele é feito para uma viagem única, embora eu nunca tenha entendido direito o motivo de ter cinco ou seis folhas para vistos se o propósito é ir, voltar e entregá-lo às autoridades. Bem, deve ter algum motivo. O fato é que ninguém o confiscou no aeroporto. Ele está aqui comigo e vou usá-lo para ir a Istambul. Lá vem a novela para a emissão do visto, de novo...

— Você terá um convite do presidente da Turquia, Recep Erdogan, o que deve facilitar a entrada no país — informa Mazão.

Pelo sim, pelo não, ela junta ao convite de Erdogan um apelo do Acnur para a liberação do visto. Deu certo, mas com alguma canseira, claro. Nada é simples para um apátrida.

Vamos comemorar a minha saída da M. e os novos eventos pelo Acnur. Maletta de novo. Churrasco de novo, dessa vez na casa de Bela. Eddy me provoca:

— Quer uma cerveja ou prefere um Chateau Lafite?

Não gosto de cerveja, fico na Coca-Cola mesmo. Vinho vem me dando náuseas por estes dias.

É bom estar na casa de Bela. Ali é um refúgio, onde tenho paz e segurança, onde posso comemorar as conquistas ou lamentar as perdas. Tenho sempre o ombro da minha amiga e o respaldo da sua família, sobretudo dos pais Cida e Roberto. É para onde posso correr quando a angústia aperta e quando preciso tomar decisões difíceis. Gosto de celebrar meus aniversários na casa dela, gosto de passar os natais lá. Eddy está sempre ao meu lado nessas ocasiões, divertindo-se e divertindo a família Sena, sobretudo quando simula uma queda na frente das tias, que ficam desesperadas achando que ele se quebrou todo — até vê-lo se levantar às gargalhadas. Então, xingam meu irmão e depois o abraçam. Adoram o "libanês doido".

Eddy, aliás, está bem soltinho nesses encontros na casa de Bela. Como diz minha amiga, meu irmão parece bastante preocupado em namorar. É verdade. Quase todas as primas de Bela foram alvo das suas investidas. Eddy é bem bonito — e nem me importo que digam que sou suspeita nessa avaliação. Ele é bonito e ponto. Um cara alto, com um olhar expressivo, dono de um sorriso adorável e uma conversa agradável, divertida. Souad e eu temos ciúme, devo confessar. Talvez ela tenha até mais do que eu — a gente tenta disfarçar dizendo que é um "cuidado" com o caçula, mas no fundo é ciúme mesmo. Bem... Eddy chegou a namorar Jéssica, uma prima de Bela. Bonita, alta, morena, cabelos longos. Mas doida, segundo a própria Bela. Uma doida do bem.

— A Jéssica não está nem aí pra nada — diz Bela. — Acho que esse *trem* entre os dois não dura muito.

Adorei a expressão "não está nem aí pra nada". E, de fato, o *trem* dos dois descarrilou rapidinho. Ficaram juntos uma semana, se tanto. Agora, meu irmão anda jogando charme para cima de Débora, outra prima de Bela, uma enfermeira bonita, simpática, pés no chão, muito diferente da excêntrica Jéssica. É bom vê-lo se distrair um pouco. A M. vem tirando meu irmão do prumo.

Ah, sim. Houve ainda a Bruna, uma menina que entrou na loja da M. para comprar vinho e se apaixonou pelo meu irmão. Por coincidência, a moça era vizinha de Manu. Namoraram durante alguns meses, talvez três ou quatro, não sei dizer ao certo.

Mas deixemos os romances de Eddy de lado que eu tenho coisa mais urgente a tratar: o Carnaval, o primeiro que vou passar com Kouki e Nicole. Estamos todos animados, elaborando nossas fantasias e apetrechos para a festa, falando sobre os blocos, a diversão... mas Manu me chama de canto e toca num assunto que também me preocupa:

— Tá tudo muito bom, *habibi*, mas é o seguinte: você já passou um Carnaval aqui, o do ano passado, e sabe que as pessoas brincam muito. Kouki e Nicole podem estranhar, tem muita paquera, muita abordagem, muita liberdade. É preciso levar na brincadeira.

Claro que no Líbano tem paquera, olhares, abordagens, mas sempre de forma mais discreta. Acho que o brasileiro é mais solto, mais extrovertido, até mesmo por uma questão cultural, de costumes...

— É mais folgado mesmo — resume Manu, sem rodeios.

Espero que minhas amigas libanesas entendam a "folga" cultural do brasileiro. O bom é que estaremos em um grupo grande, uma cuidando da outra, o que nos dá uma certa tranquilidade.

Bem... Kouki e Nicole adoram os blocos de rua, as fantasias, a dança, as marchinhas, que eu tento traduzir como posso. Alguns engraçadinhos vêm abordá-las? Sim, a todas nós. Mas dá para tirar de letra, com um simples "não" ou fingindo não falar nada além de árabe. Funciona bem. Elas entram na brincadeira, como sugeriu Manu. Melhor assim.

Bela nos apresenta uma amiga dos tempos de colégio, Luna Halabi, descendente de libaneses, a moça com o olhar mais doce que já vi. Ela passa todos os dias da festa conosco. Convido-a para ir ao Nordeste. Não pode, tem de trabalhar, compensar os dias parados durante o Carnaval. Olho para Luna e tenho a sensação de que somos amigas desde sempre. Talvez seja meu lado saudoso, a sua descendência me despertando para as coisas boas de Beirute e Bourj Hammoud. A Luna do Líbano, a Lua do Líbano. Bonito. Mas não é só isso. Luna representa uma força diferente no meu rol de amizades. Se Bela e Indre lembram Kouki, se Manu parece irmã de Roro e prima de Nicole, Luna não se assemelha a ninguém que eu tenha conhecido. Naqueles poucos dias, entre o Carnaval e minha viagem ao Nordeste, conversamos bastante. Ela tem uma história complicada e ainda assim trata a vida com inacreditável otimismo — acho que isso nos aproximou ainda mais. Se na rede de amigos que formei há uma boa mistura de prudência e ousadia, de lógica e emoção, Luna surge para os momentos em que só é preciso desligar um pouco e conversar, desabafar.

É hora de falar sobre a nova integrante da minha rede.

A vida de Luna Halabi certamente tomaria outro rumo se não fosse aquele fatídico 9 de janeiro de 2008. Tinha dezesseis anos e passava férias na casa de uma tia-avó, em Vila Velha, no Espírito Santo, com a família. Já estava na hora de voltar para Belo Horizonte, pois havia o trabalho do padrasto, João, e da mãe, Linda, e a ideia de comemorar o seu aniversário, dali a dois dias, com os amigos mineiros. No fim da tarde do dia 9, João, Linda, Luna e sua irmã mais nova, Maria Eduarda, a Duda, então com sete anos, despediram-se da tia e pegaram a estrada. Percorreram alguns quilômetros, a tia ligou para Luna por um motivo qualquer, Luna desligou o telefone e comentou que queria ter ficado mais tempo em Vila Velha. Como ainda nem haviam saído da cidade, o padrasto de Luna fez meia-volta, a deixou na casa da parente e seguiu viagem com a mulher, a filha Duda e a inseparável cachorrinha da família, a pinscher Mel. Nas primeiras horas do dia 10, Luna recebeu um telefonema da irmã mais velha, Ana Paula, que estava em Belo Horizonte, avisando que a família tinha sofrido um acidente na noite anterior. Duda escapou. João e Linda morreram no local. Havia uma curva brusca, o carro saiu do controle e caiu em um barranco. Duda rolou no banco e foi parar no chão do veículo, entre o assento traseiro e o encosto do banco dianteiro. Foi a sua sorte: acabou protegida naquele providencial cubículo. A pequena tentou falar com o pai e a mãe, sem resposta. Viu que Mel estava viva. Pegou a cadelinha, saiu pela janela, subiu o barranco de madrugada e pediu ajuda na estrada. Um caminhoneiro a levou até um posto de gasolina próximo. Duda se lembrava do número do telefone da casa da avó, em Belo Horizonte, onde estava Ana Paula, a irmã mais velha. Ligou, explicou o acidente, deu a localização exata e Ana Paula foi buscá-la. Antes de sair de casa, deu a notícia a Luna. Uma tristeza.

A caçula foi morar com um tio. A irmã mais velha ficou de vez com a avó. Luna foi morar com o pai, Nirlando, em Belo Horizonte e depois se mudou para a cidade de Mariana, onde cursou a faculdade de História. Neste ano, decidiu voltar a BH e começou a dar aulas particulares em um centro de ensino chamado Núcleo de Estudos Orientados (NEO), além de cuidar do pequeno estande de blusas que a mãe, funcionária pública da prefeitura, mantinha na famosa feira hippie da avenida Afonso Pena para engrossar a receita da família. Foi a única herança deixada por ela. Luna tem planos maiores. Junto com as duas irmãs, está criando uma marca de roupas chamada Cloh. Quem sabe um dia não monta sua própria loja? Torço por ela.

Pena que Luna não pode ir ao Nordeste. Nem Bela, pois tem compromissos profissionais.

Fiz a programação: vamos para a Bahia. Seguiremos de avião até Salvador, a capital do estado, e de lá, a gente se vira para ir às praias vizinhas. Nicole Nakhle se espanta quando falo sobre a distância entre Belo Horizonte e Salvador:

— Dá para ir três vezes de Tiro a Trípoli, cruzar o Líbano.

— Sim, vá se acostumando Nicole, isso aqui é um continente, não um país.

Um continente surpreendente e deslumbrante, diga-se. Jamais imaginávamos ver praias assim. Vamos à ilha de Boipeba, a Morro de São Paulo, passeamos de lancha, andamos de quadriciclo. Que lugar lindo é o Nordeste brasileiro. Não conheço todos os estados ainda, só a Bahia e o Ceará, mas o que vi me leva a crer que essa parte do Brasil foi abençoada: tudo aqui é solar, as pessoas são gentis e simples, as casas, igualmente simples, o mar de um azul que eu nem imaginava existir.

— Quero morar aqui, acho que não *vai* voltar *pra* Líbano — diz Kouki, esforçando-se nas frases em português.

Ela conta que começou a ter aulas no Centro Cultural Brasil-Líbano, em Beirute, como havia prometido, pois quer se comunicar no meu idioma quando vier a nacionalidade. Kouki é mesmo inacreditável.

* * *

Voltamos a Belo Horizonte. Tem festa na casa dos Fagundes, a minha festa. É um ano especial, bissexto, um 29 de fevereiro legítimo para celebrar meus 28 anos. A casa está cheia, com toda a família de Emilene, que não é pequena, e todos os nossos amigos. Na mesa, um bolo imenso com a cara do Mickey Mouse — um dia ainda vou visitá-lo na Disney. É o meu sonho. Bela me chama de lado e quer saber dos meus planos mais imediatos.

— As férias acabaram, né? — ela me diz. — É hora de mandar currículos de novo.

— Ainda não, Bela. Quero tirar mais alguns dias, preciso de um tempo para mim.

Vou para Trancoso. Sozinha.

A temporada na Bahia me faz muito bem, nem poderia ser diferente. Não existe estresse naquele canto do Brasil.

— Isso aí é doença do Sul, moça — diz o rapaz que trabalha em uma das barraquinhas de coco da praia. — Nem sei por que a senhora trouxe esse bicho... — Ele aponta para o celular.

Explico que não posso ficar totalmente isolada do mundo. E se alguém quiser falar comigo? Nem termino a frase e o "bicho" toca. O moço do coco sorri.

— Tô dizendo... Desliga isso aí.

É Souad. Deve estar com saudade. Atendo.

— Recebi um e-mail de um cara chamado Fábio Pinto da Costa, de uma tal Fazenda Betel, querendo me contratar — ela me conta. — Ele mandou links com o site, o histórico da empresa e um filme sobre a fazenda, que fica em Ibitinga, no interior de São Paulo. Quer uma pessoa para ajudar na administração e servir de tradutora nas negociações de gado com os países árabes.

— Que bom, Souad!

Curioso... Já vi o nome dessa empresa em algum lugar... Ah, sim, estava no assunto de um e-mail que recebi e nem abri.

Souad continua:

— Eu conversei com o cara ao telefone. Parece ser bem legal. Acontece que eu estou trabalhando, feliz, e, além disso, não quero sair de Belo Horizonte. Mas você é doida, talvez goste da aventura. Vou te mandar o e-mail.

— Doido é ele, que oferece a mesma vaga para duas irmãs.

Ok, vamos ver o que o tal Fábio tem a oferecer. Abro o e-mail. Ele trabalha com exportação de gado e cana-de-açúcar. A cidade-sede da empresa, Ibitinga, fica a quatro horas de carro da capital de São Paulo. Meio longe, né? Vejo o filme da fazenda. Parece bacana mesmo. Não entendo das coisas do campo, mas já trabalhei com exportação e domino idiomas. Acho que me encaixo no que ele precisa. Trocamos mensagens e fico sabendo que boa parte de seus clientes está na Ásia e no Oriente Médio e que ele estava trabalhando com um cara da Palestina, mas o tal camarada cobrava muito caro pelo serviço de tradução e negociação com os países árabes. Sei, Fábio, mais fácil e mais barato chamar um refugiado, que vai ficar 24 horas à disposição, né? É a velha história do "pago menos e ganho mais". Certo, faz parte do jogo aumentar a margem de lucro. Ele pede um currículo e uma foto. Mando.

Faço uma entrevista via Skype, dali de Trancoso mesmo. Ele vem com um monte de perguntas sobre minha trajetória pessoal e profissional e dá as informações básicas do trabalho:

— Você vai me ajudar a administrar a fazenda e viajar comigo para tratar das negociações. O salário é de 3 mil reais por mês, com registro em carteira e benefícios. A carga horária é das oito da manhã às cinco da tarde, de segunda a sexta, e das oito até a uma da tarde no sábado.

É então a minha vez de negociar. Peço um fim de semana livre por mês, para poder visitar minha família e meus amigos em Belo Horizonte, e digo que não vou abrir mão dos eventos do Acnur, o que significa a minha ausência em alguns dias. Ele sugere que eu vá a Ibitinga para uma conversa presencial, quando poderemos discutir os meus pontos.

— Mando a passagem e vou te buscar no aeroporto de São Paulo. Pode ser?

Pode. Desligo o computador e envio uma mensagem para Kouki, falando sobre a oportunidade de emprego e de sair de BH. A resposta vem com um monte de pontos de interrogação, um verdadeiro questionário: "Qual é a descrição do trabalho? Como será a folga? Quais são os benefícios? O salário não é muito baixo? Você vai viajar com ele para quê? Você vai mesmo trocar a vida numa cidade grande para se enfiar em uma fazenda de um vilarejo, com cheiro de animais todos os dias?".

Acho que vou, Kouki.

Tomo o avião para São Paulo. Fábio me aguarda no aeroporto. *Bora* pra estrada.

Ibitinga é uma cidade de pouco mais de 57 mil habitantes, população que caberia no Mineirão, o principal estádio de futebol de Belo Horizonte. Não há quase nada para fazer por lá, a não ser comprar excelentes bordados no comércio local ou ver o encontro das águas dos rios Tietê e Jacaré-Guaçu. Tirando isso, a vida é tão movimentada quanto um passeio de pedalinho. Passamos pelo centro e Fábio me avisa que ainda temos meia hora de estrada até a Fazenda Betel. Ok, estou acostumada a grandes distâncias, aos destinos que parecem nunca chegar. Enfim, chegamos. A fazenda é imensa, uma vastidão de terra. Ele me convida para conhecer a propriedade, enquanto me explica como funciona o negócio: quando a Betel fecha um contrato, digamos, com a Arábia Saudita, para vender cinquenta cabeças de gado, ele compra a quantidade pedida, faz o confinamento, obedece ao prazo de quarentena e vende. Ganha nesse *spread*, na transação, como um corretor, um intermediário do gado. Também tem negócios com cana-de-açúcar, esta sim, dele. Diz que é um empresário com muitas conexões, que sempre viveu em um ambiente muito rico e vem de família abastada do interior. Todo mundo o conhece na região e ele conhece todo mundo.

— O homem manda mais do que o prefeito — brinca um funcionário que nos acompanha para ver o gado.

— Vamos ver o seu quarto, Maha — diz Fábio.

Passamos pela baia onde ficam os cavalos e entramos em um corredor imenso, que divide os dormitórios masculino e feminino. Os homens cuidam dos cavalos e do manejo do gado. As mulheres são, em sua maioria, veterinárias, também responsáveis pela documentação necessária para embarcar os animais. O maior dormitório, uma suíte, será o meu — com TV a cabo, internet em alta velocidade, uma cama grande, armários grandes, um quarto do tamanho do meu apartamento em Bourj Hammoud.

— Não precisa se preocupar com a limpeza dos quartos. Nossas funcionárias vão cuidar de tudo. E sua roupa será lavada uma vez por semana — continua Fábio. — Você terá tudo do que precisa aqui para desempenhar o seu trabalho. Sei que é um ambiente diferente, mas logo, logo você se acostuma. E vamos fazer muitas viagens internacionais juntos, o que ajuda a quebrar a rotina.

Digo que tenho um evento na Turquia para o mês seguinte:

— Do Acnur, lembra? Pensou no assunto?

Ele não faz nenhuma objeção. Pede até para trazer alguns doces para ele. Quanta diferença em relação aos sócios da M. Gosto do jeito de Fábio. Ele me trata com respeito, sabe da minha formação e parece ser solidário à minha cruzada em busca da nacionalidade.

Volto para Belo Horizonte, arrumo minhas coisas e comunico aos Fagundes e aos amigos que vou me mudar para o interior de São Paulo. Bela estranha a decisão:

— Como assim? Vai largar tudo aqui?

— Não, não vou largar tudo. Fábio aceitou minhas condições. Terei alguns dias de folga por mês para voltar a BH ou viajar para onde quiser, além de poder cumprir a agenda do Acnur. Pela primeira vez, no Brasil, eu me sinto prestigiada profissionalmente. Vou trabalhar com um cara que respeita o meu currículo e a minha luta pessoal.

Bela propõe uma aposta sobre a minha permanência em Ibitinga:

— Maha volta em um ano.

Souad é menos otimista:

— Um mês, se tanto.

Eddy vai ao extremo:

— Vai ficar lá para sempre.

Na falta de uma data exata no palpite do meu irmão, fica estabelecido que qualquer período acima de um ano dá a vitória a ele. O prêmio é de cem reais. Minha carreira está em jogo, literalmente.

De qualquer forma, Souad já acertou em um ponto: a doida aqui — a louca da casa — aceitou mesmo a aventura em Ibitinga. Quem sabe eu levo Eddy para trabalhar na fazenda...

5

O PRIMEIRO DIA NA BETEL é agradável. Conheço a equipe, os funcionários da casa, a mulher de Fábio, Daniele, que é veterinária, e um de seus filhos, Gabriel, de quinze anos. Tenho a tarde livre para desfazer as malas e arrumar todas as minhas coisas no quarto.

— Se quiser dar uma volta pela cidade, é só dizer — diz Fábio.

Agradeço, mas prefiro descansar. O dia começa cedo na fazenda.

— Ah... O jantar será servido por volta das sete horas, quando poderemos conversar mais.

Adoro a muçarela de búfala que eles serviram como aperitivo. Não conhecia esse queijo, muito bom. Jantamos, eu conto minha história à mulher e ao filho dele (Fábio já a conhecia), vêm as perguntas de sempre, o espanto de sempre e as ofertas gentis de ajuda.

Fábio, então, faz um breve resumo do que já havíamos conversado: repassa os meus horários, reforça a promessa de que eu teria um fim de semana livre para ir aonde quisesse — pagando do meu bolso, claro — e garante que os eventos do Acnur estão todos preservados.

— Quem sabe num desses eventos você arranja um cliente para a Betel, hein? — ele sugere.

É... quem sabe. De novidade mesmo, fico sabendo que terei um carro para usar quando quiser. A chave ficará comigo. Legal. Sendo assim, eu preciso providenciar minha carteira de motorista. O problema é que só poderei tirar a licença para dirigir, a Carteira Nacional de Habilitação (CNH), quando vier o reconhecimento do refúgio — que, aliás, já está demorando mais do que minha ansiedade aguenta. Lembro-me de que preciso entrar em contato com o Conare. De qualquer forma, já dá para fazer aulas de direção. Fábio interrompe meus pensamentos e me traz de volta à conversa.

— Amanhã, daremos outra volta pela propriedade para você conhecer em detalhes a lida do dia a dia.

Então nos despedimos. Eu só quero uma boa noite de sono.

O único barulho que ouço é o das cigarras. Uma calmaria só. Tomara que eu me acostume a esse silêncio ensurdecedor e que a minha agitação natural adormeça um pouco — do contrário, vou enlouquecer aqui. Durmo com Marisa Monte na *playlist*. E acordo com passarinhos cantando. Parece que estou no Serrano. São quase seis, hora de levantar e encarar a nova vida no campo. O café da manhã é aquele que se espera em uma fazenda, com leite, pão, bolos e queijos feitos ali mesmo — acho que nunca comi tanto, tão cedo. Visto uma calça jeans, camisa, botas, um chapéu e dou uma espiada rápida no espelho: Maha Mamo versão *country*. Gostei. Vou tirar uma foto e mandar para Kouki. E outra para o pai Márcio. Ele adoraria a fazenda, sobretudo os viveiros de pássaros, enormes. Fábio também vende os passarinhos.

O chefe está me esperando para a volta de carro pela propriedade. Achei que iríamos a cavalo. Ele ri.

— Ainda não, Maha. Melhor não.

— Está certo. O carro é mais seguro mesmo. Depois eu tento me virar com as rédeas. Não deve ser fácil "dirigir" um cavalo.

— É moleza — diz um dos cuidadores do estábulo, que nos acompanha no tour campestre. — É só puxar (as rédeas) *de* lado *pro* bicho virar, e para trás, *pro* bicho parar.

— Sei. E como faz se o bicho desembestar? Não dá para desligar o motor, né?

O moço ri. Diz que vou me acostumar às coisas da fazenda, à lida com o gado, aos cavalos, galos e galinhas:

— Mas *toma* cuidado com cobra e escorpião, viu? Escorpião é mais comum por aqui. Cobra aparece de vez em quando.

Que bom, que bom. Ainda bem que estou de botas. Vou pisar firme na grama como fazia quando tinha de buscar água naquele terreno infestado de ratos em Bourj Hammoud. Por sorte, passarei a maior parte do tempo no escritório.

Sigo o meu primeiro dia de trabalho assim, rodando a fazenda, entendendo um pouco mais da lida, como diz Fábio, conversando com os colegas, aprendendo a dinâmica da Betel.

À noite decido escrever para Kouki. No papel mesmo, como uma carta. Ou melhor, na forma de um diário, que, na verdade não será diário, pois não tenho muita paciência para escrever todos os dias. Digamos, então, que será um relato sem compromisso com datas. Uma descrição, em árabe, do que estou vivendo e sentindo, das coisas mais importantes às mais corriqueiras. Nem sei se vou mandar as anotações à minha amiga, mas gosto de pensar que é para ela — visualizar o destinatário, o leitor, me ajuda a construir o texto. Começo assim:

> *Primeiro dia de trabalho na fazenda. Não sei o que estou sentindo direito, mas aposto que vou ter paz e felicidade por aqui. É tudo novo para mim e gosto de novidades. Sinto que estou mais calma, independente, tenho o meu próprio canto. Estou, finalmente, sozinha — e estar sozinha neste momento é muito bom. Sinto que tenho um novo desafio nessa minha vida brasileira. Convivo com diferentes tipos de pessoas em um ambiente inédito para mim. E o mais bonito: sei que tenho muito a aprender e a ensinar a Fábio. Gosto dessa troca. Fico confortável também porque tenho permissão para viajar uma vez por mês para os meus compromissos.*

As semanas passam voando. Eu me debruço sobre as planilhas da empresa, a lista de clientes, faço um PowerPoint com as atividades e os principais projetos da fazenda e organizo a agenda de viagens nacionais e internacionais de Fábio. Ele diz que teremos de ir a Dubai, mas a data ainda não foi definida. Começo a gostar daquilo. Estou exercitando o que sei fazer, tenho MBA em Negócios, e o que gosto de fazer: viajar, tanto pela Betel quanto pelo Acnur. É engraçado pensar que estou montando uma agenda de viagens mesmo sem ter um passaporte definitivo. Vai faltar página no documento amarelinho. Quero só ver a novela com os vistos... Mas vamos em frente. Fábio é um empresário influente, com boas relações internacionais, e isso pode facilitar a emissão dos vistos. De qualquer forma, não é algo para eu me preocupar agora. Tenho coisa mais importante a fazer: preparar a minha apresentação para o evento da Turquia. Em menos de vinte dias estarei em Istambul, pelo Acnur, já com tudo certo para embarcar, espero.

Volto ao meu diário que não é diário:

Eu estou amando o trabalho. Sério. Eu sei que ainda é cedo, são poucas semanas em Ibitinga, mas as coisas vão muito bem. Falei com um potencial cliente francês hoje. Ele ficou interessado no produto. Foi legal. Ninguém fala francês aqui. Nem inglês. Tenho certeza de que eles precisam de mim. Sei que você não foi muito a favor de eu vir para cá, achava que eu iria ficar sozinha. Mas fique tranquila. Está tudo bem. O que me deixa feliz neste trabalho, além do aprendizado e da possibilidade de viajar, é a chance de guardar dinheiro. Nunca fui de poupar, mas agora penso nisso. Você se lembra do nosso trato? Quando eu conseguisse a nacionalidade e juntasse algum dinheiro, a gente iria visitar um monte de países. Chegamos a fazer uma lista: Canadá, Estados Unidos, Espanha, Inglaterra, França, Japão.

E, por falar em viagem, estou animada com a apresentação na Turquia. Acho que será uma grande e histórica oportunidade. É o meu segundo evento pelo Acnur. Quem diria? Roro diz que vai me encontrar em Istambul. Quero só ver...

Eddy e Souad vêm me visitar na Betel. Passam um fim de semana aqui e são recebidos muito bem por Fábio e sua esposa. Fazemos um churrasco. Eddy monta num cavalo e sai galopando como se fosse um vaqueiro; Souad parece feliz em me ver feliz. Quero saber do seu emprego na Netimóveis, e ela me conta que está adorando. É muito bom vê-la sorrindo. Pergunto a Eddy sobre a M.

— Com os sócios eu até que consigo me entender no dia a dia. O problema é aguentar a Cruela — ele diz, fazendo uma careta engraçada, imitando o ar de superioridade da mãe do francês.

Rimos. Tento novamente convencê-lo a sair de lá e digo que vou fazer de tudo para lhe arrumar um emprego na Betel.

— Não seria legal vir para cá?

— Sim, mas primeiro a M. tem de pagar o que me deve.

— Sai e tenta negociar, Eddy. Se não der, vá à Justiça. Não dá para ficar sofrendo nessa empresa.

— Não. Vou tentar receber enquanto estou trabalhando. Um processo na Justiça sempre é longo. Além do mais, eu sou um estrangeiro, prestes a me tornar um refugiado, e eles são empresários. A chance de eu me dar mal nos tribunais é grande.

Ele muda de assunto. Ou nem tanto.

— Mas... e você? Como está a vida aqui na fazenda?

— Tirando um ou outro escorpião que encontro em meu quarto à noite, tudo bem.

— Melhor o escorpião do que a Cruela.

Preciso voltar a falar com Fábio para me ajudar a trazer Eddy para Ibitinga. Vou cuidar disso assim que voltar da Turquia.

É dia 21 de maio e sigo de ônibus de Ibitinga para o aeroporto internacional de Guarulhos, em São Paulo. São seis horas de estrada, o ônibus é sempre mais lento do que os carros e há uma parada em um posto de gasolina para esticar as pernas e comprar um lanche. Chego a Guarulhos no fim da tarde. Meu voo para Istambul está marcado para as nove e pouco da noite, pela Lufthansa. Apresento o passaporte amarelo.

— Você não pode embarcar — diz o encarregado da companhia alemã.

— Mas eu tenho os documentos, tudo certinho, o visto da Turquia, a comprovação de que vou para um evento do Acnur com o governo turco, uma carta do presidente. Vou fazer uma palestra. Preciso embarcar.

— De jeito nenhum. Na Lufthansa, não embarca. Quem garante que você não vai aproveitar a conexão e tentar ficar na Alemanha?

Eis o grande medo de quem vê um refugiado — ou, no caso, um candidato a refugiado — entrando em seu país, ainda que seja para uma única conexão: o risco de que o "forasteiro" fique de vez. Mondelli já havia me alertado sobre esse problema. Até conseguir o passaporte definitivo, eu vou precisar de muito jogo de cintura e paciência. Para piorar a minha situação, no passaporte amarelo estava escrito APÁTRIDA, as oito letras que sempre despertam suspeita, sempre levantam sobrancelhas e quase sempre são encaradas como algo ameaçador — o medo do desconhecido. Toda vez que abrem o passaporte e leem APÁTRIDA, tenho de explicar, quase me defender, como se estivesse diante de um tribunal sendo acusada de um crime. É chato demais. Desgastante demais.

Bem, o Acnur tenta interceder na embaixada alemã, argumenta que o Brasil tem boas relações com a Alemanha, que o passaporte foi emitido pelo Brasil, que a ONU está à frente do evento, o governo turco apoia e convida a senhorita Maha Mamo... Nada feito. Portas fechadas na Lufthansa.

Isabela Mazão me liga:

— Compramos outra passagem, pela Turkish Airlines.

Legal, mas, entre tentar contornar o problema com os alemães e a decisão de trocar de companhia, lá se vão doze horas de aeroporto. Será sempre assim? O cansaço começa a bater e fico irritada. Não estou recebendo nada para fazer as apresentações. Tenho de ficar me explicando toda hora, mofando em aeroportos até alguma autoridade, alguém do Acnur, alguma alma solidária, fazer o favor de me deixar entrar no avião. Não são viagens para curtir, passear, não é lazer. Não posso gastar. Com o salário que ganho e o câmbio como está, não dá para fazer nada no exterior. Vou num dia, faço a apresentação e volto no outro, tudo muito rápido, muito complicado. Então, penso em Eddy e Souad, em 12 milhões de apátridas, em Isabela Mazão, em Mondelli, no fato de estar em um aeroporto sabendo que, ainda que tenha problemas para embarcar, vou entrar no avião e dormir essa noite em um hotel cinco estrelas. Penso em Curaçao. No efeito Curaçao: autoridades vindo falar comigo, eu representando o Brasil, a beleza da campanha *I Belong*, a entrevista de refúgio logo em seguida, para nós três. Penso novamente em Eddy, carregando caixas no estoque de vinhos. E eu aqui, reclamando, no ar-condicionado. Vale a pena toda essa espera, os problemas com autoridades, as viagens-relâmpago? Vale. Muito. Não deixe o cansaço embaçar a sua visão, Maha.

A Turkish Airlines chama para o embarque. Apresento o passaporte luminoso, o visto e a carta de Erdogan. Só faltam estender um tapete vermelho até a minha poltrona. Istambul, aí vou eu.

O evento acontece no Istanbul Congress Center (ICC), o maior centro de convenções da cidade. Haverá apresentações também nas salas do Lütfi Kirdar, vizinho ao ICC. Tudo isso ocorre na região central de Istambul, nesses dias cercada pela guarda e pelos exércitos turcos e por seguranças de cada um dos 55 chefes de Estado presentes ao encontro — ao todo, mais de 170 países enviaram representantes à cidade. É a primeira vez que a Organização das Nações Unidas convoca uma Cúpula Mundial Humanitária, motivada por uma constatação tão triste quanto preocupante: 132 milhões de pessoas no mundo necessitam de ajuda humanitária e de proteção — 34 milhões delas somente na Síria e no Iêmen. Diz Ban Ki-Moon, então secretário-geral da ONU, em seu discurso de abertura:

"Estamos testemunhando o mais alto nível de sofrimento humano desde a Segunda Guerra Mundial."

Os motivos são conhecidos: conflitos, perseguições étnicas, desastres, epidemias… O propósito da ONU é estimular uma agenda de compromissos e planos de ação dos países membros, não apenas para ajudar essa imensa população de desassistidos, os vulneráveis, mas também para reduzir e prevenir o sofrimento humano, como afirma Ban Ki-Moon.

Nunca estive em um evento tão grande, em todos os sentidos. Sinto um frio no estômago, de novo.

Sorte que Roro vem me visitar. Como o voo de Beirute para Istambul é curto, ela encara um avião. Conseguimos ficar juntas por algumas horas apenas, mas é muito bom. Roro me deixa leve. Assim como Eddy, faz a vida parecer mais fácil do que é.

— E aí, a Angelina Jolie veio?

— Acho que não.

— Deve estar com medo de entrar no palco depois que você fizer o discurso, *ortakh*.

Ortakh, em turco, quer dizer parceiro. Eu e Roro dizíamos que éramos parceiras no "crime", nas bagunças em Beirute.

Roro é uma figura.

* * *

É chegada a hora. Vou falar em uma das salas do Lutfi Kirdar para uma plateia seleta. Não está muito cheia, mas não me importo. A mestre de cerimônias anuncia o meu nome. Sigo o ritual de todas as apresentações que fiz na vida, desde os tempos de colégio: respiro, penso em *mar* Charbel e digo, baixinho: "Vamos lá, Maha".

Subo ao púlpito e sigo com a minha história. Sinto que estou mais segura, a narrativa flui, dessa vez sem material de apoio. Acabo meu discurso e, na saída da sala, algumas pessoas vêm falar comigo, fazer fotos, como em Curaçao. Mas, diferentemente do que aconteceu em Curaçao, esse evento parece mais frio. Mesmo nos salões do ICC, o centro de convenções ao lado do Lütfi, onde discursam os chefes de Estado, não sinto uma entrega tão grande ao tema quanto a que senti no Caribe. Vejo dezenas de presidentes, ministros, representantes de governo discursarem, mas não vejo a plateia abraçar o que está sendo dito. Muita gente ao celular ou conversando. A dispersão é geral. Ao fim do evento, a ONU publica que centenas de compromissos em defesa das causas humanitárias foram assinadas.

Sempre desconfio de números grandiosos. Quais são esses compromissos, exatamente? Há algo efetivo por parte das nações para resolver a situação e tentar prevenir ou ao menos reduzir a vulnerabilidade em alguns cantos do mundo? Um colega que fiz no evento, profissional de Relações Internacionais, me diz que não viu nenhum ministro ou chefe de Estado reforçar o compromisso de seus antecessores de modernizar as leis de direitos humanos ou criar condições de refúgio em seus países. O que foi assinado em convenções históricas da ONU parece, segundo ele, ter sido esquecido por alguns governantes:

— Sobraram compromissos vagos, genéricos. Faltaram políticas específicas e foco.

Ainda sou uma novata nesse mundo, sei disso, mas meu radar não costuma falhar. A impressão é de que as autoridades estão mais interessadas nos holofotes sobre a causa do que nas medidas concretas para resolver o problema. O trabalho da ONU, do Ocha (Escritório das Nações Unidas para a Coordenação de Assuntos Humanitários) e do Acnur realmente não é fácil. Tem muita conversa fiada dos governos sobre os temas humanitários, muita gente querendo aparecer e muita assinatura que será apagada com o tempo.

Começo a fazer a conexão com a minha realidade e fico com medo de que o Brasil também esteja nesse time dos países que assinam, mas não cumprem. Calma, Maha. Você sabe que o Brasil vem avançando. Devagar, mas avança. Já provou isso.

No evento, encontro o primeiro-ministro do Líbano, me apresento, dou-lhe os parabéns pelo discurso e conto brevemente a minha história — desenvolvi uma versão resumida para situações de emergência. Falo também da generosidade do Brasil, que vem me dando a chance de conquistar uma nacionalidade, mas faço um apelo à terra em que nasci para tentar abreviar o meu objetivo. Ele não parece muito interessado. Responde com um vago "Boa sorte para você no Brasil. Nos países árabes, nunca haverá solução para o seu problema". Posso até reclamar da má vontade em ouvir, mas não da sinceridade. Ele foi extremamente realista. Mas eu nunca fui de desistir. Vou continuar ajudando o Acnur e a ONU nessa cruzada. Temos muito trabalho pela frente.

Ligo para Roro para saber se a viagem de volta foi tranquila. E para dizer que Angelina Jolie não estava mesmo no evento, uma pena. Ela diz que fará outra foto minha com a atriz. Os amigos sempre levantam o meu astral.

De Istambul, salto para Ibitinga. Entro no modo vida real.

— Como foi lá? — pergunta Fábio.

— Frio — eu digo, sem dar mais detalhes. *Deixa* o chefe pensar que eu me referia ao clima.

À noite retomo minhas anotações para Kouki. Ou seria para mim mesma, uma espécie de terapia do papel?

Estou cansada do voo, um tanto decepcionada com as autoridades do evento, mas continuo animada e honrada de fazer parte de um grupo tão importante, para uma causa tão importante. Vou continuar contando minha história sempre que houver a oportunidade de sensibilizar as pessoas. É a minha forma de ajudar. Satisfaço o meu lado profissional aqui na Betel, ganhando para isso, e coloco o meu coração nos palcos do Acnur voluntariamente. São duas atividades que me dão prazer. Fábio vive me perguntando se estou feliz na Betel. Digo que sim. E espero que continue assim...

Acordo com os passarinhos e uma buzina de carro. Opa, temos visitas? Era o motorista da concessionária chegando com o automóvel que Fábio havia prometido — um Toyota Etios amarelo, novinho, à minha disposição. Não posso me esquecer da CNH... Desço para o café da manhã e Fábio me conta outra novidade: vai construir uma quadra de basquete na fazenda, pois sabe que eu adoro o esporte.

— Aí você aproveita e ensina todo mundo aqui a jogar — ele completa. O chefe sabe mesmo motivar um funcionário. — Mas eu não entendo desse troço. Você pesquisa, diz o que temos de comprar e a gente monta a quadra. Certo?

Certíssimo.

Só que a promessa da quadra, o carro novo, o quarto exclusivo, as viagens, os fins de semana de folga... tudo isso começa a despertar ciúme na maioria dos funcionários, principalmente na esposa de Fábio. Coisas corriqueiras na fazenda vão se transformando em pretexto para minar o meu trabalho. Quando eu apresento o material para a quadra de basquete, ela chia:

— É muito caro. Estou surpresa em ver alguém que conhece tanto de administração e negócios ter tão pouco cuidado com gastos.

E manda comprar o que há de mais barato no mercado. A quadra se resume, então, a um tabelão mambembe que mal dá para brincar. Paciência. E o carro vive na mão do Gabriel, o filho adolescente deles. A chave está sempre com o moleque. Se não me engano, a ordem era para o carro ficar à minha disposição, a chave em meu poder. Tudo bem que eu ainda não tenho a carteira, mas o motorista da fazenda, Bê, pode me levar aonde eu quiser, quando eu quiser. Fábio deixou isso bem claro. Mesmo assim, o Gabriel se oferece:

— Eu te levo. É só me chamar.

Não vou sair por aí com quem não tem licença para dirigir.

Tudo isso, mais o ambiente machista e xenófobo, começa a me irritar. Aos olhos deles, eu sou a estrangeira que tem uma atenção especial do dono da empresa. A protegida. Sinto que estou ficando isolada, pouco converso e pouco conversam comigo — e, assim mesmo, só sobre trabalho. Não existe mais o bate-papo sobre amenidades. Moramos todos no mesmo lugar, ora essa, deveríamos ser mais do que colegas de empresa. Mas, se não querem, paciência. Fábio começa a perceber esse meu incômodo e tenta me tranquilizar, dizendo que em breve começaremos as viagens e tudo vai se acalmar. Não vejo a hora de entrar de novo em um avião.

Fim do expediente. Vou para o quarto. Abro um vinho e o caderno com minhas anotações. Escrevo uma linha curta, telegráfica:

> *Tempos estranhos. Decepções. Um clima ruim. Espero que melhore. Ou volto para Belo Horizonte.*

Uma boa notícia: recebo o aviso do Conare dizendo que minha condição de refugiada foi reconhecida; a de Eddy e Souad também. Meus irmãos me ligam avisando que estão a caminho da Polícia Federal para dar entrada na carteira de identidade de estrangeiro. A minha, eu faço depois. No momento, estou mais preocupada em pegar essa autorização do Conare e providenciar a CNH — a autorização de refúgio me permite seguir com a papelada. Preciso dirigir, para não depender de ninguém em Ibitinga. Autossuficiência é a chave para seguir em paz na fazenda. E por falar em chave… Tenho de arrancá-la das mãos do Gabriel.

Divido meus dias entre a lida na fazenda e as aulas de direção. Marco a prova teórica da CNH para a manhã de 30 de junho. Terei algumas semanas para entender as leis de trânsito no Brasil — devem ser mais simples que as de migração.

O clima na fazenda continua esquisito, mas tento me concentrar em minhas planilhas, na prospecção de clientes, nas viagens que começam a ser confirmadas. Em agosto, iremos para Dubai. Fábio avisa que há também um cliente da Índia que é uma mina de ouro:

— Temos de fechar contrato com ele.

Vamos tentar, chefe, vamos tentar. A esposa dele continua enciumada. O filho ainda mantém a chave do carro. A maioria dos funcionários insiste em me tratar de forma fria, protocolar. Não encontrei mais nenhum escorpião no meu quarto, ainda bem. Estão todos lá fora.

É noite do dia 29 de junho. A prova para a CNH é no dia seguinte, às oito horas. Deixo o celular pessoal no modo silencioso, num canto do quarto. Levo apenas o telefone corporativo para a cama — baixei ali um aplicativo com a legislação de trânsito brasileira que me permite fazer uma simulação da prova. Preciso estudar mais um pouco. E dormir bem, me esquecer do mundo.

ACERVO PESSOAL

Com meus pais, Kifah e George, no Líbano.

ACERVO PESSOAL

A família reunida no apartamento de Bourj Hammoud: Eddy, Kifah, Souad, eu e George.

ACERVO PESSOAL

A pequena Maha. Eu era mesmo uma doçura.

ACERVO PESSOAL

Foto para a posteridade: sou a primeira à esquerda, no tapete, colada à professora. A meia combinando com o vestidinho: Kifah sempre caprichava.

ACERVO PESSOAL

Enfim, formada.

ACERVO PESSOAL

Com Nicole Khawand, a Kouki, e mais três amigas do escotismo: Christiane, Jessica e outra Jessica.

ACERVO PESSOAL

Com Kouki no Rio de Janeiro.

ACERVO PESSOAL

A turma do Líbano: Kouki, eu, Nour (em pé), Roro e Nicole Nakhle.

ACERVO PESSOAL

Com Souad e Eddy, no meu aniversário de 24 anos. Medalha no peito por ser a melhor e mais animada aniversariante, segundo meus irmãos.

ACERVO PESSOAL

Ho-Ho-Ho Santas: com Roro e Eddy em nossa festa solidária no Natal.

ACERVO PESSOAL

Vida no campo: eu e meus irmãos na fazenda Betel, em Ibitinga, onde trabalhei por quase um ano e meio.

ACERVO PESSOAL

Uma "carona" com Eddy em BH. Adorávamos brincar assim.

ACERVO PESSOAL

Com ele de novo e as cores do meu país.

ACERVO PESSOAL

No varandão da casa dos Fagundes, com todos os amigos reunidos. As conquistas eram comemoradas ali.

ACERVO PESSOAL

Com Emilene, Bela, Manu e Souad (da esquerda para a direita.)

ACERVO PESSOAL

Eddy (ao fundo), Bela, Manu, Débora Zopelar, eu, Eduardo, Souad, Emilene e Luciana (em sentido horário). No centro, Débora de Vasconcelos, prima de Bela.

ACERVO PESSOAL

Luna, Manu e Débora Zopelar.

ACERVO PESSOAL

Indre (de óculos), eu, Sílvia, Bela e Manu.

ACERVO PESSOAL

Com Bela em Genebra, no Acnur.

ACERVO PESSOAL

Com Isabela Mazão em São Paulo.

ACERVO PESSOAL

Com mister Mondelli na Guatemala.

UN PHOTO/JEAN MARC FERRÉ

Em ação no palco do TEDx, em Genebra, 2018.

©UNHCR/PIERRE ALBOUY

Com Cate Blanchett, embaixadora do Acnur, em Genebra.

©UNHCR/SUSAN HOPPER

Comemorando a conquista da nacionalidade com Bernardo Laferté, do Conare, e a embaixadora Maria Nazareth Farani.

ACERVO PESSOAL

Os documentos que guardo como troféus. Destaque para o *Laissez-Passer* à direita, já esmaecido: foi a chave que começou a destrancar as portas.

©UNHCR/SUSAN HOPPER

Enfim, brasileira.

6

Acordo assustada com o toque do celular. A luz do quarto está acesa; o telefone, no chão... Devo ter adormecido enquanto estudava e ele rolou da cama. Só pode ser isso. Olho a hora: três da madrugada. Olho a tela: é uma chamada de Kouki. Só ela tem o meu número corporativo. Que droga, Kouki! Você sabe que eu tenho prova às oito da manhã daqui. Perdeu a noção, confundiu-se com o fuso horário? Mas a irritação do sono interrompido logo dá lugar a uma sensação ruim, de preocupação. Será que é alguma coisa com o pai de Kouki? O sr. Charbel andou doente nos últimos anos, tem diabetes, vai ao hospital quase toda semana. A família está bem apreensiva com o estado de saúde dele. Meu coração dispara. E se o pai de Kouki morreu? Nessas horas a gente sempre pensa o pior. Respira, Maha. Atendo com calma:

— Alô, alô... Tudo bem com vocês, Kouki?

— Mimo, você já falou com Souad? — Ela sempre foi mais direta do que eu.

— O quê? Está tudo bem com vocês mesmo? Que história é essa de Souad? Você me liga às três horas da manhã para saber se eu falei com minha irmã? — fui enfileirando perguntas. A irritação estava de volta. — Você sabe que eu tenho prova daqui a pouco.

— Não, é que... — Ela parou de falar.

— O que houve? — eu quis saber.

— Sua mãe e sua irmã querem falar com você porque Eddy está no hospital e não está bem. Você precisa ligar para elas e entender o que aconteceu. Depois a gente conversa.

Corro para o canto onde tinha largado o telefone pessoal. Mil notificações. Mil chamadas não atendidas. Se o sinal de internet é bom na fazenda — há um roteador no meu quarto —, o de telefonia é péssimo. Funciona de vez em quando e, assim mesmo, em cantos específicos do cômodo. Graças a Deus, o celular do trabalho caiu em um desses cantos abençoados pela tecnologia e, por isso, recebi a ligação de Kouki. Começo a ficar desesperada com a quantidade de mensagens.

Kouki liga de novo, conta que Eddy levou um tiro num assalto. Meu Deus do céu! Quero saber mais. Ela diz que não tem detalhes. Desligo. Tento fazer algumas chamadas. Alguém atende, passa para outra pessoa, acho que é Bela, nem tenho mais noção de com quem estou falando. A ligação está ruim, picotada... Já estou aos berros:

— Fala comigo... Levou um tiro mesmo? Morreu ou não morreu?

Cai a ligação. Volto a olhar as mensagens, são quase todas iguais: "Retorne urgente, precisamos falar com você". Então reparo, no meio daquela enxurrada de notificações, que há uma mensagem recente em nosso grupo de família no WhatsApp. É um áudio da minha irmã. A simples constatação de que há uma gravação de Souad mexe com todo o meu corpo e começo a tremer. Hesito por um instante em ouvi-la, mesmo querendo, desesperadamente, uma notícia de Eddy. Só preciso de alguns segundos para me recompor — se é que dá para recompor alguma coisa neste momento. "Tente se controlar, Maha", digo a mim mesma. Respiro fundo e levo o telefone ao ouvido. "Acorda que o seu filho morreu", é o recado que ela gravou chorando para a nossa mãe. Foi dessa forma que Kifah recebeu a notícia da morte de Eddy. E é assim que eu descubro que perdi meu irmão.

Saio do quarto correndo, em busca de algum lugar com um mísero sinal. Preciso falar com Souad. Mas passo mal e desabo no corredor entre os dormitórios feminino e masculino. Daniele, a esposa de Fábio, ouve a confusão e vem em meu socorro. Ela me abraça, quer saber o que houve. Eu falo um monte de coisas misturando inglês, português, árabe, uma pane mental. Fábio aparece de pijama, procura me acalmar, pergunta se alguém tentou entrar no meu quarto. Respondo que não com a cabeça. Ele continua:

— O que está acontecendo?

Tento me controlar e conto que meu irmão levou um tiro, mas não consigo prosseguir com a história. Começo a chorar. Fábio toma o telefone de minha mão, troca mensagens com alguém — não faço ideia de quem seja — e me diz:

— Você vai para Belo Horizonte agora. Acalme-se. Estão cuidando dele no hospital.

Arranco o telefone da mão de Fábio e digo, aos berros:

— Como assim? Meu irmão está morto! E conto a eles sobre o áudio de Souad.

Eu me recupero um pouco e começo a fazer novos telefonemas, agora do escritório de Fábio. Ligo para mister Mondelli, Mazão, Bela e Kouki. Ainda não tenho coragem de falar com meus pais. Quero conversar com Souad, mas não consigo. Bela diz que minha irmã não tem condições de atender.

— Você fala com ela quando chegar aqui. É melhor — ela me diz.

Fábio já havia comprado a passagem para Belo Horizonte. Bê, o motorista, me leva para Ribeirão Preto, onde fica o aeroporto mais próximo, distante duas horas de carro. O voo sai às 5h30. São quatro da manhã. Bê mete o pé no acelerador e fez o trajeto na metade do tempo previsto. Não largo o telefone, quero conversar com quem está ao lado da minha irmã, agora já quero falar com minha mãe, com meu pai. Mas o estômago dói, a cabeça lateja, começo a gaguejar e volto a tremer. Largo o telefone. Eu só preciso embarcar.

Os funcionários da companhia aérea não querem me deixar entrar no avião por causa do meu estado emocional e físico. Dizem que vão chamar um médico. Faço um escândalo no aeroporto, mesmo gaguejando:

— Vou embarcar de qualquer jeito. Vocês não vão mandar na minha vida desta vez. O meu irmão está morto. Morto! Dá para entender isso?

Sento-me na poltrona da janelinha e vou de Ribeirão Preto a Belo Horizonte chorando, lembrando de Eddy em nosso primeiro voo — o único dele — para o Brasil. As expectativas, os sonhos, os projetos, o nosso fascínio pelas nuvens, pelo céu...

Chego ao aeroporto da Pampulha às sete horas da manhã. Guilherme, Bela, Manu e Débora Zopelar — uma amiga, advogada, que Manu havia me apresentado pouco antes de eu me mudar para Ibitinga — me esperam no saguão de desembarque doméstico. Mal atravesso o portão e caio de joelhos. Depois, vou me desmanchando no chão feito uma geleia, completamente sem forças, o corpo vencido. Gui me levanta e me ajuda a chegar ao carro de Bela. No caminho, conto aos amigos que sonhei com meu irmão na noite anterior, um sonho bom. Ou acho que sonhei, nem sei mais o que é real — a realidade, hoje, me escapa, é tão sólida quanto as nuvens. Gui, sabendo que às vezes o nosso cérebro cria antídotos contra a dor, me estimula a contar o sonho e diz o que normalmente é dito em horas assim:

— Sinal de que ele quer te ver bem, Maha. Pense nisso.

Falo do sorriso de meu irmão, busco fotos dele no celular, lembro-me do seu aniversário de 26 anos, na semana anterior, dia 20 de junho, comemorado no Topo do Mundo, uma das mais altas montanhas da Serra da Moeda, nos arredores de Belo Horizonte. Os amigos ouvem o meu relato sem saber ao certo o que dizer. Interrompo minhas memórias:

— Vamos ver o Eddy? — quero saber.

— Depois. Primeiro, você tem de encontrar Souad no Serrano — diz Bela.

Nunca vi minha irmã desse jeito e acho que ela diria o mesmo sobre mim. Nós nos abraçamos com a força que só os irmãos têm.

— Não é minha culpa, não é minha culpa, não é minha culpa, não é minha... — é só isso o que ela diz.

Eu, que estou uma pilha, tento acalmá-la:

— Foi uma fatalidade, Souad, ninguém tem culpa.

Emilene leva minha irmã para o quarto e pergunta se quero descansar. Não, não vou descansar! Eu quero saber de tudo, quero os detalhes, tenho o direito de entender o que aconteceu com o meu irmão.

Foi assim: no fim da tarde de ontem, 29 de junho, uma quarta-feira, enquanto eu terminava mais um dia de trabalho, a quilômetros de distância de Belo

Horizonte, Eddy e Débora, a prima de Bela com quem meu irmão estava se relacionando, foram à praça do Castelo, um bairro bem próximo do Serrano. É uma praça bonita, cheia de casais, com *food trucks* para a galera, um som, a típica baladinha de meio de semana. Eddy e Débora formalizaram ali um namoro que já estava praticamente engatado e combinaram de contar a novidade no almoço de domingo que os Fagundes sempre oferecem aos amigos mais próximos. Deixaram a praça à noite, Eddy dirigia o carro de Débora em direção ao bairro de Ouro Preto, onde ela mora, distante uns dez minutos da praça. Dali, ele pegaria um Uber e voltaria para o Serrano. Meu irmão gostava de dirigir e era sempre muito gentil. Fazia questão de acompanhar a namorada até a casa dela. Ao entrar na rua Sami Sirihal, no cruzamento com a avenida Serrana, foram abordados por três adolescentes, entre quinze e dezessete anos. Nervosos, com armas na mão, eles gritavam para que os dois saíssem do carro. Era uma garota e dois garotos. A menina ficou ao lado de Débora, as duas na calçada. Os garotos pediam a chave do carro, a carteira e o relógio para Eddy. Já fora do carro, com as mãos para cima, meu irmão falou, em inglês, para Débora:

— Não vou dar nada. Vamos correr.

Ela respondeu que não. Era melhor entregar o que os ladrões queriam. O garoto mais jovem deu um tiro para cima.

— Entrega logo, playboy!

Débora tentou explicar à menina que a vigiava que meu irmão era estrangeiro e não estava entendendo direito (mas, na verdade, ele estava entendendo tudo, segundo Débora). Eddy se afastava cada vez mais do carro e gritava para a namorada correr, sempre em inglês, mas ela se recusava.

Mais um tiro para o alto.

— Me deixe ir até lá que eu resolvo com ele — Débora pediu à menina, baixinho.

Veio um terceiro tiro de alerta. Um dos garotos berrou com Eddy:

— Ninguém está brincando aqui! As chaves e a carteira, caralho!

Débora insistia com sua vigia para que a deixasse falar com Eddy, até que percebeu uma discussão mais forte e ouviu um quarto disparo. Os garotos berraram para a menina:

— Vaza que deu ruim *pro* playboy.

Eddy ainda correu atrás deles, xingando, em árabe, e segurando com a mão esquerda o ombro direito. Débora foi atrás, gritando para o meu irmão desistir daquilo. Ele parou, ofegante.

— Acertaram você? — ela perguntou.

— Não foi nada, estou bem.

— Entra no carro que nós vamos para a UPA.

Débora assumiu o volante e Eddy se ajeitou no banco do carona. Ela pediu para ver o ferimento e instruiu meu irmão a fazer pressão no local, com os dedos. Era uma tentativa de estancar o sangramento.

— Converse comigo — ela dizia. Queria vê-lo consciente.

— Está tudo bem, *habibi*. Não se preocupe.

— Pressione o ferimento e se segure porque eu vou voar até o pronto-socorro.

Eles conversaram durante alguns segundos, mas, de repente, Eddy parou de falar. Desmaiou.

— Fala comigo, Eddy! Fala comigo pelo amor de Deus! — pedia Débora.

O trânsito não ajudava. Ela gritava, buzinava para as pessoas afastarem seus carros. Meu irmão ainda tinha pulso. De repente, começou a tremer, a entrar em choque. A cena durou alguns segundos. Quando eles chegaram à Unidade de Pronto Atendimento de Santa Terezinha, dez minutos depois, o tremor já tinha parado completamente. Eddy foi direto para a sala de emergência.

Débora ligou para Bela, desesperada:

— Estou na UPA. Eddy foi baleado, não sei se vai escapar dessa...

Bela se preparava para dormir, mas, na mesma hora, trocou de roupa, avisou a mãe, Cida, sobre o telefonema, ligou para seu primo, Gabriel, e correu para a UPA. Quando chegou, Gabriel já estava lá. Não puderam ver Eddy. Ninguém dava notícias do estado de saúde do meu irmão.

Débora também não sabia de nada. Estava chorando muito e, ainda assim, teve de prestar depoimento à polícia, contar o que havia acontecido. Quando alguém chega a uma unidade de saúde baleado, independentemente do estado da vítima, a polícia precisa investigar. Um médico deixou a sala de emergência e perguntou se havia alguém da família no local. Bela disse que ainda não, e eles pediram a ela e Gabriel que trouxessem o documento do paciente. Bela foi procurar dentro do carro, estacionado dentro da UPA, enquanto Gabriel voltou à rua do crime para ver se a carteira de identidade de estrangeiro, que Eddy havia retirado um mês antes, estava jogada em algum canto. Não estava na rua nem no carro. A enfermeira trouxe para Bela as roupas de Eddy dentro de um saco plástico.

— Talvez esteja aí — ela disse.

Estava mesmo, dentro da jaqueta. Um policial pediu a Bela que colocasse o carro em outro lugar porque a ambulância iria chegar para fazer uma "remoção". Só podia ser a remoção do meu irmão, talvez para algum hospital maior. Bela ligou para Gabriel dizendo que já havia achado o documento e pediu que fosse à casa de Emilene avisar Souad:

— Traz ela aqui.

Gabriel avisou os Fagundes. Souad estava no quarto na parte de cima da casa, já preparada para dormir. Emilene e o pai Márcio foram acordá-la para dar a notícia do assalto e do tiro. Emilene me contou que foi bastante traumático — ela havia perdido a mãe em 2013 e aquela situação parecia trazer de volta toda a dor e a aflição que havia sentido naqueles dias. Enquanto ela buscava forças para falar com Souad, seu irmão, Eduardo, passou na casa de Guilherme e os dois foram até a UPA.

— Vocês já avisaram a Maha? — perguntou Guilherme.

Não, não tinham conseguido falar comigo. No trajeto até o hospital, Guilherme tentou me ligar várias vezes, sem sucesso. Gabriel seguiria minutos depois para o pronto-socorro com Emilene, Souad e o pai Márcio.

Passava das onze da noite quando Guilherme chegou à UPA. Falou rapidamente com Débora e com Bela, abordou algumas enfermeiras na recepção, mas ninguém tinha notícias do estado do meu irmão. O jeito foi dar uma "carteirada", mostrar que era médico, amigo da família e que precisava acompanhar o procedimento. O recepcionista apontou a sala de emergências, Gui vestiu a roupa apropriada e entrou no exato momento em que tentavam reanimar meu irmão. Eddy teve uma parada cardíaca enquanto os médicos buscavam conter uma hemorragia interna. O tiro havia atingido a subclávia direita, uma das principais artérias do corpo, muito próxima do coração. Ela supre parte da cabeça e todo o braço direito. O fluxo de sangue ali é muito intenso. Qualquer lesão em artéria de calibre grosso, um vaso grande, tem de ser corrigida rapidamente para não causar hemorragia. Da rua do crime até chegar ao pronto-socorro, o trajeto foi de quase dez minutos, uma eternidade diante daquele quadro. Seria preciso ter estancado o sangue na hora. Débora fez o que tinha de fazer, mas nesse caso haveria a necessidade de uma abordagem cirúrgica. Não é uma coisa simples, porque existe um osso no meio do caminho, a clavícula. Só comprimir não adianta — ou melhor, serve para evitar o sangramento externo, mas não interrompe o vazamento interno. Se fosse uma região sem osso, a barriga, por exemplo, seria possível conter o fluxo com a pressão das mãos. Mas ali, no local atingido pela bala, não.

Guilherme me contou que Eddy já estava tecnicamente morto quando entrou na sala de emergência. A ideia da equipe médica — um cirurgião-geral, um pediatra e um clínico geral (a UPA parou para atender meu irmão) — era tentar estabilizar o paciente e transferi-lo para um hospital de grande porte. Na primeira parada cardíaca, os médicos conseguiram trazê-lo de volta, mas a resposta de Eddy não foi satisfatória. Houve uma segunda parada cardíaca e um novo protocolo de ressuscitação, com massagens no peito, choques com o desfibrilador. Eddy voltou. Mas era quase impossível estabilizá-lo, a hemorragia continuava intensa. O cirurgião disse a Guilherme:

— Olha, a gente está com a ambulância do Samu aí na frente para levar o Eddy ao João XXIII. — O hospital João XXIII é referência em traumatismos, um dos maiores centros especializados nesse tipo de ocorrência na América Latina. — Vamos transferi-lo porque é o procedimento padrão, mas acho que ele não aguenta, vai morrer no caminho. Você entende o caso, sabe o que estou dizendo.

Sim, Gui entendia perfeitamente. Não havia mesmo o que fazer. Só um milagre salvaria o meu irmão. E, mesmo que houvesse um milagre para mantê-lo respirando, Eddy teria sequelas graves. Seu cérebro ficou sem oxigenação por um período muito grande. A questão era: se sobreviver, como vai sobreviver, de que forma? Guilherme apenas respondeu ao médico:

— Vou na ambulância com ele.

Enquanto os dois conversavam na sala de emergência, do lado de fora da UPA a ambulância já havia estacionado. O técnico de enfermagem abriu a porta traseira do furgão. Bela e Gabriel se aproximaram. Bela perguntou:

— Vão transferir o paciente que levou um tiro, o Eddy?

O rapaz confirmou com um aceno de cabeça. Bela continuou:

— Para onde vão levar? Para o João XXIII?

— Sim. Quem está com ele?

— Todos aqui estão com ele.

— Quem é a família do Eddy?

— A família dele mesmo é Souad, a irmã. Mas ela está muito nervosa.

O técnico então explicou, enquanto testava o desfibrilador:

— É o seguinte: a gente vai tentar trazê-lo lá de dentro até a ambulância. Mas talvez ele não sobreviva nem mesmo a esses poucos metros de remoção, porque, no momento em que tirarem o paciente da sala de emergência, ele vai desmaiar. Ele está muito instável. A ideia, então, é tentar reanimá-lo aqui e levá-lo rapidamente ao João XXIII. Mas sou obrigado a dizer a vocês que a situação dele é muito, muito grave.

Bela e Gabriel tentaram manter a calma, até porque precisavam estar firmes para dar suporte a Débora, Souad, Emilene, Eduardo e pai Márcio, todos muito nervosos. A UPA, a essa altura, já estava cheia de amigos de Eddy, os nossos amigos. Chegaram os pais e as irmãs gêmeas de Guilherme, os pais de Débora, Manu, Débora Zopelar, uma pequena multidão chorando e rezando para que aquele episódio fosse só mais um capítulo da história de superação dos Mamo.

Na sala de emergência, veio a terceira parada cardíaca. Quinze minutos de massagem, novos choques com o desfibrilador e... nada. Dessa vez, Eddy não respondeu. Não haveria milagre. Não haveria superação. Meu irmão morreu nos primeiros minutos do dia 30 de junho de 2016, na fria sala de emergência da UPA. Causa da morte: parada cardiorrespiratória provocada por choque hipovolêmico. Guilherme explicou, de forma bem didática, o que ocorreu com Eddy: o tiro rompeu a artéria subclávia e houve muita perda de sangue, que evoluiu para uma hemorragia interna. Ou seja, havia sangue dentro do corpo, mas fora dos vasos. Dessa forma, não há fluxo suficiente para irrigar o coração. O resultado é que o coração já não tem sangue o bastante para bombear; perde e não repõe. Assim, não consegue oxigenar o corpo todo. O curso final de qualquer choque, se não houver uma rápida intervenção, é a parada cardiorrespiratória, que leva à morte. Toda pessoa morre de parada cardiorrespiratória, mas tem uma causa antes. No caso dele, foi o choque hipovolêmico provocado pelo tiro.

Do lado de fora, Gabriel e Bela viram o técnico de enfermagem guardar lentamente o desfibrilador. Eles ainda não sabiam da morte, mas tinham certeza de que aquele movimento do socorrista não era um bom sinal.

Guilherme saiu da sala de emergência e disse aos amigos e à Souad que Eddy ainda estava em intervenção médica. Ele me confidenciou que ainda precisava processar o modo como daria a notícia — e para quem contaria.

— Os médicos me perguntaram se eu poderia assumir essa responsabilidade, já que eu conhecia a irmã e sabia profissionalmente do caso — disse Guilherme.

Bem... Passados alguns minutos, ele contou para a mãe e pediu discrição. Aproximou-se de Souad com o intuito, primeiro, de prepará-la. Disse apenas que o estado de Eddy era grave, muito grave, e explicou o caso a ela. A maioria das pessoas, quando recebe uma notícia assim, parte para as fases do luto. A primeira é a negação. Depois, vem a barganha. Souad, de fato, negou e barganhou:

— Não, ele vai melhorar. A gente já está rezando. Ele vai para o João XXIII. Vai sair dessa.

Até que a chamaram em uma sala e Gui contou, enfim, o desfecho. Naquele momento, por algum bloqueio, Souad não conseguia falar português. Conversaram em inglês. Ela desabou.

Ouviam-se os gritos de Souad do lado de fora. Se Bela e Gabriel ainda tinham alguma dúvida do significado do gesto do rapaz da ambulância, agora não havia mais nada a perguntar sobre o destino de Eddy.

Ninguém conseguia falar comigo.

Foi dali mesmo, da UPA, aos prantos, em árabe, que Souad gravou o áudio para minha mãe: "Acorda, que seu filho morreu". E minha mãe repassou a notícia ao meu pai da seguinte forma:

— Está contente em não ter se convertido e obrigar os seus filhos a viajar? Agora, Eddy está morto.

A morte realmente produz sentimentos e reações inexplicáveis.

Minha mãe soube que ninguém tinha conseguido falar comigo e ligou para Kouki. Eram sete horas da manhã no Líbano. Segundo Kouki, foi uma conversa breve e estranha:

— Nicole, estamos tentando falar com a Maha, mas ela não responde. Eu quero dizer a ela que o Edward morreu.

— O quê?

— Edward morreu.

— Edward? O pai de George? — A dúvida de Kouki fazia sentido. Nós nunca chamamos o Eddy de Edward. Em nossa casa, Edward era meu avô paterno.

Minha mãe desfez a dúvida:

— Não, Edward, o meu filho, irmão da Maha! Ele foi baleado. Eu não consigo ligar para a Maha. Ela não atende as ligações. Por favor, telefona para ela e conta.

E desligou.

Kouki, desesperada, ligou para o Brasil e conseguiu falar com Manu. Sentiu minha mãe muito nervosa e queria ter certeza daquela notícia trágica. Manu confirmou. Foi quando Kouki me ligou pela primeira vez, mas não conseguiu dar o recado de forma direta.

— Eu não queria ser a mensageira dessa notícia. As palavras simplesmente não saíam da minha boca — ela me revelou depois.

Compreensível. Não existe fórmula para dizer a alguém, sobretudo quando esse alguém é sua melhor amiga, que o irmão está morto. Ela não contou nada e pediu apenas que eu ligasse para Souad ou para minha mãe.

Quando ela me ligou pela segunda vez, eu já estava desconfiada da tragédia, mas nem consegui falar direito. Pedi detalhes que ela não tinha. E comecei a gaguejar, sem terminar as frases.

Não é costume deixar a família entrar na sala de emergência e ficar "chorando" o corpo. Mas Souad queria vê-lo de qualquer maneira. Guilherme conversou com o cirurgião-geral e ele autorizou a entrada:

— As enfermeiras vão limpar, arrumar o corpo, aí a gente coloca Eddy numa salinha e elas podem entrar.

A salinha era uma espécie de mininecrotério, um lugar com apenas uma maca para colocar o corpo até a chegada dos funcionários do Instituto Médico-Legal. Assim que arrumaram a sala e meu irmão, Souad entrou, junto com Débora e Guilherme. Débora logo saiu, me disse depois que aquele momento era da irmã com o irmão. Souad ficou o tempo inteiro com o corpo. Guilherme me contou que ela fazia carinho em Eddy e o cobria como se ele estivesse dormindo. Até que chegou o carro do IML. O corpo seguiria para necrópsia. Souad e a família Fagundes voltaram para o Serrano.

Foi quando meu avião chegou à Pampulha.

Quero ver meu irmão, ainda não tive a chance de me despedir de Eddy. Guilherme diz que eu poderei vê-lo daqui a pouco, no processo de reconhecimento do corpo no IML. Depois disso, farão a necrópsia, um procedimento que leva um ou dois dias. Assim que concluírem a necrópsia, teremos de voltar ao IML e pegar a declaração de óbito para que o corpo seja liberado. Com essa declaração, será possível providenciar a certidão de óbito no cartório, mas precisamos decidir o local do enterro. Sem essa informação, não se consegue a certidão.

— Só tem uma coisa, Maha — explicou Guilherme. — No reconhecimento, entra apenas uma pessoa. E, uma vez reconhecido o corpo, ninguém entra mais.

O problema é que Souad e eu queremos vê-lo.

— Será que não tem um jeito de liberar as duas? — pergunto a Guilherme.

Tinha. Guilherme havia feito um estágio no IML e um de seus professores era chefe do departamento de tanatologia do instituto. Os dois conversaram e o professor/chefe autorizou a entrada em dupla. Guilherme nos acompanha e nos ajuda a descer a rampa que dá acesso à sala — eu e Souad estamos trêmulas, as pernas bambas. Há uma estufa de vidro sobre o corpo, como se fosse um aquário, justamente para ninguém tocar no morto. Nos procedimentos de reconhecimento, alguém da família entra, vê o corpo, confirma e sai. Nada mais. Tudo é muito sujo, muito contaminado, por isso a recomendação — quase ordem — para não ter contato algum. Antes de nos aproximarmos de Eddy, Guilherme avisa:

— Não toquem em nada e... lembrem-se: Eddy estará diferente.

Eu chego bem perto, quero tocar, abraçar o vidro — a gente não segura os sentimentos em momentos assim. Gui tem de me conter. Olho para meu irmão e desabo. Guilherme me segura para que eu não caia naquele chão imundo. Ele avisou...

Voltamos para casa. A cena do IML ainda está na minha mente, mas não tenho tempo para o luto, não agora. Preciso resolver a grande questão à nossa frente: o enterro do meu irmão. Em dois dias, o corpo deverá estar liberado. Até lá temos que tomar uma decisão.

Reúno meus amigos mais próximos na varanda do Serrano. Estamos Souad, Emilene, Bela, Manu, Guilherme e eu. Bela me diz que sua família pode nos dar um lote em um dos cemitérios de Belo Horizonte. Emilene também oferece o jazigo dos Fagundes.

— Ok — eu digo. — Enterrar no Brasil me parece o mais sensato mesmo, mas...

Guilherme me interrompe:

— Você não está pensando no...

— Líbano? Sim, é uma alternativa. Vamos conversar com os pais, né? A última palavra é da mãe e do pai de Eddy, não acham?

Vejo Guilherme e Bela fazendo praticamente o mesmo movimento: a mão direita na testa, o gesto que dispensa a necessidade de dizer "minha Nossa Senhora". Eles sabem dos problemas que a alternativa Líbano pode provocar. Ligo para minha mãe na Síria. Ela diz que vem ao Brasil enterrar o filho. Pronto. Assunto resolvido com Kifah. Telefono para o meu pai, perguntando se ele pode vir.

— De jeito nenhum. Se eu for para o Brasil, vou matar quem matou meu filho — foi a resposta de George.

Temos, então, um impasse entre os meus pais, o que já não é novidade. E esse impasse me leva ao Líbano, com todas as implicações da decisão de transferir Eddy até lá e de acompanharmos o meu irmão: não somos cidadãos libaneses, somos refugiados, apátridas, com problemas para viajar, e eu ainda estou na lista de banimento do governo. Ou seja, uma combinação quase explosiva. Guilherme tenta me dissuadir, insiste na opção Brasil. Manu e Emilene não interferem. Bela sugere consultar Mazão.

Claro, a Mazão! Entro em contato, e ela, obviamente, se assusta:

— Vocês querem mesmo levar o corpo? Têm certeza? Será que conseguem entrar no Líbano? E, se conseguirem, vão poder sair? Você está na lista de pessoas impedidas de entrar no país, Maha.

Depois de todos os questionamentos, Mazão me explica que o Acnur Brasil só consegue proteger refugiados que estão dentro do território brasileiro. Fora daqui, não pode fazer quase nada. E eu não sou brasileira. Portanto, o governo e a embaixada do Brasil também não conseguem me defender fora do país.

— É uma decisão muito séria, de alto risco, pense bem — recomenda Mazão.

Telefono para o meu pai, de novo, e explico a situação.

— Não tem por que ficar sofrendo mais, fazendo algo arriscado — ele diz. — Enterre no Brasil e acabe logo com essa história. Meu coração sempre vai estar com meu filho.

Guilherme concorda. Olho para Souad e digo:

— O pai não vem. Mas ele tem o direito de ver o filho, certo? A mãe, por mais que queira vir para o Brasil, talvez tenha problemas. A Síria está em guerra. Ela terá de ir para o Líbano para pegar um voo. Acontece que o Líbano também vem restringindo a entrada de sírios. Não sei se ela conseguirá vir. Além de tudo isso, e acima de qualquer argumento, existe o fato de que o sonho do Eddy sempre foi o de um dia voltar para o Líbano. Eu não sei como é o processo de transferência do corpo. Não sei quanto vamos gastar. Não sei quanto tempo leva. Não sei de nada. Só sei que Eddy vai, sim, voltar para Beirute, apesar dos riscos e dos custos.

Souad concorda.

7

Os JOVENS ENTERRAM OS MAIS VELHOS. Essa é a ordem natural das coisas, a sequência lógica da vida — se é que a vida tem alguma lógica. O fato é que a gente nunca está preparada para sepultar alguém mais novo, um filho ou o irmão. Meu mundo se quebrou, irremediavelmente. O final feliz que eu imaginei para os irmãos Mamo deixou de existir às três horas da madrugada de hoje e não sei se terei condições de escrever outro. Ainda que tenha, a história nunca estará completa. Lembro-me do desabafo inconformado de Manu agora há pouco na varanda do Serrano, as palavras que exprimem exatamente o que eu sinto. Disse Manu, com seu jeito de falar as coisas:

— A morte de Eddy não podia estar no roteiro. Não cabia no enredo. Vocês levaram anos para deixar o Líbano, estavam protegidos aqui, conquistaram os primeiros documentos, vinham avançando na luta pela nacionalidade. Deu pau no sistema universal, só pode ser isso. O menino não bebia, não fumava, sabia aonde não podia ir, sabia o que era *treta* nas ruas de Belo Horizonte. Não cabia essa notícia.

Não cabia, Manu. Jamais caberá. Mas é real, assim como é real a certeza de que meu irmão partiu como um cidadão, sem a sonhada pátria, mas com identidade, CPF, carteira de trabalho e emprego formal. Ele comemorava cada documento imitando o gesto que eu fiz com o *laissez-passer* em agosto de 2014, beijando-os como se fossem um troféu. Meu irmão morreu… existindo.

De alguma forma, isso me conforta. É o que eu tenho no momento para enfrentar a lógica torta da vida.

Mas o momento também exige medidas práticas. Se decidimos seguir em frente e levar o corpo de nosso irmão para o Líbano, eu e Souad não temos nem um minuto a perder. Assim que terminamos a "reunião" no Serrano, Bela nos leva à Polícia Federal: temos de providenciar nossos passaportes. Eu ainda tenho páginas em branco do meu passaporte amarelo, mas não vou usá-lo. Quero um novo. Se eu disser que já tenho um passaporte, liberado excepcionalmente pelo governo graças à atuação do Acnur, corro o risco de ouvir algo como "então, só você viaja". Porque a autorização para emitir um passaporte brasileiro para refugiados (sobretudo refugiados apátridas) não é tão simples, depende de um aval do Ministério da Justiça. E se eles não derem para Souad? Faço de conta, então, que eu não tenho — aliás, nem teria mesmo se a regra de confiscá-lo na primeira viagem tivesse sido cumprida. O fato é que agora somos duas irmãs sem documentos de viagem e com a urgência de acompanhar o corpo de um familiar. Dessa forma, a pressão pode ser maior — e quem aprova um passaporte aprova dois, acredito. No caminho até o posto da PF, falo com Mazão. O Acnur faz um apelo ao Conare e à Polícia Federal para tentar liberar rapidamente os dois documentos. Bela também pede a uma amiga, que presta serviços à Fiat, que nos ajude com os seus contatos na PF. Além disso, a maioria dos policiais daquele posto nos conhece — de tanto que estivemos lá — e todos eles já sabem da morte do meu irmão. Chegamos e recebemos as condolências. Depois, tiramos foto 3 x 4, colhemos as impressões digitais, assinamos alguns papéis e, logo em seguida, os "amarelinhos" estão nas nossas mãos. Ufa! Um documento a menos para nos preocuparmos. A batalha agora será pelo visto, mas podemos cuidar disso em alguns dias.

Voltamos ao Serrano. Já é fim de tarde em Belo Horizonte. Estamos todos exaustos, física e emocionalmente. Foi um dia longo. E será uma longa noite.

Eu me levanto no dia seguinte quase sem ter dormido e sinto fortes dores no peito e no braço. O lado esquerdo do meu corpo está ligeiramente adormecido. Chamo Guilherme, assustada: e se eu estiver infartando?

— Não, Maha, isso é estresse — ele me explica. — Mas, se você quiser ir ao hospital, para ficar mais tranquila, eu te levo.

Quero. Entramos no consultório, começo a gaguejar, o português não sai direito, o inglês é confuso. Gui toma à frente e diz à médica o que estou sentindo — como se fosse um pai levando a filha de cinco anos ao doutor. Faço os exames. Não é infarto, como meu amigo já previa. Era estresse mesmo. Ganho um analgésico, uma bolsa de soro para hidratar e a recomendação de usar clonazepam, um ansiolítico. Saio do hospital ainda com dor, chorando, mas também com uma baita fome. Peço a Gui para parar num drive-thru do McDonald's e faço o pedido: dois Big Macs, batata-frita e milk-shake de 500 ml. Devoro o lanche todo no carro.

— Nossa, Maha, que dieta boa para quem estava infartando havia cinco minutos, com dor no peito — diz o amigo médico.

Acho que a medicação abriu o meu apetite, um tanto anestesiado nos últimos dias.

Falo com Luna ao telefone, ela estava em Lisboa, fazendo um curso. Como eu queria que estivesse aqui... Mas só o fato de conversar com alguém que perdeu a família e soube transformar a dor da morte em combustível para lutar pela vida me traz um alento. Luna tem as palavras certas, sempre ditas com doçura e firmeza, uma combinação que só ela consegue fazer:

— Eddy não tinha apenas o sonho de voltar ao Líbano, Maha. Tinha, assim como vocês, o sonho de conquistar a nacionalidade. Você e sua irmã têm duas missões a cumprir: levar o corpo e voltar em segurança para buscar esse direito, fazer valer cada dia da vida dele. Essa é a única história a ser contada a partir de agora.

Randale Souza, uma amiga da Bahia, que se despencou de lá para cá assim que soube da morte do meu irmão, também me conforta e me encoraja a seguir com os novos capítulos da história. Fico pensando em um banho de mar e o pé na areia quando tudo isso acabar.

O remédio me estabiliza, já não gaguejo nem misturo idiomas. E consigo terminar as frases, com o cuidado de fazer construções curtas, objetivas, até que tudo volte ao normal — se é que um dia vai voltar ao normal. De qualquer forma, não tenho tempo para pensar nisso agora. Preciso cuidar da transferência do corpo de Eddy para o Líbano. Acho que o remédio também me ajuda a tratar a questão de forma pragmática — como se eu me afastasse um pouco do papel da irmã. Neste momento, não é mais Eddy que está ali, não é mais o meu irmão. É um corpo que precisa ser transportado, o corpo que vi no IML. É estranho dizer isso, mas devo admitir que a única coisa que passa pela minha cabeça. Agora, é resolver logo essa maldita burocracia. Não há tempo para o luto. Tenho de colocar um caixão em solo libanês.

A rede de amigos já começa a se movimentar. Bela, Isabela Mazão e Vinícius, também do Acnur, criam um grupo no WhatsApp chamado "Força-tarefa" para trocar informações sobre documentação necessária, trâmites alfandegários, passaporte, visto, custos, tudo o que é possível fazer para acelerar o processo e pôr fim à agonia. O impossível — que é remover o meu nome da lista indesejada das autoridades do Líbano —, eu resolvo depois. Bela, porém, me avisa:

— Você está ciente de que podemos mobilizar o mundo e, no fim, você não conseguir entrar no Líbano, né? Quer seguir mesmo em frente?

— Quero.

Mazão engrossa o coro:

— Maha, vamos tentar trazer sua mãe. Vamos enterrar o Eddy aqui.

— Não, Mazão. Meu pai também tem o direito de vê-lo.

— E cremar o corpo e levar as cinzas... é uma alternativa? — Mazão ainda insiste.

— Minha mãe é muçulmana, a lei e a tradição não permitem a cremação. Devemos respeito à sua religião.

Vencida, Mazão diz:

— Ok, já vi que não vou te convencer. Então vamos trabalhar para tornar esta jornada a mais segura possível.

Agradeço.

Não estou no grupo Força-tarefa. As amigas querem me poupar.

— A gente cuida de tudo, Maha, não se preocupe — garante Bela.

Parece que não me conhecem...

Indre já havia trabalhado com casos de transferência de corpos, uma criança e uma mulher, ambas italianas, familiares de funcionários da Fiat. Mas eram casos de estrangeiros com toda a documentação em ordem, que iriam voltar para o país de origem. As relações diplomáticas entre o Brasil e a Itália e mesmo entre o Brasil e a União Europeia sempre foram muito mais próximas e sólidas do que as relações Brasil-Líbano — um detalhe importante, uma vez que os transportes internacionais envolvem autorizações de consulados e embaixadas. De todo modo, o caso dos italianos já era um ponto de partida. Bela me conta que Pascal, do Centro Zanmi, também ajudou no processo de transferência de corpo de um haitiano refugiado. Certo. Podemos cruzar os casos e ver o que, de fato, diferencia o processo de um estrangeiro regular e de um refugiado. Mazão diz que o Acnur nos ajudará com tudo o que puder, inclusive na negociação com a embaixada e na indicação de funerárias — ela e Vinícius têm os contatos de algumas empresas que já prestaram serviços a famílias de refugiados.

Temos duas frentes de trabalho: Brasil e Líbano. Existem os documentos que podem ser providenciados por aqui e as pedras que temos de remover lá. Kouki entra em cena para me ajudar com a parte libanesa. A Força-tarefa, que já não é mais um grupo de cinco, mas, sim, de umas quinze pessoas, debruça-se sobre a papelada e a logística. Bela consulta alguns de seus professores, revê todas as etapas do caso dos italianos e do refugiado de Pascal e troca mensagens quase que diárias com Mazão. Além da certidão de óbito e dos demais documentos de identificação — os de praxe —, temos de fazer um registro no consulado do Líbano, conseguir um laudo médico, providenciar a ata de embalsamento, todas as questões sanitárias e a autorização do consulado para a remoção do corpo. O caixão tem de ser lacrado no consulado ou na embaixada. Ao mesmo tempo, tenho de definir a funerária que vai cuidar de todo o processo de conservação e do transporte terrestre e aéreo.

Tudo isso custa dinheiro. Muito dinheiro. Bela e Indre fazem a contabilidade. A conta toda, pelas estimativas iniciais, pode ultrapassar os 60 mil reais. Não tenho esse dinheiro, é óbvio, nem meu pai. A primeira ideia do grupo é juntar as economias dos amigos mais próximos, que eu darei um jeito de pagar um dia, com a graça de *mar* Charbel. Mas, ainda assim, não será o suficiente. Sugiro um empréstimo bancário para completar o orçamento, mas Manu me adverte:

— Se pudermos fugir de banco, melhor. Os juros podem transformar a dívida num *trem* maior do que a conta toda do transporte.

É a mais pura verdade. Até que alguém no grupo Força-tarefa fala em *crowdfunding*. Claro! A arrecadação on-line, uma maneira rápida e eficaz de se conseguir dinheiro. Se a ideia é recorrer à bondade financeira de amigos, que sejam os amigos do mundo todo, uma doação dividida entre centenas, e não mais entre uma dezena, de bolsos solidários. Doa quem pode e o quanto pode. Ok, vamos criar uma página nas plataformas existentes de *crowdfunding* e sair disparando e-mails e mensagens para todas as pessoas da nossa lista de contatos — a minha rede acessando outras redes. Ótima ideia.

— Aliás, de quem foi a sugestão? — quero saber.

— De Viviane Lima — responde Bela. — Ela está no grupo de WhatsApp, mas eu não a conheço. As pessoas aparecem na sua vida, Maha.

Viviane apareceu em minha vida há pouco mais de duas semanas, quando participei de um curso de capacitação no Google, em São Paulo — uma parceria da empresa com o Acnur e a ONG Migraflix, que trabalha com integração econômica e social de refugiados. Ela é voluntária da Migraflix e fez parte do meu grupo no curso. Ficou emocionada ao ouvir minha história e me disse para contar com ela para o que eu precisasse. Chegou o momento, Viviane. Preciso que você cuide dessa página de *crowdfunding*.

Conto a novidade a Kouki. Teremos uma vaquinha on-line também no Líbano.

Faz três dias que o corpo de Eddy está no IML. Precisamos retirá-lo de lá. A declaração de óbito já está liberada e com ela podemos providenciar a certidão de óbito, o documento-base para seguir com todo o processo. Kouki está resolvendo o local do enterro em Beirute, pois só podemos emitir a certidão com essa informação — e, uma vez impresso, o documento não pode mais ser alterado. Bela consegue uma funerária, entre as indicadas pelo Acnur: a Alpha Tanato, da região de Várzea Paulista, em São Paulo. Além da experiência com transporte internacional de corpos, a empresa nos dá um bom desconto. Ótimo. Vamos tentar reduzir ao máximo todos os custos.

A minha rede opera em ritmo acelerado. As páginas de *crowdfunding* já estão no ar, recebendo depósitos. Pergunto à Mazão se o consulado libanês em São Paulo pode lacrar o caixão e dar a autorização para o embarque. Ela diz que sim e que o Acnur já está em contato com o pessoal de lá para tentar facilitar o processo. Boa medida. Bela já havia mandado um e-mail explicando toda a situação para a embaixada do Líbano, mas a resposta foi protocolar: "Vamos ver o que a gente pode fazer". Ela experimentou a enorme frustração que eu vivi durante anos desde que comecei a me comunicar on-line com embaixadas. Tomara que a força do Acnur e da ONU consiga amolecer o coração das autoridades.

Kouki me liga e diz para eu não me preocupar que ela já está cuidando de tudo no Líbano. O "tudo" inclui desde as negociações mais corriqueiras, como o padre e a igreja em Beirute, até as questões fundamentais do nosso planejamento. Uma delas é a autorização para a minha mãe, que está na Síria, voltar ao Líbano. O governo libanês vem restringindo a entrada de sírios desde o agravamento da guerra civil no país vizinho. O Líbano não tem como receber mais refugiados — já há milhões de sírios amontoados em acampamentos, sobretudo no Vale do Bekaa. A fronteira fechou para os vizinhos, é preciso ter uma autorização para entrar. A outra questão é ainda mais complicada: o fato de eu estar na lista de banimento e simplesmente não poder entrar no país. Quando me refiro a esse assunto como "complicado", Mazão me interrompe:

— Complicado é pouco, né, Maha? Parece impossível de resolver. Eu, sinceramente, não sei o que você tem em mente.

Na verdade, Mazão, a pergunta correta seria quem eu tenho em mente. E a resposta é: Nabil El Boustani. Eu já havia pedido a Kouki para entrar em contato com ele. Se tem alguém que pode trazer minha mãe da Síria e operar o milagre de tirar temporariamente o meu nome da tal lista, é mister Nabil.

— Ele disse para você ir providenciando tudo por aí que ele vai fazer alguns contatos e tentar resolver as duas questões — informou Kouki.

Não tenho dúvidas de que vamos conseguir.

Bela fica com o meu celular, que não para de tocar. É gente da ONU, de embaixadas, da imprensa, todo mundo querendo falar comigo. A notícia da morte do meu irmão chegou às redações — a própria polícia se encarrega de passar a informação —, e o fato de ele ser um refugiado, de uma família de apátridas, gerou um enorme interesse da mídia. Bela dispensa quem tem de ser dispensado e atende apenas quem pode ajudar de alguma forma. Algumas pessoas realmente ajudaram. O secretário de Direitos Humanos de Minas Gerais, Nilmário Miranda, escreveu uma carta para o Itamaraty, em nome do governo, pedindo para que atuassem junto à Embaixada do Líbano de modo a acelerar a liberação do corpo. Fiquei sabendo, mais tarde, que Miranda nos achou por intermédio do pai de Luna, que é assessor parlamentar em Minas. Mesmo distante, minha amiga acionou suas conexões. Um dos sócios da M. também entra em contato disposto a contribuir na parte financeira. Diz que soube do *crowdfunding* e tem uma ideia para nos ajudar a conseguir mais dinheiro. Bela me passa o celular e ele explica:

— Nosso restaurante está abrindo uma nova ala e eu quero transformar essa inauguração em uma noite beneficente para o Eddy. O evento já tem até nome: "O jardim do Eddy". Um percentual das vendas será revertido para a causa.

Agradeço a lembrança e a iniciativa.

— Será importante a sua presença no evento, Maha — ele completa.

Desligo, surpresa com o gesto. Talvez eu tenha me enganado a respeito deles.

Chega o dia do evento. Pouco antes de eu sair de casa para ir ao "Jardim do Eddy", recebo a ligação de uma jornalista querendo saber se eu realmente estaria no restaurante. Pergunto se a imprensa havia sido convidada e ela confirma. Quase não acreditei na armadilha: a M. usou a morte do meu irmão para atrair jornalistas para a inauguração do restaurante. Telefono para o sócio, falo quase todos os palavrões que eu conheço, em bom francês, e digo que não vou cair na deles.

— Maha, sei que você está brava, mas tem muita gente que veio aqui ver você... — insiste um dos sócios.

— Só vou se não tiver nenhum jornalista — digo.

Sem alternativa, ele dispensa a imprensa. Entro, fico um pouco, agradeço a todos os convidados e vou embora. Nem me lembro, ao certo, do valor que recebemos, o "percentual" para deixar a casa cheia.

Voltamos às contas, dessa vez em um cenário mais claro. Já temos um cálculo bem preciso dos custos com documentos, atestados, vistos, logística terrestre e aérea do corpo, bilhetes aéreos, velório e enterro no Líbano... Serão cerca de 40 mil reais para que a Força-tarefa cumpra o objetivo. Uma grana alta, sem dúvida, mas menor do que a cotação inicial. Pergunto à turma sobre o *crowdfunding*. Viviane me diz que a meta no Brasil é conseguir, ao menos, 10 mil reais. Kouki acha que dá para completar a conta no Líbano, tem muita gente contribuindo. E o dólar joga a nosso favor. A ideia é juntar todo o dinheiro em dez dias, no máximo.

Um problema: temos de pagar a funerária de São Paulo à vista. Como a empresa fez um bom desconto, quer receber no ato. Faz parte do jogo comercial, paciência. Bela, sua mãe, Cida, Manu e Khatchig, um padre, amigo de Souad, dividem a conta e têm a minha promessa de que, assim que cair o dinheiro do *crowdfunding*, eles serão ressarcidos.

Outro problema é que a funerária não tem filial em Belo Horizonte. A solução: ela indica uma funerária parceira em Igarapé, município bem próximo a BH. O corpo de Eddy segue, então, do IML para Igarapé. Nesse dia, 3 de julho, um domingo, eu, Souad, Guilherme e Bela acompanhamos o carro da funerária. Souad cisma de fazer uma cerimônia que é tradição no Líbano: lavar e arrumar o corpo na presença de pais e parentes. Só que não estamos no Líbano. Estamos no Brasil e as funerárias normalmente maquiam, penteiam e vestem o corpo antes de colocá-lo no caixão para o velório. Só isso. Minha irmã quer o pacote completo — e não admite que a tarefa seja feita por alguém da funerária. Na cabeça de Souad, é um último carinho, que ela filma pelo celular, a pedido dos meus pais. Guilherme ajuda a lavar, secar e vestir o corpo — não é fácil lidar com um corpo enrijecido. Terminada a limpeza, fazemos uma oração. Gui deixa a sala nesse momento. Sei que ele nos ajudou porque é nosso amigo, mas também sei que ele saiu traumatizado do episódio. Não o culpo.

É realizada uma missa simbólica em homenagem ao meu irmão na igreja do Serrano frequentada pelos Fagundes. Souad quer ir mais uma vez a Igarapé, agora para fazer uma reza cristã e uma reza muçulmana em homenagem a Eddy — acho que ela encontra conforto em cumprir todas as liturgias. O meu conforto está no clonazepam, que me entorpece. Em dois dias, faremos um velório, já com o corpo presente, para que os amigos do Brasil possam se despedir. Acontece que a funerária de Igarapé, que é pequena, não tem estrutura para a conservação do corpo. A saída é alugar as instalações, a câmara fria, da Santa Casa de Belo Horizonte, até a cerimônia. Vem o velório, na igreja ao lado do cemitério do Bonfim, próximo do centro de BH. Pascal canta e faz um discurso comovente. Muita gente vem se despedir do meu irmão. É emocionante ver o carinho dos amigos brasileiros. Terminada a cerimônia, voltamos à luta, pois a burocracia da transferência ainda não está pronta. Não temos o visto, não temos a autorização de embarque do corpo, não sei como vou entrar no Líbano. Cadê Kouki com a resposta de mister Nabil? O corpo volta para a Santa Casa. Mais gastos, mais apreensão, o sofrimento parece não ter fim. Eu só quero colocar o caixão no avião e encontrar os meus pais.

Já faz mais de uma semana que Eddy morreu. E eu tenho acordado todos os dias às três e pouco da manhã, assustada, sem conseguir atender nem desligar um telefone que só toca em meus sonhos.

Kouki me avisa que mister Nabil conseguiu um "armistício" com o governo do Líbano. Meu nome estará fora da lista de banimento por cinco dias. Posso entrar no Líbano, enterrar o meu irmão e voltar. Eu sabia, eu sabia... Que *mar* Charbel o proteja sempre, mister Nabil. Ele também providenciou a autorização para a entrada da minha mãe.

— Precisamos apenas saber o dia que você vem, para trazer a sua mãe também — explica Kouki. — Tudo tem que ser muito bem sincronizado. Ela terá autorização para ficar quinze dias no Líbano.

Fazemos um balanço da operação. Passaportes? Ok. Certidões, atestados, laudos no Brasil? Ok. Logística? Ainda precisamos comprar as passagens, a parte mais fácil, embora cara. Faltam apenas o visto e a autorização de embarque do caixão, duas providências que dependem do consulado, em São Paulo, e poderão ser tomadas no mesmo dia. Com isso, a funerária de Igarapé já poderá retirar o corpo da Santa Casa e levar para a Alpha Tanato.

Quero saber como anda o *crowdfunding* após dez dias de arrecadação. Bela e Kouki atualizam os números. Conseguimos 12.240 reais no Brasil. No Líbano, são 9.628 dólares. Ao câmbio de 3,275 reais, temos, então, aproximadamente, 31.500. Somando tudo, são 43.700 reais. Ótimo, tivemos gastos extras como o aluguel da estrutura da Santa Casa, os dias no IML e o velório no Brasil, mas, ainda assim, a conta fecha. Vamos tirar o dinheiro do *crowdfunding* e pagar todas as dívidas. Doce ilusão. As plataformas ficam com um percentual do dinheiro, o que reduz a verba para pouco mais de 32 mil reais, e repassam o dinheiro só no fim do mês, em duas parcelas. Portanto, só vamos receber no fim de julho e no fim de agosto. É óbvio, Maha, digo a mim mesma. Eles têm que ganhar alguma coisa pelo serviço, cobrando a "hospedagem" e girando o dinheiro em aplicações. Enfim... Não temos o dinheiro todo.

— Tudo bem, Mimo, a gente dá um jeito de fechar essa conta. Vou falar com mais algumas pessoas, muita gente está doando pessoalmente — diz Kouki. — Eles me encontram e dão o dinheiro.

Ok, não posso reclamar. Conseguimos em dez dias juntar um montante que paga 80%, 90% das despesas. Nem sei quem são os doadores, mas sou e serei eternamente grata a eles e à minha rede, que movimentou o mundo para levar Eddy para o Líbano.

No dia seguinte, Kouki me manda uma mensagem por WhatsApp, curta e cheia de pontos de exclamação.

NICOLE KHAWAND:

Seu santo é forte! Alguém doou 3 mil dólares!!!!

Três mil? Faço uma conta rápida: são quase 10 mil reais. Voltamos ao patamar dos 40 mil, mesmo com os descontos. Escrevo de volta:

MAHA:

Quem foi o anjo?

NICOLE KHAWAND:

Foi uma doação anônima.

Maha:

Não tem como descobrir quem é?
Anjos não podem ficar anônimos...

Nicole Khawand:

Vou tentar.

Tinha. O e-mail do doador não revelava quase nada, com poucas letras e muitos sinais e números, mas Kouki foi atrás e descobriu que se tratava de uma líder do escotismo em Beirute chamada Mary, que hoje mora nos Estados Unidos. Eu nunca tive contato direto com ela, não era a chefe da minha turma, mas sei que nos conhecia, a mim e a Souad. Mary não está nas minhas redes sociais, não tem meu e-mail, meus contatos, nem o da minha irmã. Deve ter tomado conhecimento da história de Eddy por meio de amigos em comum. As pessoas aparecem na minha vida, como diz Bela. Ainda bem. A conta, finalmente, fecha.

Compro as passagens. Ou melhor, Kouki compra as passagens na mesma agência que vendeu o primeiro bilhete para nossa viagem ao Brasil, em 2014. Ficou mais barato por lá: o equivalente a 5.300 reais nos dois bilhetes. E o dono ainda deu algum prazo para pagar. Vamos embarcar daqui a três dias, em 13 de julho, à noite, pela Qatar Airways.

O corpo segue no mesmo dia, pela Emirates, ao custo de 5.600 reais. Até lá, rezo para que o consulado lacre o caixão, emita a autorização de transporte e nos dê, a mim e a Souad, o visto de entrada. Acredito que não teremos problema. É uma situação de emergência e meu nome está temporariamente "limpo" com o governo libanês. Agendamos com o consulado a entrevista de visto para a manhã do mesmo dia 13.

É noite do dia 12 de julho. Souad e eu nos preparamos para pegar um ônibus até São Paulo. Chegaremos amanhã bem cedinho, com tempo de sobra para resolver, na funerária e no consulado, os últimos detalhes burocráticos — o nosso voo será por volta das onze da noite. O caixão parte um pouco depois, ambos pelo aeroporto de Guarulhos. Bela e Manu nos levam à rodoviária.

No caminho, paramos no McDonald's. Estou com fome, o que não é nenhuma novidade. Três garotos vêm nos abordar, no carro, na entrada do restaurante. Pedem dinheiro. Não damos. Entro, converso com Souad, compramos alguns lanches e levamos para os garotos. Manu começa a chorar. Todos nós estamos extremamente emotivos nesses dias, mas aquele choro súbito me surpreende. Pergunto o motivo e ela diz:

— *Habibi*, seu irmão acabou de ser assassinado por meninos de rua. Sei que esses meninos que estão aqui não têm nada a ver com o que aconteceu, mas é inevitável não se emocionar com o significado do seu gesto. Você sempre com esses empregos meia-boca, com o dinheiro contado, e estendendo a mão para o problema social que tirou a vida do seu irmão. Entendi a lição, meu Deus... — Ela olha para o céu.

— Eu nem pensei nisso, Manu. São meninos com fome. Ponto.

São seis horas até São Paulo. Chegamos de manhãzinha. Mais uma hora da estação rodoviária até Várzea Paulista, sede da Alpha Tanato. Entramos na funerária.

Um funcionário da embaixada do Líbano está conversando com os donos da Alpha. Eu me apresento e quero saber como está o processo. Quase não acredito no que ouço.

— Não posso autorizar o traslado — diz o rapaz. — Só quem dá essa autorização é o cônsul, e ele está em viagem.

— Como assim? Temos passagens marcadas para Beirute hoje à noite. O corpo também seguirá hoje à noite. Eu achei que estava tudo resolvido.

— Sinto muito, moça. Sem a autorização dele, nada feito.

Não sei o que fazer. Eu me desespero, grito com eles:

— Vamos ao consulado agora! Alguém tem de autorizar esse maldito transporte!

No consulado em São Paulo, ouço a mesma explicação:

— Só o cônsul pode autorizar. E ele não está. Sinto muito — declara um funcionário.

Sinto muito é o cacete! Quem sente sou eu, minha irmã, meus pais.

— Quando o cônsul volta? — pergunto.

Ninguém sabe informar. Souad está chorando, eu estou perplexa. Depois de tudo o que fizemos, de tudo o que movimentamos, ouvir que o corpo do meu irmão não será transportado porque o cônsul não está presente é algo que foge à minha compreensão.

— Vocês viram o caixão, viram o que tem dentro... Por que não podem autorizar? O cônsul não confia em vocês?

Silêncio no consulado. Já penso em ligar para Kouki pedindo que transfira a passagem para outro dia. Mas não é só uma questão de transferência de voo. Teremos de acionar novamente mister Nabil para que estenda o meu período de trégua com as autoridades libanesas e refaça a autorização para minha mãe entrar no Líbano... Será preciso negociar a data do velório e do enterro e, provavelmente, preparar o bolso para novos gastos com a funerária e com a minha permanência e de Souad em São Paulo até que tudo seja resolvido... A agonia prorrogada por não sei mais quantos dias... Que merda! Eu só quero enterrar o meu irmão.

Então, o universo resolve ajudar. A pane no sistema, como disse Manu, parece ter sido resolvida. Nesse momento de aflição extrema, toca o meu telefone. É Nabil Nasser, com quem eu não converso há mais de um ano, um improvável e providencial anjo que aparece no minuto exato em que eu já estava pensando em desistir de tudo e encarar meu pai e minha mãe com a verdade que deveria ter sido dita há muito tempo: vamos enterrar meu irmão no Brasil mesmo sem a presença de vocês, porque é uma complicação imensa e ninguém merece essa tortura emocional.

— Que notícia devastadora foi essa que eu recebi, Maha! Eu não acredito. Doeu como se seu irmão fosse um dos meus filhos. Meus sentimentos...

— Muito obrigada, Nabil. A luta agora é para transferir o corpo para Beirute, para que os meus pais possam enterrar o meu irmão. Mas não querem deixar.

— Onde você está? Quem não quer deixar?

— Em São Paulo, no consulado. Acabei de ouvir de um funcionário que só o cônsul pode assinar a autorização para o corpo entrar no Líbano. Acontece que ele está em viagem. Sem a liberação do cônsul, não se pode lacrar o caixão, não tem traslado. E o meu voo e da minha irmã para Beirute é hoje à noite. O do caixão também.

— Que horas é o seu voo para o Líbano?

— Onze e pouco da noite. Por quê?

— Já ligo de volta. Conheço o embaixador. Vou ver como posso ajudar.

Desligo sem saber ao certo se devo ou não ficar otimista. Nabil Nasser, assim como seu xará, Nabil El Boustani, do Líbano, é um empresário influente, com conexões, mas estamos no dia do meu embarque, não sei se haverá alguma solução possível e em tempo para mantermos todo o cronograma.

Enquanto aguardo o abençoado telefonema, fico pensando em como conheci Nabil Nasser. Foi antes do evento de Curaçao, no ano passado, quando ele me ofereceu um emprego. Nabil é um empresário libanês, dono de vários negócios no Brasil, e estava, na ocasião, abrindo uma representação na Toshiba em Foz do Iguaçu, sul do país. Um amigo em comum, chamado Ali, libanês, comentou sobre a minha urgência em arrumar trabalho e ele quis me conhecer. Conversamos. Nabil me mandou a passagem, desembarquei em Foz, um motorista veio me apanhar no aeroporto. Disse que me levaria para conhecer as famosas cataratas do Parque de Foz e que, à noite, depois do jantar, eu conversaria com o "chefe". Jantamos comida árabe da melhor qualidade. Hora de ver o chefe. Nabil me recebeu já se desculpando: "Tem uma coisa que eu preciso dizer: a empresa não fica em Foz do Iguaçu, mas, sim, no Paraguai". Eu não havia falado da minha situação de refugiada apátrida em nossa primeira conversa, pois entendi que o emprego era no Brasil, e eu posso trabalhar no Brasil. No Paraguai, não. Quando finalmente contei a minha história, o projeto de emprego além-fronteira não fez mais sentido. "Quem sabe, no futuro, quando eu tiver um passaporte", disse a ele. Agradeci o convite, a conversa, passei mais um dia em Foz e voltei para Belo Horizonte na noite seguinte. O contato com esse cara foi de dois dias. Nada mais do que isso.

Nabil liga de novo. Mal atendo e ele dispara:

— Vá para Guarulhos agora. Eu já comprei as passagens para Brasília, de ida e volta. O embaixador prometeu dar um jeito. Vão esperá-la na embaixada só para resolver essa questão e você volta a tempo de pegar o avião para o Líbano. Boa sorte.

Desligo ainda assustada com a improvável providência cósmica, universal ou o que quer que seja. Reiniciaram o sistema, Manu...

Nabil me passa o número do voo, marcado para as 12h50. Ligo para Bela, peço que faça o check-in eletrônico para eu não perder tempo no balção e corro para Guarulhos. A funerária envia um motoboy com todos os documentos que eu tenho de apresentar em Brasília. A passagem é só para mim, *business class*. Souad fica no aeroporto, esperando. O alto-falante anuncia o meu nome, informando o portão de embarque:

— Maha Mamo, última chamada.

Pego a papelada com o motoboy e disparo em direção ao portão — o atletismo dos tempos de escola tem de servir para alguma coisa, afinal. Chego quase sem fôlego, mas a tempo. O treinador Haig ficaria orgulhoso do meu desempenho. Embarco. Sou a última a entrar no avião. É a primeira vez que eu tenho um assento reservado na primeira fileira. Nabil caprichou.

Coloco minha mochila no compartimento de bagagens, me sento na poltrona e suspiro profundamente, soltando os ombros. Quando espio de lado, toda a classe executiva está olhando para mim. Não só pela correria, por eu ter sido a última a afivelar o cinto, pelo barulhento suspiro, mas também porque eu estava suada, um tanto descabelada e era a única de jeans e camiseta. Uma camiseta do Galo, diga-se (sempre viajei muito à vontade e jamais poderia imaginar que eu estaria na classe executiva de um avião). Pois cá estou, "atleticanamente" vestida, num ambiente em que só se vê terno e tailleur. A classe executiva de um voo para Brasília no meio da semana só pode estar repleta de políticos ou funcionários do governo. O cidadão sentado ao meu lado na poltrona puxa conversa:

— Ainda bem que deu tempo, né?

Eu aponto o escudo do Atlético Mineiro:

— É o Galo. Sem o Galo, eu nem chegaria aqui. — Ainda arrumei forças para brincar, a brincadeira que alivia o desespero.

O homem sorri, se apresenta e quer saber o que está acontecendo. É um político, trabalha há muitos anos no Congresso brasileiro. Conto minha história. Ele diz:

— Olha, eu sou do Nordeste. Vivi uma infância muito difícil. Para uma história mexer comigo dessa maneira, tem que ser forte. Parabéns pela sua fibra, menina. Tenha calma que vai dar tudo certo.

Penso no significado da palavra "fibra" e fico alguns segundos buscando na memória o sentido figurado. Já ouvi essa expressão em algum lugar. Ah, sim: força, resiliência. É o que me move no momento, junto com o clonazepam.

Desço no aeroporto Juscelino Kubitschek às duas e meia da tarde. Pego um Uber e voo para a embaixada do Líbano. O sr. K. me espera, mesmo com o expediente já encerrado. Não é o embaixador, mas uma autoridade da casa, com procuração do próprio embaixador para resolver o caso. Deve ser um subordinado direto. O que sei é que não está com uma cara boa nem faz questão de ser cortês. Talvez eu tenha atrapalhado o seu almoço.

— O visto, eu vou fazer. Está com dinheiro para pagar? — foi a primeira pergunta.

— Sim, tenho dinheiro.

A segunda e mais importante questão ele trata da seguinte forma:

— Como você quer que eu autorize o embarque do caixão se eu não vi o que tem dentro dele? Pode ser até droga. Você quer que eu minta, que coloque aqui no documento que eu realmente vi o que tem lá dentro?

Fico em silêncio.

— Algumas pessoas me ligaram para explicar a situação de vocês. Não é fácil.

O pessoal do Acnur, sabendo que eu iria a Brasília, tentou ajudar. Acionou gente no Ministério da Justiça e no das Relações Exteriores para tentar interceder a meu favor na embaixada. Talvez isso tenha contribuído ainda mais para a irritação do sr. K. Ele continua, rude:

— Esse moço nem era libanês. Por que está querendo levá-lo para Beirute?

Penso na conversa com o político do avião: "Você tem fibra... Tenha calma que vai dar tudo certo". Estou calma. Não sei como, mas estou.

— Quer que eu minta? — o sr. K insiste.

Olho para ele. Tenho de dizer alguma coisa. Já é a segunda vez que ele me faz a mesma pergunta. Tento manter a calma, sem perder a fibra:

— Quer saber de uma coisa? Me dá logo esse visto para que eu e minha irmã possamos embarcar e diga a verdade no documento de autorização do embarque do corpo. Não quero que o senhor minta. Escreva que não examinou o caixão, mas que o pessoal do consulado viu o que tinha dentro. Você pode confirmar com eles. Ou você não confia em seu pessoal do consulado para lacrar o caixão?

Ele emudece. É a minha deixa para acessar aquele coração de pedra:

— Sr. K, os brasileiros estão fazendo de tudo para que eu consiga enterrar meu irmão na terra onde ele nasceu, o Líbano. Será que o próprio Líbano não pode me ajudar? Eu só quero levar o corpo do meu irmão. Meus pais têm o direito de ver o filho pela última vez.

Deixo a embaixada com o visto e com o documento assinado. O sr. K. escreveu que não viu o que tinha dentro do caixão, mas autorizou o consulado a lacrá-lo e enviá-lo para o Líbano. Peço para o motorista do Uber meter o pé no acelerador. Tenho um corpo para liberar em São Paulo.

Saio de Brasília às 17h50. Desembarco em Guarulhos pouco depois das sete da noite. Ligo para Nabil Nasser:

— Tudo certo, meu amigo. Que Deus o ilumine, sempre.

Agradeço todos os dias pelos dois Nabils que entraram em minha vida, Nasser e El Boustani.

A funerária manda um motorista pegar os documentos que eu trouxe de Brasília e levar para um tradutor juramentado que Isabela Mazão havia indicado. É preciso fazer versões em árabe das autorizações de transporte e da documentação que confirma o óbito — sorte que são só algumas folhas, imagino que não vão tomar muito tempo do tradutor. Ao mesmo tempo, a Alpha vai atrás do cara do consulado destacado para lacrar o caixão. Ele vai fechar essa urna nem que tenhamos de levá-la à casa dele.

O nosso voo parte às onze da noite. Serão cerca de quinze horas até Doha. Depois, teremos de enfrentar mais um bom tempo de conexão e outras três horas até Beirute. Deveríamos dormir. Estou esgotada física e emocionalmente, mas não consigo pregar o olho. No voo todo, a única coisa que Souad repete é:

— O que eu vou falar para os meus pais? O que vou falar para meus pais? Que ele estava sob minha proteção e eu não consegui protegê-lo?

— Não se preocupe — tento acalmá-la. — Estamos fazendo o que deve ser feito. Eles vão entender.

Olho pela janelinha, o céu escuro, só as luzinhas da asa iluminam aquele breu com um feixe vermelho, piscante. Penso nessa história de culpa.

Minha irmã se punindo, minha mãe acusando meu pai, eu mesma, nas primeiras horas após tomar conhecimento da morte do meu irmão, cheguei a me culpar. E se tivéssemos ficado em Bourj Hammoud? Que preço é esse que estamos pagando pelo nosso sonho? Então me lembro de Eddy animado com a perspectiva de resolvermos de uma vez por todas o nosso problema, sua alegria ao buscar a carteira de identidade de estrangeiro, a expectativa pela cidadania... e o meu coração se aquieta um pouco. Foi uma fatalidade, uma fatalidade, repito para mim mesma. Aconteceu em uma rua de Belo Horizonte, mas poderia ter acontecido numa viela de Beirute, num canto da Europa, em qualquer lugar do mundo. Não era para estar no enredo, como disse Manu. Não era mesmo. Terei de aprender a conviver com essa narrativa impensável, dolorida demais, cruel demais. "Ninguém tem culpa, Souad. Nossos pais vão entender", repito para minha irmã. "Pense que Eddy nunca foi de fugir de uma luta. Ainda temos uma pela frente, que é enterrar nosso irmão e honrar os seus 26 anos de vida com aquilo que nos fez chegar até aqui: a busca pelo direito de existir."

Aterrissamos em Beirute na manhã do dia 15 de julho. Estou tensa. Será que as autoridades do aeroporto vão encrencar com o passaporte amarelo, será que o sistema já tirou o meu nome da lista de banimento, será que vão implicar com meu status de refugiada? Tenho o visto, mas o visto não garante a entrada. As autoridades locais podem fechar a porta. Acontece. Calma, Maha. O universo não iria te trazer até aqui, depois de todo esse périplo de quinze dias, das cenas dignas de filme de suspense, dos personagens improváveis como Nabil Nasser surgindo no meio do caminho, das vaquinhas on-line com seus doadores anônimos, para, depois de tudo isso, você ser barrada no posto policial. Respiro fundo, é a minha vez no guichê de controle de passaportes. Eu me aproximo, entrego o documento, o oficial o folheia, olha para mim, checa alguma coisa no computador, me encara mais uma vez, pergunta quanto tempo vou ficar no Líbano e carimba o passaporte. Simples assim, rápido assim.

— Vamos, vamos, pode passar... — ele diz.

Ufa! Estou em Beirute. Comemoro esse feito como se nunca tivesse estado ali, como se os meus 26 anos passados em Bourj Hammoud fizessem parte de uma história irreal, algo que alguém me contou e que dizia respeito a uma outra Maha Mamo. De certa forma, acho que é isso mesmo. A Maha Mamo de hoje não pertence mais ao Líbano, se é que algum dia pertenceu... Bem, tenho cinco dias para ficar aqui, o tempo em que meu nome ficará de fora da maldita lista. Acho que é o suficiente para o velório e o enterro do meu irmão. Ligo para Bela, no Brasil:

— Deu tudo certo.

Só ouço o grito de vitória do outro lado.

Aviso Mazão.

— Ótimo, Maha — ela me diz. — Não sei como você consegue essas coisas... Mas preste atenção: não fique mais nem um dia além do que foi combinado. Ok?

Pode deixar, Mazão.

Meu pai, minha mãe, a irmã do meu pai, Josephine, Kouki e Roro vêm nos buscar no aeroporto. George está firme, mas Kifah não para de chorar. Souad e eu a consolamos. Já aprendemos a nos abraçar mais, a compartilhar afeto. Passada a emoção inicial de todos, Roro me chama de canto e me entrega um envelope com dinheiro:

— Shhh... Não fala nada, apenas pegue. Faz quinze dias que seu pai não consegue um carreto, está sem dinheiro. E vocês vão ter gastos por aqui, com padre, enterro, comida.

— Obrigada, *ortakh*. — Uma vez parceiras, sempre parceiras.

Kouki conta como foi o capítulo Líbano nos últimos quinze dias e como serão os próximos episódios. Ela já falou com o padre, encomendou a missa e cuidou das fotos públicas de Eddy. No Líbano, há o costume de colocar fotos nas ruas, coladas nos postes e nos muros decoradas com fitinhas brancas, de pessoas que morreram muito jovens. São fotos pequenas acompanhadas de um panfleto que conta quem são os integrantes da família e convida para o dia da missa. Na porta da igreja, também foi fixado um cartaz chamando para a cerimônia e dando mais detalhes sobre a vida de Eddy, além de informar sua data de morte. Kouki me diz que já quitou as passagens que nos trouxeram até aqui. Obrigada, Kouki, sr. Charbel e Nahida. Uma vez família, sempre família.

O caixão de Eddy chega cerca de duas horas depois do nosso desembarque. Minha tia Josephine assina a papelada. Fomos obrigados a fazer toda a documentação no nome dela porque meus pais não podem receber o corpo, já que não são libaneses. Nem na hora da morte as fronteiras são abertas. A liberação também é rápida, sem contratempos.

A missa acontece à tarde. A igreja está lotada de amigos, conhecidos e curiosos. A maioria achava que seria só uma missa mesmo, simbólica, que a gente não havia conseguido mandar o corpo — também houve quem se surpreendesse com a minha presença e a de Souad na cerimônia. Olho para a imagem de santo Estêvão. Agradeço. Enfim, cumprimos a promessa: a família toda reunida para o adeus ao meu irmão na terra onde ele nasceu. Meu pai se aproxima, me abraça e diz:

— Eu tenho muito orgulho de você. — Ele nunca falava essas coisas para a gente. — Obrigado por me dar a chance de me despedir do meu filho.

Ele não pediu para que Eddy fosse sepultado em Beirute. Ao contrário. Quando liguei para saber sua opinião, o meu pai me disse que seria mais prudente resolver tudo no Brasil. Mas eu tinha certeza de que queria ver o filho. Minha mãe também ficou mais carinhosa conosco. Ela não costumava beijar, abraçar, mas estava ali com demonstrações de afeto até então inéditas para mim e Souad. Sinto-me acolhida com aquele afago inesperado. Só lamento que tenha sido despertado por uma tragédia. É bom estar com a mãe e o pai.

Conto a Kouki sobre as demonstrações de afeto dos meus pais, falo sobre o meu orgulho e o de Souad por termos conseguido trazer o corpo, sobre o trabalho que deu, do papel que cada um teve na "rede" — muitos emprestando seus conhecimentos de especialistas, outros emprestando o ombro, alguns emprestando dinheiro, uma força muito bonita em torno de um propósito que, a rigor, nem era deles. Era meu, de Souad e de nossos pais. Kouki me interrompe:

— Seus pais não fizeram nada, Mimo. Nada, nada, nada. Colocaram um monte de gente para trabalhar para eles desde que o Eddy morreu.

— Não! Souad e eu quisemos fazer tudo isso porque Eddy tinha o sonho de voltar ao Líbano.

— Não, Maha. Foi porque o George não quis ir ao Brasil. Vocês gastaram uma montanha de dinheiro, movimentaram o mundo para chegar até aqui, correram o risco de entrar e podem ter problemas para sair. Você nem teve tempo para chorar o morto. Tem acordado todos os dias às três da manhã, traumatizada. Ficou com tiques nervosos, gagueira, esqueceu o português, está cheia de remédios, com dor no corpo, o seu lado esquerdo não está funcionando bem. E se isso for coração, Mimo? E a Souad... está igualmente devastada. Nem isso seus pais levaram em conta. Era mais importante banhar o corpo morto e mostrar via WhatsApp do que cuidar dos sentimentos de quem está vivo? Eu não consigo entender. Se estivessem no Líbano e quisessem fazer essa tradição de doido, vá lá, vocês têm toda a família por perto. Mas obrigar as filhas a fazerem isso à distância é crueldade. É uma coisa que a cabeça de um ser humano normal não aceita.

— Calma, Nicole Khawand! — Eu já estava ficando nervosa com aquela conversa e tratei minha amiga pelo nome e sobrenome.

— Desculpe, Mimo, mas essas coisas não passam em minha garganta. Eu sempre fui muito mais lógica do que você. O coração de pedra, lembra? Mas mesmo esse coração de pedra não aceita o fato de seu pai deixar vocês voltarem ao Brasil depois desse assassinato. Se há um momento para fazer a conversão religiosa e manter as filhas por perto, esse momento é agora.

— Ele não vai fazer isso.

— Eu sei que não. Nem precisava dizer.

Tem coisa que não precisamos dizer mesmo, Kouki.

Amanhã volto ao Brasil. Nem imagino como será a vida daqui por diante. Tenho as palestras, meu emprego, a cruzada pela cidadania. Como vai ficar minha irmã, sozinha em Belo Horizonte? Como será na fazenda, sozinha, no meu quarto, acordando todos os dias às três da madrugada? O que farei com os compromissos com o Acnur? E essa maldita nova lei de migração, por que não sai logo? Respira, Maha: você acabou de passar por um grande trauma. Uma coisa de cada vez.

Mas não dá para respirar. Souad, que estava em Bourj Hammoud, me liga desesperada, falando algumas coisas desconexas, do tipo "ela caiu", "hospital", "a gente está indo para lá". Minha irmã não sabe se comunicar em situações tensas — e a gente vem de uma situação para lá de tensa. Fico desesperada, achando que é minha mãe. Vou ao hospital. Era minha avó, mãe de meu pai, que estava morando com ele havia alguns meses. Ela passou mal, caiu em frente à geladeira e não resistiu. Quando cheguei ao hospital, já estava morta. Reajo com a frieza de quem vem lidando com a morte há quinze dias e de quem nunca teve uma relação próxima com qualquer avô ou avó de sangue. *Nana*, para mim, só Berjouk Darakdjian, nossa amada vizinha em Bourj Hammoud.

— Sinto muito — digo ao meu pai.

— Precisamos de você para cuidar de tudo.

Por que será que eu não estou surpresa com esse pedido? A vida toda foi assim: chama a Maha, que ela resolve. Corro com os papéis da mãe do meu pai. O velório e o enterro serão feitos na Síria. Acompanho o caixão até a fronteira — não posso nem pensar em sair do Líbano — e, de lá, minha mãe segue com a história. Meu pai não vai, diz que não volta para a Síria. Problema dele. O meu problema é que já estou há doze dias no Líbano, oito a mais do que era permitido. Nour Mikati, uma grande amiga de infância, muçulmana, parceira de basquete, se oferece para pagar a multa pela troca de passagem. Aceito e agradeço, pois nossas economias com o *crowdfunding* já estão todas comprometidas. Minhas amigas no Brasil se desesperam. O risco de me barrarem no aeroporto, de não me deixarem sair, é imenso. Paciência. Só me resta arrumar as malas e tentar embarcar.

Claro que levo uma canseira no aeroporto. Sou barrada, na saída, pelos policiais.

— Como você entrou, se está na lista de banimento? — eles me perguntam.

O sistema já havia me devolvido ao livro dos indesejados no Líbano, claro. Nesse momento, exausta e irritada, enfrento o policial, num tom de voz que beira o desacato:

— Eu não estou entrando no seu país, estou saindo do seu país. Dá para entender isso? Eu só quero voltar para o meu.

Embarcamos. No avião, ainda trêmula pela afronta ao policial, percebo que me referi ao Brasil como meu país. Tenho que transformar o discurso em fato. Por nós. Por Eddy.

8

Reaja, Maha, reaja. Digo esta frase a mim mesma, deitada na cama e olhando para o teto do quarto em Ibitinga. Nem preciso verificar o relógio para saber as horas: são três da madrugada, o meu silencioso, involuntário e infalível despertador dos últimos dois meses. Eu queria acordar e ver o teto com as estrelas de plástico de Bourj Hammoud… Reaja, Maha… Queria a fresta da janela de onde via os aviões nos céus de Beirute… Reaja, apenas reaja… Queria a época em que acordava no meio da noite apenas para beber água e via meu irmão dormindo no quarto ao lado no Serrano. Queria voltar no tempo. Mas o relógio insiste em me lembrar da madrugada do dia 30 de junho de 2016. Tenho a impressão de que esses números vão ficar piscando por um bom tempo em minha mente: 3:00… 3:00… 3:00. Levanto-me da cama, vago pelo quarto, penso nas últimas semanas, na morte, na falta de tempo para o luto, na saga para o transporte do corpo, na aflição da entrada e da saída do Líbano — nem acredito que arrombamos a fronteira libanesa —, nos anjos que apareceram a cada obstáculo: Nabil El Boustani, Nabil Nasser, todos do Acnur, a rede de amigos. Embora tenha prometido não desistir da luta pela nacionalidade, por mim, por Souad e por Eddy, é extremamente difícil juntar forças para retomá-la… Reaja, Maha… Então, penso nas palavras de Luna: "Vá e volte em segurança para fazer o que deve ser feito". Penso em Eddy, que não desistiria se estivesse em meu lugar. Penso em tudo o que eu e Souad passamos e estamos passando e penso até em F., um desesperançado apátrida nascido em terras libanesas, para quem eu tinha dado alguns conselhos no ano passado, que foi ao velório do meu irmão no Líbano para me confortar. E agradecer. F. conseguiu um visto humanitário, arrumou trabalho em um país desenvolvido e hoje aguarda o processo de residência graças às minhas dicas, segundo ele.

"Você sempre será a minha inspiração de vida", F. me disse, no velório. Foi bom ouvir a palavra vida em um ambiente em que nos curvamos à morte. O anjo apátrida ressurgiu no momento em que eu estava no fundo do poço talvez para lembrar que ainda existe uma missão a cumprir. Há quem não creia nessas coisas, prefira tratar sinais assim como mera coincidência. Eu não acredito em acasos.

Preciso reagir.

Dispenso o ansiolítico. Não quero ficar dependente de nada disso. Ainda tenho dor no peito e sinto falta de ar, mas os exames descartam qualquer possibilidade de infarto — as máquinas são incapazes de detectar algo além das funções mecânicas do coração. É doença de alma, como se diz no Líbano, e essa não passa, só aprendemos a conviver com ela. Como Luna fez. E faz. Bela e Kouki me ligam diariamente. Querem saber como estou e sempre dizem algo para me estimular a seguir em frente.

— O governo publicou o decreto 8.757, que reduz a burocracia de processos migratórios e também dos processos de naturalização. Vai na mesma direção da proposta para a nova lei de migração, que é de facilitar a naturalização para pessoas sem nacionalidade — informa Bela.

— Estamos avançando. Não é uma grande novidade? — reforça Manu.

Claro que sim, mas acho que estou mais cética do que antes. Só vou acreditar que isso tudo não passa de mera assinatura em um papel quando essa assinatura, de fato, me colocar de frente para outro papel em que esteja escrito "Maha Mamo, brasileira". Até lá, são apenas siglas, números, formalidades.

— Não perca o otimismo, Maha. Ele te trouxe até aqui e vai te levar ao objetivo — diz Manu.

Eu sei, eu sei… Mas preciso de mais tempo para acordar o meu otimismo. Agora não dá para ser nada além de uma pessoa realista.

Souad acha que devemos ter um plano B. Ela mesma havia feito uma pesquisa sobre a Austrália e ficou sabendo que os representantes de direitos humanos de lá estavam interessados em conhecer mais a fundo os avanços da legislação migratória brasileira. Mas nós já estamos no Brasil, um país mais avançado do que a Austrália nesse ponto, digo a Souad. Qual o sentido da mudança?

— Segurança, Maha — responde minha irmã. — Podemos pedir refúgio para a Austrália. É possível, mesmo sendo refugiado por um país, pedir refúgio a outro por questões de segurança. Nosso irmão morreu aqui, assassinado, é um argumento poderoso.

Souad diz que minha mãe também apoia essa ideia, não nos quer no Brasil. Ok, podemos tentar. Pesquiso as leis da Austrália, debruço-me sobre o Estatuto Brasileiro dos Refugiados, converso com a minha rede. Sim, do ponto de vista legal, é possível pedir proteção em outro país. Na prática, porém, não é fácil, pois o Brasil não é um país classificado como zona de risco pela ONU. Em tese, não teria por que a Austrália se movimentar nesse sentido. Souad chegou a se comunicar com a embaixada australiana para buscar mais alguns detalhes, mas tudo era muito vago, inconclusivo. O plano B não foi em frente. Calma, Souad. Precisamos esfriar a cabeça e tentar retomar a rotina, aos poucos, sem inventar novos processos, novos documentos, novas viagens. Você tem a Netimóveis. Eu tenho a Betel. Temos de colocar nossa vida no lugar, com calma.

Eu disse retomar a vida com calma? Sei...

Isabela Mazão diz que haverá um encontro regional sobre apatridia em Trinidad e Tobago marcado para setembro. Não esperava enfrentar o palco agora, apenas dois meses depois de enterrar meu irmão no Líbano. Mas quer saber? Talvez seja uma boa oportunidade para testar se eu realmente quero continuar contando a minha história ao mundo. Vou até lá, vejo como me sinto depois de tudo o que aconteceu e avalio. Eu preciso me dar essa chance de recomeçar. Tenho um mês para me preparar. Fábio me encoraja, diz que tenho de retomar as "rédeas" da minha vida — ele sempre gosta de usar analogias com as coisas do campo. Tem sido um bom chefe. Quase todas as noites, antes do jantar, faz questão de ler uma passagem da Bíblia para me confortar. Nunca fui de seguir a Bíblia ou qualquer outro livro sagrado, mas, nesse momento, as parábolas, os versículos e salmos dos cristãos me acalmam. Fábio tenta deixar o clima mais ameno nesse meu primeiro mês de volta a Ibitinga. Os funcionários parecem um pouco mais calorosos ou solidários, talvez por respeito ao luto. Torço para que continue assim, embora não aposte 100% nisso. Enfim, tenho de deixar a vida fluir, sem expectativas, sem projeções, apenas vivendo.

Sonho com Eddy todas as noites. Olho para o teto sem estrelas, sempre às três da madrugada. Penso, penso, penso e me levanto da cama às seis, para o café da manhã e para o batente. Trabalho de forma automática, cumprindo todas as obrigações, claro, mas sem a energia de antes. Retomo as aulas de direção — a turma da autoescola vibra com a minha aprovação —, recupero a chave do Etios e vejo a minha impressão sobre o clima da fazenda se confirmar. Passados trinta e poucos dias, o calor da recepção dá lugar à frieza habitual. Aos olhos da maioria, eu continuo sendo a protegida do chefe. "Nem bem chegou e já vai viajar de novo?" é o comentário geral. Paciência. Não quero mais pensar neles. Termino o trabalho às cinco, janto às sete e meia e me recolho ao meu quarto. Procuro deitar cedo porque sei que Eddy vai me acordar às três. Quem sabe não retomo o meu diário nas madrugadas insones?

Crio coragem para algumas linhas:

Perdendo alguém que você ama

Perder alguém é sempre algo ruim. A saudade causa dor física, o corpo reflete o que a mente não pode evitar. Mas se a saudade vem da distância apenas, como ocorre com minha mãe e meu pai, ainda há um conforto em saber que, embora longe, eles estão por aqui. Você pode até não tocá-los, mas sabe que estão bem — as redes sociais e a tecnologia se encarregam de suavizar a ausência. E isso traz paz ao seu coração. Mas imagine que essa pessoa não esteja mais aqui. A foto que você viu é a última foto. A voz que você ouviu em vídeo ou áudios não ecoará mais. O que sobra é dor. Muita dor. É dor que sangra o coração e turva a mente, incapaz de entender o que aconteceu. Não estamos e jamais estaremos preparados para a perda definitiva.

Desligo o computador. É impossível continuar. Até a próxima madrugada, Eddy.

Não preparo qualquer discurso para Trinidad e Tobago. Não quero material de apoio. Zero script, zero planejamento. Vou dizer o que vem da alma. Talvez a melhor forma de expurgar a dor seja mesmo em cima de um palco, com um microfone em mãos, contando minha história; é assim que eu sei me expressar. Será a minha terapia em grupo, um grupo em que só eu falo. Mondelli e Mônica, do Acnur, me recebem no hotel em Porto de Espanha, a capital do país. Dessa vez não tive problemas ao embarcar, além do habitual espanto das autoridades com o passaporte luminoso. É a primeira vez que vou falar depois da morte do meu irmão. E vou falar da morte dele. Estou calma, estranhamente calma. Faço meu ritual antes de subir ao palco, peço forças a *mar* Charbel, levo a bandeira do Brasil comigo e começo:

— Meu nome é Maha Mamo. Eu sou apátrida...

O discurso segue sereno até a história chegar ao dia 30 de junho. A voz embarga. Bebo água. Tenho de seguir em frente. Vejo gente chorando na plateia. Procuro, então, desviar meu olhar para qualquer outro ponto do salão. Não posso parar agora.

— Meu irmão foi vítima de uma violência...

Mondelli está emocionado, Mônica também. Termino a apresentação sem culpar o Brasil, sem culpar ninguém, dizendo que ainda temos uma luta — por nós, pela memória de Eddy e por milhões de apátridas no mundo. Sou aplaudida de pé. De alguma forma, falar sobre Eddy me fez bem. Colocá-lo ao meu lado aqui neste palco me fortaleceu. Agradeço, em silêncio, ao meu irmão. Na saída do evento, uma autoridade de um país do Caribe se aproxima e diz:

— Eu quero ajudar. Venha para o meu país, se case com um cidadão local. Eu te dou emprego e moradia, consigo a nacionalidade.

Agradeço o gentil convite, mas não quero atalhos. Se fosse para me casar, eu já teria aceitado lá atrás a oferta de outras embaixadas. Além do mais, eu nunca quis exceções.

Mondelli diz que haverá outro encontro em novembro, no Equador.

— Conversei com um representante do governo do Equador, Pablo Medpe, que esteve em Curaçao no ano passado. Ele me disse que o seu discurso em Willemstad o motivou a reabrir as discussões no Congresso equatoriano sobre as leis de apatridia. Quer você lá, falando com as autoridades, inclusive com quem derrubou o projeto inicial.

É muito bom saber que há um resultado concreto do que o Acnur e eu fazemos nesses eventos. Mondelli me diz que outros países da América Latina também vêm acompanhando os avanços na legislação brasileira para propor algo parecido. Fico feliz e aliviada. Durante algum tempo, logo depois da morte de Eddy, cheguei a questionar a efetividade desse meu trabalho. A cada evento, eu abria as páginas da minha vida, sofria de novo, falava sobre o Brasil, mas não via resultados. As pessoas vinham falar comigo, sim, ficavam emocionadas, mas sempre tive a impressão de que era o calor do momento e que, ao voltarem para seus gabinetes, iriam encontrar tanta burocracia que a história da menina apátrida no Brasil seria no máximo uma boa lembrança de um evento bacana no Caribe ou em algum país da América do Sul. Então ouço essa história do Equador, vejo outras nações da América Latina se interessarem verdadeiramente pelo tema, autoridades querendo me ouvir. É só o meu terceiro evento e o resultado vem aparecendo. Agora, não vou falar apenas em encontros regionais do Acnur, mas também no parlamento de alguns países. A missão cresceu. Estarei de frente com quem tem o poder de mudar vidas, com os donos das canetas.

Volto de Trinidad e Tobago e vejo um e-mail de um apátrida pedindo conselhos para tentar reverter sua situação. Respondo contando um pouco dos caminhos que percorri — e ainda tenho de percorrer — e digo para entrar em contato com o Acnur do país em que mora. Não sei como ele soube do meu caso, mas o fato é que minha história, de uma forma ou de outra, chega aos ouvidos dos apátridas. Talvez pelas redes sociais, eu sempre coloco alguma coisa sobre os eventos. Com F., o rapaz que esteve no velório de Eddy e me motivou a voltar à luta, foi assim: ele trabalhava com uma amiga minha e viu uma postagem sobre mim na *timeline* dela no Facebook, acho que relacionada a alguma reportagem ou algum documentário, não me lembro bem. F. me procurou e contou sua triste história. Havia perdido a mãe para o câncer, assim como a casa onde morava e todas as esperanças em refazer a vida. As economias que havia feito para garantir o tratamento da mãe, depositadas em uma conta no banco em nome dela, não puderam ser retiradas quando ela morreu. F. não tinha registro de nascimento e, dessa forma, não podia provar a filiação. Ficou sem a mãe, sem casa — ele passou a morar de favor com amigos — e sem nenhum dinheiro. Chegou a ser preso por não ter documentos. Era um desalento só. Dei alguns conselhos e ele conseguiu se reencontrar na vida.

Fico contente em poder ajudar. Conheço os dramas de um apátrida e conheço cada fase do processo que leva ao reconhecimento de refúgio, à nacionalidade, à cidadania. Se puder fazer com que outras pessoas pulem alguns degraus nessa difícil missão, eu vou ajudar. Sempre.

Participo da segunda etapa do workshop no Google, em São Paulo, aquele em que conheci Viviane Lima. Já é outubro. A terceira e última fase acontece no mês que vem, período em que também vou participar do TEDx São Paulo. Para quem há poucos dias ainda tinha dúvidas sobre seguir ou não com o ativismo, a agenda anda bastante cheia. Fábio sabe dos compromissos e não se importa. Sua mulher, sim. Minhas saídas a incomodam cada vez mais. Mas quer saber? Não estou muito preocupada com ela. O importante é Fábio entender. E agora que decidi voltar ao jogo, assumir de vez meu papel de porta-voz na batalha contra a apatridia nas Américas, não vou voltar atrás simplesmente porque a mulher do meu chefe anda de cara feia na fazenda. Estou acostumada a enfrentar a cara feia das pessoas desde que eu ainda era uma garotinha de marias-chiquinhas na escola de Bourj Hammoud.

Dou entrevista para a TV de Trinidad. É a primeira vez que falo diante de uma câmera sobre a morte do meu irmão. Um site de Minas Gerais também me procura, assim como jornais de São Paulo, uma revista feminina e duas emissoras de televisão. A visibilidade aumenta. Talvez como resultado dos eventos, talvez pelas postagens em redes sociais, talvez pelo boca a boca ou por tudo isso junto. E, certamente, a morte de Eddy gerou ainda mais interesse por nossa história, o toque trágico no enredo dos apátridas que tentam a sorte no Brasil. Não há como negar esse fato. Eu seria no mínimo ingênua se me surpreendesse com a avidez dos repórteres sobre os detalhes do dia 30 de junho. Encaro as câmeras, os bloquinhos e as máquinas fotográficas como encarei o público em Trinidad, sem esconder ou amenizar qualquer episódio da minha vida. Quanto mais falarem de apatridia, melhor para o trabalho do Acnur, para a campanha *I Belong*, para milhões de sem-pátria, para mim e para Souad. Sou eu reverberando a voz de todos eles. Mondelli queria personalizar a causa, dar-lhe um rosto. Pois aqui está: 1,65 m de causa, falando pelos cotovelos com a imprensa, usando todas as tribunas possíveis para dar o recado.

É incrível pensar em quantas portas se abriram com a dupla Mondelli e Mazão... Mondelli é quem conhece os caminhos, Mazão é quem me leva. A dupla MM, como as iniciais de meu nome. Ok, ok, pode colocar esse detalhe na conta da coincidência.

São três tribunas: os eventos, os parlamentos dos países e a imprensa. O alcance já não é de centenas, mas, sim, de milhares de pessoas.

— Estou ficando famosa — digo a Bela.

— Sim, por isso temos de dar um jeito nesse seu visual de *rapper* — ela sugere.

— *Rapper*?

— Sim, Maha. Esse modelito boné, moletom, calça de tactel e tênis.

— Mas eu gosto de me vestir assim. É confortável.

— Eu sei, acho legal, mas a coisa agora está ficando mais séria. Há uma lista de eventos, a imprensa não para de te procurar. Você conversa com várias autoridades. Como pretende entrar no Parlamento do Equador? De moletom, boné e mochila nas costas?

— Pois saiba que um canal de TV foi me entrevistar em Ibitinga e eu estava bonitinha, de jeans, botas e chapéu.

— A *cowgirl* apátrida. Não, né, Maha?

Bela fala com Natália, especialista em moda, sua antiga sócia na loja de roupas dos tempos da faculdade, e começamos a estudar o meu visual.

— Um blazer cairia bem — recomenda Natalia.

— Desde que seja preto e discreto — retruco.

— E a calça?

— Jeans, preto.

— Sapato preto, presumo?

— Sim, sem salto e fechado. E uma blusa branca ou preta debaixo do blazer.

— Bem monótono, né, Maha? — diz Bela.

— A bandeira brasileira que sempre levo comigo já é colorida o bastante — explico.

Sugiro consultarmos Luna. Ela está montando uma grife, a Cloh. Pode nos ajudar. Telefono, conto o nosso problema, ela ri e diz:

— E se usarmos a campanha do Acnur como mote? Dá para fazer camisetas da *I Belong*.

Que ideia maravilhosa! Consulto Mondelli. Ele concorda, será bom para a campanha. Ótimo. Sai a *rapper* e entra a *woman in black*: calça, sapato e blazer pretos, com a camiseta preta estampada com a logomarca branca da *I Belong* e a colorida bandeira brasileira como uma echarpe. Um charme. Maha Mamo versão palestrante. Se segura, mundo, aí vou eu.

Estou no bonito Parlamento de Quito, no Equador, na bancada central, atrás de um microfone e à frente de um colorido e gigantesco mural que exibe a arte de mestres como Oswaldo Guayasamín, tido como um dos mais importantes artistas plásticos da América Latina — "o equatoriano universal cuja obra transcende todas as fronteiras", nas palavras do poeta Pablo Neruda. É difícil não ficar hipnotizada por essa tela imensa e belíssima. Mas, voltando ao ponto... Sou muito bem recebida pelos congressistas. Um deputado faz a introdução do tema e me passa a palavra — adoro usar a expressão "passar a palavra". Nesse momento, aquela sala que costuma ser barulhenta, confusa e agitada está em completo silêncio. Ouço minha respiração. Respiro fundo e conto minha história, em uma versão rica em dados sobre apatridia. Mondelli acena das tribunas com o polegar erguido. Acho que me saí bem. Vêm os aplausos e as perguntas. Tento responder a todas, valendo-me do que li sobre a atual legislação equatoriana no que diz respeito a refúgio e direitos humanos e do que absorvi das palestras e conversas no Acnur em todos esses meses de convívio. Falo do Brasil, dos avanços na lei, da flexibilização na política de refúgio, do decreto que acabou de sair reforçando os fundamentos para a nova lei de migração e da campanha *I Belong*, lançada em 2014 com o objetivo de acabar com a apatridia em dez anos. Digo que a América Latina pode dar um exemplo para o mundo, seguindo o caminho brasileiro e apresento algumas grandes vitórias do Acnur na região. Finalizo minha última resposta dizendo que negar a cidadania é impedir uma vida com direitos básicos, e isso vai além de partidos ou ideologias. Cito o artigo 15 da Declaração Universal de Direitos Humanos: todo indivíduo tem direito a uma nacionalidade. Ninguém pode ser arbitrariamente privado de sua nacionalidade nem do direito de mudá-la. Sou aplaudida novamente. Mondelli diz:

— Im-pe-cá-vel.

— Será que ajudei? — pergunto.

— Se esses senhores e senhoras não foram convencidos neste momento da necessidade de fazer algo a respeito da apatridia, não sei quem ou o que mais os convencerá.

No aeroporto, ele diz para eu me preparar para enfrentar os políticos argentinos e chilenos no próximo ano. O calendário prevê visitas aos parlamentos desses países.

— Já anote essa batalha em sua agenda.

Anotado. Aproveito para fazer mais um pedido: quero um lote de pulseirinhas azuis de silicone da campanha *I Belong*, que vi o público usando no último evento do Acnur. Seria legal para distribuir no TEDx.

— Vou ver o que posso fazer — ele diz. Isso significa "sim" na linguagem Mondelli.

Vem o TEDx de São Paulo. Mazão está comigo. Tenho a camiseta, tenho as pulseirinhas e tenho dez minutos para falar. DEZ MINUTOS. Para quem fala por uma hora, duas horas seguidas — e assim mesmo com sinais de Mondelli para acelerar o desfecho —, resumir tudo em dez minutos parece uma tarefa impossível. Mas vamos lá. Gosto de desafios. Quem sabe não uso a versão "de bolso" que sempre treinei para situações de emergência, sobretudo em aeroportos, quando minha plateia é um policial de alfândega com cara de poucos amigos... Bem, chego ao local onde será realizada a palestra, um shopping center. Sou encaminhada para uma sala onde estão os demais palestrantes do dia. É praticamente um ensaio para a apresentação. Cada um conta sua história de maneira bem rápida e os instrutores do evento dão alguns toques preciosos de edição do discurso. Afinal, todos ali terão os mesmos dez minutos de palco. A ideia é criar uma linha mestra e seguir nesse caminho, sem desviar muito para que o público não perca o raciocínio e a sequência dos fatos. Ok, terei de me segurar, pois costumo "viajar" quando invoco minhas memórias. A ordem é ser objetiva.

Vamos lá. Subo ao palco, modelito novo, *woman in black*, discurso rápido, praticamente um trailer de Maha Mamo. Fui bem.

— Viu como dá para contar qualquer história em dez minutos? — diz uma das organizadoras do evento.

Hummmm... Mais ou menos, né? O nome disso é sinopse, não história. Por causa do tempo enxuto da apresentação, tive de eliminar vários episódios importantíssimos da minha trajetória. Paciência. A versão completa, eu guardo para os eventos do Acnur. No fundo, acho que o grande ensinamento do TEDx foi a construção da tal linha mestra do discurso. O quanto vou desviar, fazer atalhos, vai depender do tempo de apresentação que eu tenho, do tipo de evento e até do perfil da plateia, mas o fato de ter sempre um caminho para retomar a condução da narrativa ajuda a manter a atenção do público — por mais que existam histórias paralelas. Foi uma excelente dica para enriquecer minhas apresentações.

Volto a Ibitinga. Fábio, como sempre, quer saber como foi. Dessa vez, não economizo nos detalhes: falo do produtivo encontro no Equador, das dicas do pessoal do TEDx, do meu novo visual, das novas tribunas, do interesse da imprensa, da minha vontade cada vez maior de cruzar o mundo... Ele me interrompe:

— Ótimo, porque no fim do ano você vai a Dubai encontrar um potencial cliente.

Já imagino o que vão dizer na fazenda: "a protegida do chefe". Não estou nem aí. Penso em chamar Kouki para passarmos o fim do ano juntas nos

Emirados. Vou fazer isso. As discussões que tive com ela no Líbano fazem parte do passado. Não sou de remoer histórias. Sei que ela tem uma série de pontos de interrogação e reticências em relação aos meus pais, ao que eles poderiam, deveriam ou não deveriam ter feito desde que resolveram colocar filhos no mundo. Respeito a opinião de Kouki, o que não quer dizer que concorde com ela. Não gosto de pensar no que poderia ter acontecido se meus pais fizessem isso ou aquilo, o "se" não importa, é besteira gastar tempo e energia com ele. Bem... vou ver "se" Kouki pode ir para Dubai. Caso ela diga que não, eu sou capaz de mandar buscá-la em Beirute — daí o "se" deixa de existir.

Ibitinga ferve em dezembro, um calor insuportável, o que me obriga a passar quase todo o tempo no escritório, trabalhando no ar-condicionado. De vez em quando, vou à cidade resolver algumas coisas para Fábio — graças a Deus, o Toyota Etios também tem ar-condicionado. Numa dessas esticadas ao centro, recebo um telefonema de Emilene dizendo que Souad passou mal e foi parar no hospital. Começo a gaguejar, não saem as palavras em português, Emilene tenta falar inglês, eu peço um tempo a ela, desligo o telefone, levo o carro para o acostamento e tento me refazer. Meu coração acelera, busco o ar, as mãos tremem. Fico uns quinze minutos parada até ter condições de articular alguma coisa minimamente audível para Emilene. Sei, enfim, que minha irmã está bem, já medicada, deu tudo certo. Foi só um pico de estresse mesmo, como o que tive em Belo Horizonte. Ufa! No caminho de volta para a fazenda, fico pensando na bagunça que a palavra "hospital" causou em meu corpo. Ainda acordo de madrugada, de vez em quando tenho dores de estômago, mas imaginava que o pior já havia passado. Fico com medo de uma recaída em situações de estresse, nervosismo ou aflição. Não quero voltar para o ansiolítico. Melhor nem pensar nisso. Apenas reaja, Maha. Concentre-se na reunião de Dubai.

Volto ao diário:

Está uma linda lua lá fora. Eu deveria estar ao ar livre para contemplar essa lua, ouvir música e escrever, mas tenho medo da escuridão na fazenda — além de não gostar de insetos. Em vez disso, estou no quarto, ouvindo música romântica, comendo queijo e bebendo vinho tinto, digitando essas linhas. É noite de sexta-feira. Tudo o que eu queria agora era ligar para minha irmã. Mas é tarde, ela provavelmente está dormindo. O que importa é que Souad está bem. Tenho saudade dela.

As autoridades de Dubai não encrencam com o meu passaporte amarelo. Menos um problema. É engraçado dizer, mas eu sempre tenho a sensação de que, a qualquer momento, alguém vai me parar por algum motivo, mesmo já estando na calçada do aeroporto, esperando o táxi. Acabei de ser tratada como uma viajante qualquer e não consigo achar isso normal — nós, apátridas, achamos sempre que essa nossa condição vem estampada no rosto. É muito louco pensar nisso, mas é real. Uma pena. Bem, Dubai parece uma miragem, um cenário. Nunca vi uma cidade com tanto luxo, tão suntuosa. Os prédios, os shoppings, a baía, tudo é muito... muito. Pense em uma cidade rica e Dubai será o seu superlativo: riquíssima, luxuosíssima. Mas eu não estou aqui para passear, nem teria grana para isso. Tenho uma reunião marcada em Abu Dhabi, distante uma hora de carro de Dubai, com um cliente interessado em comprar um bom lote de animais da Betel. Sei que negócios desse porte não são fechados assim, em dias, mas é importante estar aqui para que o investidor sinta confiança em nossa empresa — é um ritual que faz parte do processo de vendas. Acho que me saí bem, pois o cliente quer uma nova reunião daqui a alguns meses. Fábio volta para o Brasil, feliz da vida com a minha performance. Eu fico em Dubai, com Kouki e Nicole Nakhle — sim, a outra Nicole decidiu nos acompanhar. Conseguimos ingressos para um show do Coldplay na virada do ano.

— *Viva la vida*, Mimo! — diz Kouki. Não poderia haver melhor trilha sonora para encerrar o trágico 2016.

Abro o terceiro ano de Brasil dando uma entrevista para uma revista feminina, que vê em minha trajetória um símbolo do "empoderamento" feminino. O interesse da imprensa pela minha história está crescendo, o que significa dizer que tenho cada vez mais oportunidade de falar sobre refúgio e apatridia. Também sou convidada a participar de um programa matinal, *Encontro com*

Fátima Bernardes, da TV Globo. Até então, só havia frequentado programas regionais ou participado de vídeos transmitidos pela internet, restritos a assinantes. Essa é a primeira vez que apareço em rede nacional, em um canal aberto. A gravação é no Rio de Janeiro. Emilene está comigo para me dar apoio. Fico na tela por cerca de quinze minutos. Nem bem o programa termina e eu recebo telefonemas e mensagens de um mundo de gente. "Maha, você estava ótima." "Maha, parabéns pela entrevista." Uau, um alcance instantâneo! No aeroporto, uma senhora me diz:

— Você não é a moça refugiada que apareceu na TV? Eu me emocionei com a sua história e adorei o detalhe da bandeira brasileira.

Eu agradeço.

Volto a Belo Horizonte. Tenho um dia de folga do trabalho e aproveito para almoçar em um restaurante árabe (saudade dos pratos de Kifah) em frente ao shopping Anchieta, no centro da cidade. Estou com um amigo em uma mesinha na calçada. Uma garota se aproxima, deve ter uns vinte anos:

— Maha... Maha Mamo?

Confirmo.

Vi você na televisão, mas já acompanho a sua trajetória pela internet e fui a algumas de suas palestras. Sou estudante de Relações Internacionais da PUC. Você é uma inspiração para todos nós.

Eu me levanto, abraço a menina, tiro do braço a minha pulseirinha da *I Belong* e dou de presente a ela. A garota fica emocionada, me mostra as mãos trêmulas e me dá outro abraço. Meu amigo comenta:

— Você tem ideia do que está acontecendo na sua vida, Maha?

Eu só consigo pensar na expressão favorita de Kouki, enquanto termino o tabule: "Isso tudo é muito doido!".

Se a minha vida de palestrante e ativista anda muito doida, a mil por hora, a versão *cowgirl* parece dar marcha à ré. Em Ibitinga, o clima continua ruim — o meu único companheiro na fazenda é Renan, um garoto de quinze anos, filho de um funcionário, que adora ouvir minhas histórias do Líbano quando saímos para tomar sorvete, ir ao cinema ou dar uma volta no centro da cidade. Tirando Renan, é só encrenca. A mulher de Fábio diz abertamente que pode fazer tudo o que eu faço no escritório. Quero só ver… E Fábio, por sua vez, faz um esforço danado para agendar novas viagens, nacionais e internacionais, com a intenção de me tirar do dia a dia da fazenda. Quer evitar conflitos.

— Em breve você voltará a Dubai — ele promete. — Vamos tentar fechar negócio com aquele cliente.

Vamos nessa, mas, se as coisas não melhorarem na minha volta, pego o primeiro ônibus para Belo Horizonte e acabo de vez com essa temporada no campo. Já não consigo esconder a minha insatisfação com a atmosfera pesada da fazenda. Talvez seja a hora mesmo de ficar mais próxima de Souad.

Bela me liga. Há informações de que a nova lei de migração pode sair a qualquer momento. Já foi colocada em pauta no Congresso.

— Eu, Indre e Sílvia vamos acompanhar dia a dia essa notícia — garante Bela.

Ótimo.

Quem é Sílvia?

A Al Jazeera, a mais importante rede de televisão do mundo árabe, vai fazer um documentário sobre apatridia. Quer me ouvir. A Telesur, da Venezuela, prepara algo parecido. Também pede depoimentos. Mazão diz que haverá um evento do Acnur em Genebra para discutir direitos de igualdade de nacionalidade para mulheres e, dias depois, acontecerá outro seminário, na Cidade do Panamá, para falar sobre paz e segurança da juventude na América Latina.

— Queremos você nos dois encontros — ela me diz.

Já sei que a mulher de Fábio vai chiar. Não ligo. Quando será mesmo o voo para Dubai? A agenda está ficando complicada. Preciso negociar as datas com o chefe. Toca o meu telefone: o History Channel quer fazer uma entrevista.

— Podemos marcar para junho ou julho? — pergunto.

Algumas universidades de Minas Gerais me convidam para participar de seminários. Já estamos entrando em maio e não sei como vou conciliar os compromissos da fazenda com as entrevistas e os eventos.

Recebo mais um e-mail de um apátrida. Dessa vez, é uma moça nascida na antiga União Soviética. Conta que foi aos Estados Unidos estudar e, "num belo dia", descobriu que o seu país não existia mais. Olha que loucura! Ela estava com dezoito anos na época. Seu passaporte passou a não ter mais validade. Não havia transferência automática de documentação para as repúblicas que se tornaram independentes — a dela, no caso, era o Uzbequistão. A jovem teria, então, de voltar para a terra natal, pegar todos os seus registros e fazer novos documentos. Mas voltar de que jeito, se não podia mais viajar? Faz 25 anos que está nos Estados Unidos — não sei como — e nunca mais entrou em um avião. Virou apátrida. Não vê a família há décadas. Ela encerrou a mensagem dizendo algo muito parecido com o que me disse a menina da PUC no restaurante árabe de Belo Horizonte: "A sua luta é uma inspiração para a nossa organização".

Assim como Mazão fez comigo, ligo para a moça. Quero saber qual é a organização e ela me diz que prefere manter sigilo, por questões de segurança. Pergunto se já procurou o consulado ou a embaixada do Uzbequistão nos Estados Unidos. Sim, já tentou de tudo e não consegue autorização para viajar. Tento dar algumas dicas, propor alguns caminhos e combinamos de nos conhecermos algum dia se eu for aos Estados Unidos. Gostaria de visitar a tal organização.

— Não será possível — ela diz. Preferimos a discrição, até que todos aqui tenham certeza de que é seguro sair das sombras.

Entendo.

Mais uma reflexão para o diário:

Ser apátrida é ser alguém não reconhecido por governos, países, escolas, bancos, universidades, hospitais, por ninguém. Eles pedem seus documentos, torcem o nariz, dificultam a sua vida. Não têm empatia, não querem compreender, são movidos pelos papéis — os papéis, sempre os papéis. É a cegueira da burocracia, a vida das formalidades, das fichas, dos processos, carimbos e assinaturas. Mas lembre-se de que, antes de ser presidente, você foi uma criança. Antes de ser um professor, você foi um estudante que sonhava com um grande futuro. Antes de ser um executivo, você foi um empregado que tentava melhorar de vida. É um médico hoje, mas também é paciente, seus filhos são pacientes. Antes de tudo, você é ser humano com um coração batendo e com sentimentos. Como eu sou, como são milhões de apátridas.

Vou me deitar pensando na moça que dormiu soviética e acordou sem pátria, na nova lei de migração (será que chegou o esperado momento?), na quantidade de eventos e entrevistas, em Sílvia (Bela precisa me dizer quem é essa misteriosa amiga) e em Eddy, claro. Não durmo sem falar com ele. Perco a hora no dia seguinte. Olho para o relógio e já são sete da manhã. Pulo da cama, apressada, me visto e corro para o café. No caminho me dou conta de que não acordei às três horas, como vem ocorrendo todas as madrugadas desde o dia 30 de junho de 2016. Sinto uma paz imensa. Obrigada, Eddy.

É dia 25 de maio quando Bela me liga mais uma vez:

— Está preparada?

— Fala logo, Bela...

— A Lei de Migração 13.445 foi aprovada. Está publicada no Diário Oficial. Há um artigo específico sobre apatridia dizendo o que a gente já esperava: que uma vez reconhecido um apátrida, o Estado tem o dever de simplificar o processo de nacionalidade. Estamos muito, muito perto do seu sonho e de Souad.

— Vamos agora para a Polícia Federal. Eu aqui em São Paulo e Souad em Belo Horizonte.

— Calma, Maha. A lei ainda precisa do decreto e de portarias* para entrar em vigor.

* Os caminhos para a aprovação de uma lei são, basicamente: elaboração, discussão e votação no Congresso, sanção ou veto do chefe do poder executivo (presidente, governador ou prefeito), promulgação e publicação no Diário Oficial. Decretos, portarias, instruções, resoluções ou atos normativos servem para regulamentar a lei, esclarecer pontos específicos e disciplinar o funcionamento da administração pública na sua execução.

— E quanto tempo leva para isso acontecer?

— Não sei. Vamos monitorar. Sílvia vai acompanhar também.

— Bela, quem é Sílvia?

— Uma ex-colega da PUC que trabalha como minha fornecedora na Fiat. No ano passado, pedi a Sílvia os contatos de uma advogada que eu achei que poderia ajudar no seu caso e de Souad. A advogada, na verdade, não ajudou muito, mas Sílvia, sim. Gosta do assunto e, de lá para cá, mergulhou no tema de refúgio e apatridia. Consultou outros advogados para tentar entender cada passo do processo de naturalização, aprofundou-se na lei para estrangeiros no Brasil, nas convenções de 1954 e 1961, enfim... Passamos a trocar várias informações. Agora, com a nova lei, ela vai ajudar ainda mais.

— E nem me conhece, nem conhece Souad...

— Pois é. Você atrai essas paixões, Maha.

Preciso encontrar Sílvia.

Vou a Genebra participar da discussão sobre o direito das mulheres à transferência de nacionalidade. Mondelli não está lá e eu me sinto um pouco órfã sem a presença dele, mas sou muito bem recebida.

— Mister Mondelli falou maravilhas de você — comenta uma moça superelegante que se apresenta como a secretária direta da embaixadora da ONU, Angelina Jolie. Uau! Preciso contar a Roro que a Angelina e eu já estamos quase próximas. Participo do debate, dou meu testemunho pessoal do prejuízo que essa proibição da herança de nacionalidade materna causou em minha vida e na de meus irmãos e me comprometo a reforçar esse ponto em minhas apresentações — um ponto importantíssimo para a erradicação da apatridia, sobretudo nos países do Oriente Médio. No dia seguinte, conheço com mais calma a sede do Acnur, almoço e sigo para o aeroporto. Destino: Panamá. Tenho um compromisso com jovens latino-americanos que trabalham com temas sociais e humanitários.

Mondelli me liga. Acabei de chegar e ainda estou no hotel na cidade do Panamá. Ele me conta uma grande novidade:

— A questão de refúgio, apatridia e asilo foi reconsiderada no Equador. A Lei de Mobilidade Humana passou a valer, inclusive com o voto dos parlamentares que antes haviam derrubado a proposta.

Muito bom, missão cumprida. Sempre me sinto muito bem com notícias assim. Conto a Mondelli sobre os apátridas que me procuraram recentemente, do contato com a jovem da ONG americana, do interesse cada vez maior da imprensa, das pessoas falando comigo nas ruas...

— Eu não tinha a menor dúvida de que isso iria acontecer, Maha. E a tendência é que esse assédio aumente — ele diz. — É o assédio bom. A cada toque no seu ombro, a cada gravador ou câmera ligados, a cada e-mail que você recebe ou palestra que dá, o resultado é uma conscientização maior para um problema humanitário que muita gente nem sabe que existe. E isso é incrível.

Terminamos a conversa falando de Ibitinga. Mondelli quer saber como vai o trabalho na Betel, como está o meu dia a dia na fazenda.

— Nada incrível — respondo.

Do Panamá, sigo para São Paulo. De São Paulo, para Belo Horizonte. Faço uma parada rápida para comemorar o aniversário de Bela, pois tenho de voltar rapidamente a Ibitinga para me reunir com Fábio antes da viagem a Dubai. Bela me puxa pelo braço e me leva até uma amiga:

— Eis... Sílvia. — Ela aponta para uma moça com um sorriso tímido, com cabelos longos e claros, ao lado de um rapaz com um bigode de Salvador Dalí.

Enfim, conheço a garota que vem me ajudando desde 2017 e seu marido, Lelé, os dois capazes de contar a minha história de trás para frente com alguns episódios que eu nem me lembrava. É uma noite muito boa. Parece que sou amiga do casal há anos. E, na verdade, somos. O encontro pessoal foi só um detalhe.

Os encontros na casa de Bela sempre me revigoram. Revejo os amigos, a família Sena, numerosa e animada, as ex-namoradas de Eddy, relembro dos primeiros dias em que estive ali com meu irmão e de nos divertirmos com os tios e as tias de Bela tentando conversar em português com os "dois gringos" que não sabiam uma palavra no idioma. Era muito engraçado. Elas falavam bem devagar e, aos poucos, iam aumentando a voz, como se isso fosse resolver a comunicação. Quem dera fosse assim: aprenderíamos o português rapidinho, em aulas intensivas regadas a chope e churrasco.

Um brinde a quem nos faz sorrir.

Fico pouco tempo na fazenda, o que, na atual situação, é um alívio. Temos uma viagem pela frente. Dessa vez não consigo entrar nos Emirados Árabes. Passo horas no terminal em Dubai tentando resolver a situação. Em vão. Eu realmente não consigo entender a burocracia e seus critérios. Da última vez, entrei sem problemas. Um policial me informa que "mudaram as leis locais".

Tenho a leve impressão de que o documentário da Al Jazeera, exibido dias antes, contribuiu de alguma forma para essa mudança repentina. Passei a ser vista como "a ativista dos direitos humanos, Maha Mamo". E ninguém quer uma ativista naquele país, sobretudo uma ativista refugiada apátrida. Bem, o fato é que fui obrigada a voltar. E o clima da fazenda piorou, está insuportável. A esposa de Fábio ganha mais argumentos para pegar no meu pé. Ela pergunta o tempo todo ao marido por que ele precisa de mim se eu nem posso entrar nos países em que a empresa tem interesse. Fábio fica acuado e, para esfriar um pouco os ânimos, decide me dar férias. É até bom. Preciso mesmo de um descanso e aproveito para convencer minha mãe a vir nos visitar. Ela topa. Vai pegar o primeiro avião de sua vida.

— Aperte o cinto, *mama*, e qualquer problema chame a comissária. — Devolvo o conselho que ela deu a mim e ao Eddy em setembro de 2014.

Encontro minha mãe em São Paulo e, de lá, vamos para Belo Horizonte e depois para o Rio. Passo trinta dias maravilhosos, sem fazenda, sem palcos, com os amigos e com a breve e saudosa sensação de unir a família de novo. Meu pai bem que poderia estar aqui conosco...

Mas a trégua acaba e percebo que nada mudou pelos lados da Betel. Ao contrário: a pressão da "patroa" é cada vez maior. Na tentativa de mostrar que eu não sou "a protegida", Fábio comete, então, o maior erro desse um ano e meio de convívio: começa a me passar trabalhos sem sentido, como as tarefas escolares de seu filho. Ajudo o garoto nas contas matemáticas uma única vez, então me dirijo ao chefe e digo:

— Eu não tenho mais nada para fazer aqui. Amanhã volto para Belo Horizonte.

Ele apenas concorda. No fundo, acho que calculou a minha reação.

Bela vem me buscar na fazenda e não acredita na quantidade de coisas que eu tenho no quarto. Quase não cabem no carro.

— Vai levar Ibitinga inteira, uai? — ela brinca, e eu me lembro na hora da reação do pai Márcio quando me viu chegar de Beirute arrastando oitos malas pelo aeroporto. Pegamos a estrada e, no meio do caminho, na cidade de Boituva, eu a convenço a dar uma paradinha para fazer algo que há muito tempo eu tenho em mente: pular de paraquedas. É maravilhosa a sensação de liberdade, os 45 longos segundos de queda livre a 200 quilômetros por hora até o pano abrir e nos dar o privilégio de ver o mundo de cima, como os pássaros — e o Google Earth. Bela também pula. Morrendo de medo, mas pula. Aterrissamos. Ela, apavorada. Eu, com o meu melhor sorriso. Pronto: agora quero ver Souad, Belo Horizonte, minhas amigas. Só quero voltar para casa.

E, quando digo casa, não me refiro ao Serrano. Os Fagundes já nos deram suporte suficiente e seremos eternamente gratas pelo acolhimento na fase de adaptação ao Brasil. Mas já é hora do voo solo, de termos o nosso próprio canto. Encontramos um apartamento no bairro do Sion, um excelente bairro de Belo Horizonte, por um preço igualmente excelente. Souad se muda primeiro, monta o apartamento, tem quase sempre a companhia de Emilene nos primeiros dias de casa nova. Daqui a pouco estarei com as duas. Nada melhor do que uma mudança de casa para recomeçar minha vida em BH.

Dou mais duas entrevistas para jornais de São Paulo, sigo com minhas palestras em universidades e participo de um documentário da BBC. Tudo muito bom, muito legal, mas já estou ficando irritada com esse bendito decreto que não sai. Já estamos em novembro e nada da regulamentação. Não entendo isso. Bela me pede calma e diz que a publicação deve estar bem próxima, pois ela obteve a seguinte informação: geralmente, a regulamentação de leis é feita um ano após a aprovação, mas, no caso da 13.445, o Ministério da Justiça quer acelerar esse prazo, porque o fluxo de migrantes para o Brasil vem se intensificando nos últimos tempos — sobretudo de venezuelanos e sírios em busca de refúgio —, e será preciso ter regras mais claras e avançadas para lidar com a situação. Aliás, será preciso ter regras mais claras para lidar com todos os estrangeiros, pois a lei anterior era dos anos 1980, ainda no regime militar, época em que clareza era um substantivo mais do que abstrato. Além disso, eu imagino que o atual governo queira ver os efeitos práticos da "avançada lei" ainda em seu mandato, que termina no fim do ano que vem. Pois bem. De acordo com as informações de Bela, o Ministério trabalha com a hipótese de seis a sete meses para a regulamentação. A lei foi publicada em maio, portanto o decreto que a regulariza deve sair neste mês ou no próximo.

— Vou à Argentina com o Acnur para falar sobre o plano de erradicação da apatridia. Quando voltar, quero essa lei já em andamento — brinco.

— Sim, senhora presidente — Bela responde.

Na sala de embarque em Confins, abro meu diário para escrever mais um trecho:

> *Eu quero compartilhar com as pessoas a minha história. Para que elas nunca percam a esperança. Se estão cansadas, que a minha história as ajude a recuperar a energia... Se receberam um "não", que aprendam, como eu fiz diversas vezes, a buscar outras portas. Acho que não estou falando apenas com os apátridas, meus companheiros de luta. Espero que essas linhas alcancem todos aqueles que sonham com uma vida mais justa e, por algum motivo, foram privados desse sonho.*

Assim que volto da Argentina, Bela me informa:

— O Diário Oficial estampou o decreto 9.199 que regulamenta a lei, conforme o seu pedido.

É dia 21 de novembro de 2017. O próximo passo é esperar as portarias e os atos normativos para a implementação.

O desafio agora é entender exatamente o que vai mudar com a nova lei de migração.

— A lei passou muito forte, quase sem vetos, pois as empresas com capital estrangeiro apoiam as novas regras — diz Bela. — E se o mercado apoia, Maha, o Congresso sempre tende a ser mais flexível.

Sim, mas eu quero saber a parte que me cabe nesse latifúndio:

— Vamos lá, Bela, me fale sobre a apatridia na Lei 13.445.

— O Estado reconhecerá o apátrida. É a primeira vez que isso acontece na história do Brasil. É um avanço gigantesco. Haverá um processo específico e simplificado para que os sem-pátria recebam a nacionalidade, outra grande conquista. Então, a primeira etapa é o reconhecimento da apatridia. A segunda é a análise para o processo de naturalização. O problema é que a gente não sabe como isso vai ser feito, o caminho a ser percorrido.

— Mas o governo já sabe que sou apátrida. Meu caso já foi estudado, já aceitaram meu refúgio, minha condição de refugiada apátrida. O que querem mais?

— Bem, Maha. Vamos ter de aguardar as resoluções normativas e portarias, justamente para entender como será o procedimento nos órgãos públicos até a concessão da nacionalidade. Porque o decreto que foi publicado não esclarece esses pontos.

Sempre temos de aguardar alguma coisa...

Passamos dezembro e entramos em janeiro naquela agonia, todos ansiosos para saber se havia alguma novidade sobre as tais normas. Eu, com meus contatos em Brasília, tento descobrir alguma coisa. No Ministério da Justiça, consigo a informação de que o decreto 9.199 não regulamentou todas as "situações" da lei porque muitas delas dependem de portarias ou atos de outros ministérios — não só o da Justiça — para que sejam regularizadas. Concorre a um bracelete de ouro quem adivinhar qual "situação" da lei está no fim da fila dos atos e portarias? Sim, a parte que fala sobre apatridia. Nada poderia ser tão simples para os Mamo.

Saem várias resoluções normativas sobre diversos pontos da Lei 13.445, e nada sobre apátridas e refugiados. Começo a ficar irritada com a demora, a burocracia, a lei que chega, mas parece distante, a apatridia já sabida, comprovada, mas que ainda precisa de reconhecimento, as confusões entre ministérios, portarias, decretos... A irritação se estende para a minha falta de dinheiro. De que adianta a agenda cheia se a carteira anda vazia? Tenho contas a pagar, ora essa. Sim, a exposição é importante para a causa, alguns países estão revendo suas leis sobre refúgio, tenho o apoio do Acnur... Mas como fica a minha carreira? Não seria hora de arrumar um novo emprego? Estou fazendo tudo isso e as coisas não andam. Até minha mãe vem me pressionando:

— Cadê o seu trabalho remunerado? Cadê a sua carteira assinada? Sua irmã tem férias, tem direitos, tem plano de saúde. E você?

Minha fuga são as amigas. Converso com Bela ao telefone, desabafo, choro, falo da falta de perspectiva, de toda essa exposição sem a contrapartida financeira, sem a nacionalidade, sem ofertas de emprego. Sei da importância da luta, mas será mesmo que isso tudo vale a pena? Preciso viver minha vida e ganhar dinheiro.

Sílvia e Lelé também sabem da minha aflição e me convidam para almoçar. Ela prepara o meu prato predileto: bife acebolado com batatas fritas. No fim do almoço, me entrega uma nota do jogo Monopoly, de quinhentos "dinheiros", rabiscada com a frase: "Você vale muito mais que o dinheiro, pense nisso". Leio, dobro a nota e coloco no bolso. Sílvia apenas diz:

— Daqui a pouco essa exposição vai render o que você quer. Por enquanto, concentre-se no que veio fazer aqui: buscar a nacionalidade.

Ela tem as palavras certas para recarregar a minha bateria, sobretudo quando põe à mesa um bife acebolado com batatas fritas.

Juntamos tudo o que havíamos pesquisado, mesmo sem ter certeza de nada, e as informações e orientações que a turma do Acnur nos passou e começamos a nos movimentar para assegurar os prováveis documentos necessários para o reconhecimento da apatridia. Bela consultou Mazão, pegou alguns conselhos, escreveu uma petição e compartilhou comigo por e-mail para que incluíssemos qualquer informação que pudesse ajudar. Vamos precisar de antecedentes criminais para reconhecer a apatridia? Se sim, temos um problema: eu vivi boa parte da minha vida no Líbano, sem registro, sem existir... Então, partimos para a alternativa: o que fazer se não for possível obter o documento de antecedentes criminais? Há algum outro papel ou autorização legal que possa substituí-lo? No fundo, é um grande exercício de preencher lacunas, criar opções e tentar evitar surpresas na hora de nos apresentarmos à Polícia Federal.

Converso por telefone com o coordenador-geral do Conare, Bernardo Laferté, um amigo que não conheço pessoalmente. Ele sempre se mostrou muito interessado na minha história e na de meus irmãos, não apenas por ser o chefe do principal órgão de apoio a refugiados, mas por ter uma ligação emocional com o tema. Bernardo tem avós libaneses por parte de mãe e teve um avô apátrida, de origem francesa, por parte de pai. Já havíamos conversado no ano passado quando ele ainda era chefe de gabinete do Conare — na ocasião, se não me engano, Bernardo fez a ponte para uma entrevista em um jornal de São Paulo, que me deu grande visibilidade. Agora quero saber o porquê da demora em sair a regulamentação da parte dos apátridas na nova lei. Ele começa rebatendo minhas indagações com duas perguntas:

— Sabe quantos apátridas nós temos hoje no Brasil para atender? E quantos imigrantes em outras condições esperam uma resposta do governo?

— Não faço ideia.

— Em relação aos apátridas, o que a gente sabe, de demanda atual, são dois: Maha Mamo e Souad Mamo. Nos demais casos, há um mundo a atender. Assim, o Ministério e o Conare trabalharam, primeiro, nas portarias mais simples e nos atos que afetam a maior parte do público. Tínhamos de regulamentar a autorização de residente de estudantes, de quem vem fazer tratamento de saúde, de quem vem trabalhar, de várias outras situações. E o decreto 9.199 diz que qualquer portaria, antes de ser aprovada, deve passar pelo Conare, que é um comitê que se reúne uma vez por mês para tratar de todas essas resoluções normativas. Temos de estudar, pensar. Isso leva tempo. A boa notícia é que a parte de apatridia não está parada. A lei diz para simplificar o processo, mas não diz como e quando. Estamos em cima disso. Nos dê um pouco mais de tempo, Maha.

— Já estou esperando há 29 anos, Bernardo. Mas se a fila está maior para o outro lado, ok. Vamos torcer para que ande depressa.

Nos dias 19 e 20 de fevereiro, participo da reunião de preparação dos países da América Latina e Caribe para o Pacto Global sobre Refugiados, em Brasília — o Acnur adora batizar suas reuniões com nomes gigantescos. Enfim, encontro Bernardo. Ele é bem mais jovem do que eu imaginava. Conversamos bastante. Quero saber como andam as tais normativas.

— Estamos trabalhando, estamos trabalhando — ele me garante. — Vou viajar ao Japão nos próximos dias e qualquer novidade, eu aviso.

Deu vontade de dizer: "Que Japão, nada! Fique aqui, pelo amor de Deus, e acabe logo essas portarias, normativas, atos, ou seja lá que nome tenha isso". Mas me calo, claro. Confio em Bernardo. Faço a reunião para o Pacto Global e sigo de volta para BH. No caminho, eu me lembro daquela história da linha do horizonte: quanto mais perto parece que estamos, mais ela se afasta. Calma, Maha, tenha calma, tudo vai se resolver.

Bela me liga:

— Bernardo tem alguma novidade?

— Sim, ele vai para o Japão. Quer encomendar alguma coisa de lá?

No dia 28 de fevereiro, meu aniversário em ano não bissexto, logo de manhãzinha, recebo uma ligação de Bernardo:

— Maha, o Brasil tem um presente de aniversário para você. A portaria sobre apatridia saiu, está no Diário Oficial.

Que presente de trinta anos! *Arigatô*, Bernardo. Obrigada, minha Nossa Senhora do Líbano. Preciso ir a Harissa, onde fica o santuário dela, para agradecer assim que eu sair da lista de banimento do governo libanês. Temos, finalmente, as benditas resoluções normativas, que simplificam o acesso de apátridas à nacionalidade. Muito do que havíamos imaginado está lá, escrito no documento. A linha do horizonte está próxima desta vez. Vamos à Polícia Federal.

O problema é que ninguém no posto da PF está acompanhando o assunto. Não há a palavra apatridia no sistema, não há protocolo para a solicitação de reconhecimento de apátridas. Explicamos o caso, mostramos as normativas, temos todos os documentos.

— Sinto muito, não há nenhuma orientação aqui para esse processo — diz um agente.

— Não dá para falar com Brasília, com seus superiores? — pergunto.

— Sinto muito — ele repete.

Se ele sente muito, eu ajo. Aproveito mais um evento do Acnur em Brasília para conversar com o responsável pela Polícia Federal no Brasil. Conto todo o caso e as dificuldades que enfrentamos no posto da PF em Belo Horizonte. Ele diz que os agentes têm de me atender, enfatizando a palavra "têm":

— Mesmo se não souberem como proceder direito, eles devem pegar todos os documentos e enviar para a sede. Nós decidimos aqui.

Agradeço a atenção e digo que, assim que voltar a BH, vou direto para a Polícia Federal.

— Posso ficar com o seu número de telefone? — peço.

É a minha senha para destravar o processo.

Vem a ordem de Brasília para protocolarem em Belo Horizonte o meu pedido e o de Souad. Só que a fama que conquistei com o meu trabalho e que me abre portas tem um custo. Se por um lado ajuda a conhecer pessoas importantes e a manter conexões providenciais, por outro, irrita quem tem de cumprir as ordens. Na Polícia Federal de BH, entendem esse meu gesto como uma interferência. Paciência. Não gosto de fazer isso, mas foi necessário, pois se trata do meu destino sendo displicentemente ignorado por alguns agentes. Na nova lei, não há mais espaço para subjetividades. Protocola-se o pedido e ponto. Se não há um formulário específico, que entrem em contato com a sede para resolver, como disse o chefão de Brasília. Se não há o termo apátrida, que o incluam no sistema. Existe um negócio chamado Lei 13.445 que tem de ser cumprido, ora essa!

Por fim, conseguimos protocolar tudo, depois de uma baita canseira e dois longos telefonemas para Brasília. Enfim, saímos de lá com os números do protocolo — são dois processos separados, o meu e o de Souad. Feito o registro, o próximo passo é a atualização dos processos na sede da PF. Sílvia me pede o número dos protocolos. Consulta o sistema da Polícia

Federal — a consulta é aberta — e vê que apenas o processo de Souad foi registrado. O meu, não. Bela aconselha esperar mais um pouco. Sílvia já levanta a sobrancelha.

— Não acho que isso foi ao acaso. Suas conexões deixaram gente irritada naquele posto.

Aguardo mais alguns dias e peço ajuda de Brasília novamente. Mandam registrar meu processo.

Recebo um e-mail da Polícia Federal. Tenho que agendar uma nova visita para fazer tudo de novo. Coletam as digitais, fotografam e preenchem o formulário — que nem parece o mesmo que eu e minha irmã havíamos preenchido dias antes. Agora, sim, parece que tenho um processo e um registro. Nem quero saber o que aconteceu com o primeiro formulário que preenchi, se Sílvia tinha razão ou não em desconfiar da irritação dos agentes. O importante é que demos sequência ao procedimento. E, dessa vez, fomos muito bem atendidos. O chefe do posto da Polícia Federal encarregado dos estrangeiros, que havia assumido recentemente, estava realmente interessado em resolver a questão.

Passamos de fase, mas o jogo da burocracia ainda está no começo. O passo seguinte em nosso planejamento é o certificado de proficiência em português, exigido no processo de naturalização. A nova lei adotou o Certificado de Proficiência em Língua Portuguesa para Estrangeiros (Celpe-Bras), uma prova padronizada realizada pelo Ministério da Educação, como único caminho possível para comprovar o domínio do idioma. A intenção foi organizar a bagunça na emissão desse documento, pois, antes, cada posto da Polícia Federal aplicava uma prova de português diferente, não havia um padrão. Só que a medida acabou gerando um monopólio. Outro problema: o Ministério de Educação abre os editais para a prova do Celpe-Bras uma vez por semestre e as vagas são limitadas. Bernardo diz que foi louvável a tentativa de uniformização, mas entende que é preciso retirar a "trava Celpe-Bras" do processo. Se é para facilitar a vida das pessoas que buscam a naturalização, como prevê a lei, que se criem também outras formas de reconhecimento do domínio do idioma.

O Conare propõe algumas alternativas. Por exemplo: a possibilidade da certificação por outras escolas e a certificação automática para quem já fez o ensino médio ou superior no Brasil, desde que apresente o diploma. Isso já pressupõe o domínio da língua. Imagine o estrangeiro que fez faculdade aqui, se formou e sabe falar português. Esse cara terá de esperar um semestre, às vezes um ano, para fazer o Celpe-Bras e provar o óbvio. Isso não faz o menor sentido. O Conare está certíssimo.

Só que, na burocracia, o certíssimo é algo muito relativo. O trecho da portaria que facilitaria a certificação por outros meios ainda não foi editado. Ficamos com um monte de pontos de interrogação na cabeça. Fazemos ou não o Celpe-Bras? Esperamos ou não a edição? Não, não tem por que esperar. Vamos fazer. Souad não se conforma:

— Estou há quatro anos aqui, trabalhando, conversando normalmente, sou fluente nessa língua. Que besteira é essa?

Concordo com minha irmã. Eu faço palestras em português, assino contratos em português, discuto leis em português, dou entrevistas...

— Minha impressão é a de que, por ser o primeiro processo de reconhecimento de apatridia por parte do Estado, vocês vão ter de rezar a missa toda, passo a passo, percorrendo cada etapa da burocracia — comenta Sílvia. — Veja só: eles não levaram em conta a condição já oficializada de refugiado apátrida, pediram para fazer o registro do zero e ainda estão discutindo nos gabinetes a questão da proficiência. Acho bom fazer o Celpe-Bras para evitar surpresas lá na frente. E se preparem, pois a prova não é só oral, há também uma parte escrita.

Se temos de rezar a missa toda, como diz Sílvia, convém então procurar um especialista. Emilene talvez conheça um bom professor de português.

O Celpe-Bras sempre aplica uma prova em abril e outra em outubro. Mas, neste ano, o edital de abril é cancelado, sem qualquer justificativa. A trajetória dos Mamo nunca se dá em linha reta, é sempre tortuosa — um dia ainda vou fazer uma tatuagem para espantar olho gordo, ah, se vou... De qualquer forma, temos de procurar algum curso preparatório para tentar a prova de outubro, torcendo para que também não a cancelem. Do contrário, só poderemos fazê-la no ano que vem — e eu nem quero pensar nessa hipótese. Mais uma vez o universo se encarrega de colocar as pessoas certas em meu caminho. Sou convidada por uma amiga estudante de mestrado em Língua Portuguesa a fazer uma apresentação no Cefet, o Centro Federal de

Educação Tecnológica, de Belo Horizonte. Não vou ganhar nada, mas gosto de contar minha história para estudantes. Termino a apresentação e um dos alunos se aproxima. Diz que trabalha como professor de português para estrangeiros, já ajudou refugiados sírios em São Paulo, que fala oito línguas, morou em três países, coordena um curso chamado Português como Língua de Acolhimento (Plac), ficou emocionado com a minha história e quer me ajudar de alguma forma. Seu nome: Eric Costa. Gosto dele. Gosto de pessoas empolgadas e apaixonadas pelo que fazem. E gosto de sua oferta, mais do que bem-vinda nesse momento. Falo do Celpe-Bras. Ele diz que aplica o Celp há anos e se dispõe a dar aulas gratuitas on-line para mim e Souad. Ótimo.

— E, quando sair a inscrição para a próxima turma do Plac, vocês começam as aulas presenciais — Eric sugere.

Combinado.

Mantenho minhas aulas on-line, dou mais algumas entrevistas, sigo fazendo palestras. Tenho um seminário de capacitação para solicitantes de refúgio em Brasília, um encontro na Universidade Federal de Minas Gerais e a conferência WPP Stream Latin America 2018, organizada pela WPP, um grande grupo de publicidade. Este último convite foi curioso. Eu o recebi por e-mail, no começo do ano. Olhei. Era em Salvador, na Bahia. Interessante. Pagam passagem? Não. Só hospedagem. Então não vou. Comentei rapidamente com Bela sobre a oferta dos organizadores de pagarem apenas a hospedagem. Sem noção, né? Ela começou a olhar a lista dos convidados e palestrantes do evento: diretores e presidentes na América Latina de empresas como Facebook, Dell, Spotify, WeWork e Buzzfeed. A lista também incluía executivos da área de marketing das maiores empresas do Brasil, a cúpula do megagrupo de publicidade WPP e *influencers* — eu nunca entendi direito o que eles são nem o que fazem. Bela explica que são pessoas capazes de influenciar, com suas opiniões, outras dezenas, centenas e até milhares de pessoas.

— Você tem que ir a esse evento — ela insiste. — Damos um jeito de pagar a passagem.

Vou. Eles dizem que eu sou uma *influencer*. Então tá bom, né? São quatro dias de evento. Querem que eu fale na abertura. Certo. Tenho três minutos para palestrar — se é que se pode chamar uma apresentação de três minutos de palestra. É a regra do evento, meio estranha. Fazer o quê? Então, fico sabendo que, além do tempo exíguo característico das conferências com muitos palestrantes, a intenção é reproduzir o que se chama de "discurso de elevador", ou *elevator pitch,* em inglês. É uma técnica conhecida de vendas que ganhou novo impulso com as *startups* e remete à seguinte ideia: você deve ser capaz de demonstrar os benefícios de seu produto ou projeto ou o que for de forma objetiva, em poucos minutos — o tempo de uma viagem de elevador. Se conseguir fazer isso, é porque você e o produto são realmente bons. Investidores adoram usar esse termo. Sendo assim, vamos nessa. São os três minutos mais produtivos da minha vida. Geram um estudo da minha marca, identidade visual, layout de palco, tudo feito por uma agência de publicidade, a Grey, sem me cobrar nada — Márcia Esteves, a presidente da agência, se emocionou com a minha história e me adotou. Além da consultoria visual, os contatos que faço no evento rendem outros convites para palestras na iniciativa privada. Abre-se ali mais uma porta na minha carreira: as palestras corporativas. Nessas, sim, posso ganhar algum dinheiro. Bela estava certa quando insistiu para que eu fosse a Salvador.

É incrível a quantidade de gente que entra em meu caminho, nas mais improváveis situações, para ajudar sem pedir nada em troca. Bernardo me disse, certa vez:

— Sabe o que é mais curioso, Maha? Você não tem dinheiro, não pode oferecer qualquer vantagem financeira, não pode remunerar ninguém. Os amigos ajudarem é uma coisa, mas essas pessoas que surgem do nada, oferecendo suas competências profissionais de forma abnegada, como que hipnotizadas por sua história, isso é um espanto.

Com Eric Costa foi assim, bem como com Márcia, da Grey, ou Rafaela Coelho, a Rafa, professora de oratória do Sebrae que me conheceu em um evento e se dispôs a ir à minha casa durante algumas semanas para me ajudar a lapidar meu discurso. Também houve Isabel Gonçalves, que ofereceu, de graça, seus serviços de mentoria em comunicação. Isso sem contar as personagens fugazes, mas decisivas. Nabil Nasser é o maior exemplo. Mary, antiga chefe do escotismo, também. Sou eternamente grata a todos eles. Pensando bem… acho que eu os recompenso de alguma forma, sim, quando luto por aquilo em que eles também acreditam.

O Conare segue tentando liberar a "trava Celpe-Bras". Conta com o apoio pessoal do ministro da Justiça, Torquato Jardim, que, segundo Bernardo, é um entusiasta da nova lei e da simplificação do processo de nacionalidade aos apátridas, por entender que é muito positivo para o Brasil. Quanto mais entusiastas em Brasília, melhor. Recebo uma ligação de Bernardo, numa sexta-feira qualquer de junho. Estou no carro de Bela. Minha irmã está no banco de trás.

— Você consegue vir a Brasília na semana que vem? Haverá um evento para lembrar o Dia Mundial do Refugiado, e seria legal você estar presente.

— Claro — respondo.

Fico sabendo que o Acnur vai providenciar as passagens. Ótimo. Ele desliga e o telefone toca de novo. É uma moça chamada Helen, do Acnur:

— Ah, Maha, parabéns!

— Parabéns por quê?

— Ué, o Bernardo não falou com você?

— Falou. Perguntou se eu poderia ir a Brasília e eu confirmei. Não estou entendendo esse entusiasmo todo.

— Peraí, peraí, preciso desligar… Já ligo novamente.

Eu, hein! Que telefonema mais esquisito. Ficamos nos entreolhando no carro. O que será que está acontecendo nos corredores do Conare e do Acnur?

Helen liga de novo:

— Conversei com o Bernardo e não tem segredo nenhum. Eu posso falar: você foi reconhecida como apátrida. O ministro vai assinar o documento.

— Minha irmã também?

— Sim, Souad também será reconhecida. Esperamos vocês duas aqui em Brasília.

Olho para a minha irmã, que não gosta muito dessas coisas e, antes que eu pergunte, ela diz:

— Eu vou.

Boa, Souad, acho importante estarmos bem unidas nesse momento.

Comemoramos a conquista. Era o que queríamos. Mas não deixa de ser uma conquista irônica. Passamos a vida toda tentando nos livrar da apatridia e, nessa sexta-feira de junho, estamos em festa porque seremos apátridas oficiais, de carteirinha, com firma reconhecida, publicada no Diário Oficial. Mas vamos lá: se é parte do processo, que se cumpra a liturgia. O que importa é que passamos de fase, estamos na antessala da nacionalidade.

Antes de seguirmos para Brasília, porém, eu tenho de ir ao Chile falar com os deputados, visitar a universidade de Direito e participar de uma reunião regional do Acnur. Digo para minha irmã:

— Quando eu voltar, quero ver você com uma roupinha legal para irmos ao Ministério, tá?

Souad nem me olha. Apenas pergunta:

— O que você sugere? Calça preta, blazer preto e uma bandeira no pescoço?

Provoquei, né? Bem feito, Maha.

Eu achei que iria dar uma palestra em Brasília. Até me preparei para fazer uma crítica elegante à demora no processo, mas, no dia marcado, Bernardo me explica:

— Não, Maha, vocês são convidadas do ministro. Hoje o trabalho é só dele.

Estamos no auditório do Ministério de Justiça. O ministro discursa, há todas as formalidades, ele nos chama, eu lhe entrego uma camiseta da *I Belong* e ele assina os documentos de reconhecimento de apátridas. Olho para os números que antecedem os nossos nomes: 001 para Souad Mamo e 002 para mim. Eu e minha irmã somos o marco zero do reconhecimento, pelo Estado brasileiro, da condição de apátrida.

— Entramos na história do Brasil, Souad! Já pensou nisso? — comemoro.

— Menos, Maha. Menos — ela diz.

O ministro segue com o evento. Na saída, pergunto ao Bernardo:

— E toda aquela confusão com o meu registro, com o da Souad, o problema no sistema que me fez voltar à Polícia Federal para refazer todo o procedimento?

— Foi tudo resolvido, Maha. Agora comemore. Só comemore.

Acho que o Conare viu que o negócio não estava caminhando como se imaginava e criou uma situação para acelerar o processo. Tudo foi muito bem pensado, inclusive em relação à data escolhida. Um gesto desse no Dia Mundial dos Refugiados ganha uma outra dimensão, uma iniciativa altamente positiva para o Brasil, como queria o ministro.

Agora é só provar a proficiência em português e aguardar o prazo exigido de dois anos em que terei uma autorização de residência, como diz a Lei 13.445. Bernardo nos dá outra grande notícia.

— Vocês já acumularam esses dois anos na condição de refugiadas.

— E isso significa...? — eu pergunto.

— Significa que só depende da certificação do idioma e talvez de um ou outro detalhe, e a naturalização pode acontecer a qualquer momento.

O reconhecimento de refúgio, portanto, não foi em vão. Essa parte da missa nós conseguimos pular.

Sai finalmente o edital do Celpe-Bras. A prova será em 1º de outubro. A má notícia: não conseguimos nos inscrever em Belo Horizonte nem em cidades próximas como São Paulo ou Rio de Janeiro. Só há vagas disponíveis em Porto Alegre. Fazer o quê? Teremos de gastar com passagem aérea e hotel, além da taxa de inscrição, claro. Tomara que não cancelem na última hora.

Eric nos conta que a nova turma do Plac já está formada. Fazemos a inscrição. Nossa classe terá doze pessoas, com aulas aos sábados. Ele diz que vai concentrar o curso no Celpe-Bras — outros alunos também precisam se preparar — e nos explica a dinâmica da prova. Será oral e escrita. Na parte oral, vão mostrar cinco fotos e perguntar alguma coisa sobre elas. É um teste de interpretação. Também vão passar um vídeo e um áudio. Temos de ver, ouvir e interpretar. Na parte escrita, haverá perguntas sobre o Brasil e a elaboração de texto, alguma redação. Enquanto ele fala, penso de novo no fato de que há dois anos dou palestras em português e até já escrevi artigos para escolas e universidades. Tenho o chamado conhecimento notório. Mas a turma do Celpe-Bras não quer saber disso. Ainda torço para que o Conare consiga desativar a "trava Celpe-Bras".

Mazão quer saber se tenho algum documento que prove a proficiência em português, algum certificado de estudo no Brasil. Não, não tenho.

— Ok, então venham fazer uma prova na Universidade de Brasília. Procurem a professora Lúcia Maria Assunção Barbosa, do Departamento de Letras. Ela pode conceder um certificado de proficiência para vocês.

A professora Lúcia Maria, explica Mazão, é uma das maiores especialistas do país em estudos de língua portuguesa e migrações contemporâneas, além de ser coordenadora da cátedra Sérgio Vieira de Mello, um programa do Acnur em parceria com centros universitários para promover o ensino e a pesquisa de temas relacionados ao refúgio. Em resumo, uma fera no assunto.

Fazemos uma prova oral e a escrita e, uma hora depois, ela nos dá o certificado. Muito bom, mas eu já não entendo mais nada. E o Celpe-Bras? Faço ou não? Recebo do Conare a informação de que é melhor fazer, pois a portaria de flexibilização de certificações ainda não está pronta. Tiro duas conclusões de toda essa confusão. A primeira é que deve estar havendo uma queda de braço entre ministérios: o da Educação, que controla o Celpe-Bras, e o da Justiça, que quer fazer o que manda a lei e facilitar a vida dos apátridas. A segunda: Souad e eu somos uma espécie de piloto de testes para a regulamentação de todo o processo de apatridia da nova lei.

Não há problema em rezar a missa completa, mas o fato é que o tempo está passando e essa falta de definição a respeito dos certificados pode nos complicar. É ano de eleição presidencial no Brasil. O primeiro turno das votações acontecerá em 7 de outubro e o segundo, 21 dias depois. O mandato do novo presidente começa em janeiro do ano que vem. Minha prova do Celpe-Bras está marcada para 1º de outubro e o resultado só sai em dezembro. Ainda que Bernardo tenha me dito que não precisaremos cumprir os dois anos de autorização de residência, a burocracia para a análise do processo pode e deve se arrastar até 2019, já no novo governo. Minha grande preocupação com trocas de governo é que elas sempre vêm acompanhadas de mudanças nos ministérios. É sempre uma incógnita. Quem serão as pessoas responsáveis pelas pastas de Justiça, Relações Exteriores e Educação?

Pode entrar gente que não entende da nova lei de migração, não gosta do tema, não acompanha, não o vê como prioridade. E se o processo travar, ficar na gaveta? Sei lá… me dá um pouco de medo. Mas não posso fazer nada a respeito, a não ser torcer para a missa andar rápido.

Quero fazer logo a prova do Celpe-Bras, mas setembro parece um mês interminável, com o relógio andando para trás. Minha agenda não está muito cheia: tenho três apresentações em colégios e faculdades, todos em Belo Horizonte, uma ou outra entrevista e nada mais. Para aplacar a ansiedade, volto minha atenção ao apartamento no Sion. É um bom momento para decorá-lo mais um pouco. Sei que Souad vai gostar. Coloco fotos de Eddy na estante da sala, logo acima da TV. Uma mandala muçulmana, linda, que minha mãe me deu, ganha destaque na parede em cima do sofá. Ponho retratos dos meus pais em uma mesinha de canto, embaixo da janela que dá para a rua. Pelo menos na minha casa a família está unida. Já arrumei meu quarto: há um mapa-múndi grudado na parede acima da cama, um ou outro porta-retrato e gravuras de *mar* Charbel, santo Estêvão e Nossa Senhora do Líbano na mesinha de cabeceira, além da minha inseparável cruz de ferro que à noite sempre estará sob o travesseiro. Completa a singela decoração do meu quarto um armário de madeira escura com a minha bagunça organizada — uma organização que só eu enxergo.

O bairro é ótimo, já fiz amizades com os vizinhos e me matriculei em uma academia a duas quadras do prédio. O dono diz que conhece a minha história e faz um precinho camarada. Agradeço. Não sei se terei muito tempo para os exercícios, mas não posso ficar sem eles, sinto falta das corridas em Bourj Hammoud e das quadras de basquete. Sempre recebo visitas, já fiz uns dez *open houses* no Sion. É bom ter os amigos por perto. Eu preciso deles. Falo com Bela e Kouki todos os dias. Com Manu, uma ou duas vezes por semana. Voltei a mandar alguns currículos. Quem sabe consigo algum emprego com horários bem flexíveis? Fábio me pergunta se posso fazer alguns trabalhos temporários e acompanhá-lo em viagens ao Oriente Médio. Digo que temos ainda algumas pendências financeiras a resolver antes de engatar novos projetos — ele me deve um percentual relativo a um contrato fechado pela Betel e a grana que disse que pagaria durante o mês que fiquei fora resolvendo o traslado do corpo de meu irmão. Ele propõe nos encontrarmos para "zerar" essas questões. Ótimo, mas não dá para marcar nada agora. Não consigo falar com Bernardo para saber se há novidades sobre a portaria dos certificados. Mazão me liga:

— Pronta para ir a Genebra?

— Sempre. Quando? E o que é?

— Um evento chamado XCom Executive Committee Meeting. É um encontro com comissários, embaixadores, diplomatas e chefes de Estado para formalizar agendas e interesses do Acnur. É a reunião de planejamento mais importante da organização. Acontecerá no dia 4 de outubro e queremos que você faça uma apresentação lá. O Brasil terá uma grande delegação.

— Só tem um problema. Minha prova no Celpe-Bras será no dia 1º de outubro, em Porto Alegre.

— Dá tempo. Você faz a prova e segue no dia seguinte para Genebra. Vamos providenciar tudo por aqui.

Souad e eu voamos para Porto Alegre. Fazemos a prova. Acho que fui bem. Minha irmã também diz que não encontrou muita dificuldade. Ela vai ficar mais alguns dias no Sul. Eu sigo para São Paulo e de São Paulo vou a Genebra. Passaporte amarelo em mãos, deixo o Brasil sem dificuldades — acho que a turma do aeroporto de Guarulhos já se acostumou a meu luminoso documento —, mas enfrento problemas na Suíça. É tarde da noite do dia 3 de outubro. O policial diz que nunca viu aquele passaporte. Conto a versão "de bolso" da trajetória de Maha Mamo, falo sobre o evento do Acnur do dia seguinte, da importância de eu estar presente... Ele me interrompe e começa a fazer uma série de perguntas que me parecem ter mais a ver com um interesse pessoal pelo tema do que com a burocracia do ofício.

— Sabe o que é? — ele entrega. — Sou professor de imigração e esse assunto é fascinante.

Ele pede licença para tirar uma foto do passaporte, pois quer mostrar para os alunos, e me avisa:

— Vou deixar você passar, e boa sorte na sua vida. Mas tente vir com um outro passaporte da próxima vez.

Deus te ouça, moço. Se tudo der certo, em breve eu terei o passaporte brasileiro.

9

Genebra
4 de outubro de 2018

Eu imaginei que o dia mais importante da minha vida começaria resplandecente, solar, como se o universo, generoso, reservasse o seu melhor brilho para a ocasião. Nos meus melhores sonhos, os amigos e familiares estavam todos na plateia assistindo ao triunfo, cada qual sendo homenageado em uma tela imensa pela entrega solidária à minha causa. No sonho, a festa era no Brasil. Na Bahia dos sonhos. Em Trancoso, com os pés na areia. Eddy estava lá, ao meu lado e ao de Souad, comemorando a nacionalidade brasileira.

Mas acordo em Genebra, numa manhã sem luz de um outono com inveja do inverno. Faz um frio desumano lá fora, desses de espantar qualquer reação do sol. Um dia com cara de noite, e eu nem posso imaginar como esse dia/noite vai terminar — o que, aliás, não é nenhuma novidade, já que a vida nunca se preocupou muito com essa história de me dar aviso prévio. Estou na Suíça, até onde sei, por um único motivo: fazer uma palestra na ONU para embaixadores e representantes dos ministérios da Justiça de vários países. Cheguei de madrugada e ainda carrego o peso das dezoito horas de voos e conexões e do pouco sono. Mal tenho tempo de me arrumar, engolir um café e já estou no palco:

Bom dia a todos. Meu nome é Maha Mamo e sou uma apátrida.

Existem duas maneiras de se obter a nacionalidade, pelo sangue e pelo solo...

Falo durante dez minutos, sem muito improviso, e termino sem surpresas.

Agora, só falta conquistar a cidadania brasileira.

O telão mostra a frase "*Soon Brazilian*" (Em breve, brasileira). Aplausos. Eu me sento à bancada ao lado do palco.

As palmas são interrompidas pela voz da embaixadora do Brasil na ONU, Maria Nazareth Farani, uma das anfitriãs do evento:

— Muito obrigada, Maha. Mas eu acho que sua palestra anda um pouco repetitiva. Precisa de uma atualização.

Como é? Antes de eu tentar entender o que estava acontecendo, vejo Bernardo Laferté, meu amigo do Conare, deixar seu assento na plateia e se dirigir ao palco com dois envelopes nas mãos. Ele se senta ao meu lado e, com a voz embargada, diz, em inglês, que está muito emocionado com aquele momento porque na história de sua família também houve um apátrida, o seu avô, que viveu até o fim de seus dias nessa condição, mas que Maha e Souad teriam uma vida diferente: não mais como apátridas, e sim como brasileiras. Olho para ele sem compreender direito, sem reação, como se estivesse anestesiada. Vejo todas aquelas autoridades chorando na plateia. Ele me diz baixinho, em português:

— Você conseguiu, Maha, é uma cidadã brasileira. O ministro acaba de assinar a sua nacionalidade.

Eu, que falo tanto, não consigo articular nada.

— Você conseguiu, Maha. Souad conseguiu — ele repete e me entrega os envelopes com a oficialização da cidadania. Abraço Bernardo, meus braços tremem, o coração bate rápido. A embaixadora está enxugando o rosto. Olho no telão e vejo um slide escrito "*Now Brazilian*". Agora brasileira. Aplausos.

Bernardo me pede para falar com Souad, que está em Porto Alegre. É comecinho da manhã no Brasil. Ligamos. Ele explica tudo rapidamente.

Souad fica um tanto confusa, acha que é só mais um passo para a nacionalidade. Eu pego o telefone e grito: CON-SE-GUI-MOS, SOUAD. SOMOS BRASILEIRAS! Podemos viver em paz, sair das sombras. Agora Bernardo gasta seu inglês com minha mãe — emocionado, ele nem se lembra de que ela só fala árabe. Minha mãe responde "*Thank you, thank you*", sem entender nada do que ele diz.

— Explique a ela, Maha, por favor — pede meu amigo.

— Pode deixar. — Eu pego o telefone. — Alô, alô... *Mamaaaa, akhadna el jensiyeh, sorna braziliyeh!*

Ela só chora ao telefone.

Guarde esta data, Kifah: 4 de outubro de 2018, o dia em que renascemos.

Fomos as primeiras apátridas reconhecidas pelo Estado brasileiro e somos as primeiras também a ganhar a nacionalidade. Nossos registros mostram os números 001 e 002 na conquista da cidadania. Meu amigo Rodrigo Penteado, do Ministério das Relações Exteriores, incansável na campanha pela resolução de nosso problema — ele foi um dos maiores incentivadores da Lei 13.445 no governo —, sempre me dizia: "Ainda vamos ver você entrar na história do Brasil, Maha". Acho que entrei.

A embaixadora Maria Nazareth me puxa pelo braço até um escritório próximo à sala de convenções. Diz que o ministro Torquato Jardim está ao telefone. Ele me dá os parabéns, e eu não sei muito o que dizer. Apenas agradeço:

— Muito, muito, muito obrigada. Não sei se é sonho ou é realidade o que está acontecendo aqui. Mas, senhor, tenha a certeza de que isso mudou a minha vida, a vida da minha irmã e pode mudar a vida de muitas pessoas apátridas, que precisam saber que o Brasil tem uma lei para elas. Muito obrigada.

Despeço-me do ministro, e uma assessora da embaixadora diz que Melissa Fleming quer falar comigo. Melissa é a maior autoridade da área de comunicação do Acnur Internacional, uma das pessoas mais influentes nas Nações Unidas, muito próxima do secretário-geral, António Guterres. Estamos em um jardim, ao lado do Palais des Nations. Melissa faz uma *live* transmitida pelo Facebook e abre a entrevista dizendo que está muito contente porque foi testemunha do dia em que Maha Mamo conquistou a nacionalidade, depois de uma vida sem documentos, sem passaporte, sem direitos:

— Há poucas semanas, Maha me disse que, quando conseguisse a nacionalidade, iria chorar, gritar, viajar à Disney World, visitar Paris, Roma, o mundo todo. Chegou a hora, Maha, de fazer tudo isso.

Ela me passa o microfone e eu berro para o mundo:

— I FINALLY EXIST! Eu finalmente existo! — e sigo falando de minha emoção, da conquista do maior sonho de minha vida.

Mudo a minha descrição no Facebook, escrevendo abaixo do nome "Agora, brasileira". Ligo para *baba*, ele reage à notícia com a empolgação de um funcionário de cartório:

— Bom para vocês.

George Mamo é assim mesmo.

Telefono para Kouki:

— Não posso falar muito agora, mas sou brasileira. Brasileira. Ouviu, Kouki? Depois te explico direito.

Quero falar com Nicole Nakhle, com Roro, Bela, Manu, Luna, Indre, Sílvia, Emilene, pai Márcio, Gui... Preciso voltar a Harissa para agradecer à Nossa Senhora do Líbano. Quero a minha cruz de ferro, as minhas imagens de *mar* Charbel e santo Estêvão. Onde está Mondelli que não atende o telefone? E Mazão? Já mandei um monte de mensagens... Tenho de agradecer a Nabil El Boustani, a tanta gente... Mas tenho um compromisso logo mais, à noite, um jantar na casa da embaixadora. Estarão presentes autoridades de alguns países que participaram do XCom. Ela quer que eu fale algumas palavras. Vou, claro. Mas o que eu queria mesmo é que o Maletta tivesse uma filial em Genebra. E que meus amigos estivessem aqui. Uma caipirinha dupla cairia bem agora.

Bernardo e a embaixadora Maria Nazareth me chamam para um café. Temos algumas horas antes do próximo compromisso. Eles querem contar o que aconteceu nos bastidores desse dia especial em minha vida. Ainda estão emocionados. Eu abro a conversa:

— Senti alguma coisa diferente no ar, sim. Minha intuição me dizia que algo aconteceria aqui. Mas achei que vocês fossem anunciar a portaria que flexibiliza os certificados de proficiência.

— Você nem pode imaginar o que aconteceu, Maha. Na hora em que começou o evento aqui em Genebra, o Diário Oficial estava publicando no

Brasil não apenas a alteração na portaria dos certificados, como também a naturalização de vocês duas, já assinada na véspera pelo ministro. E o mais incrível disso tudo é que não foi nada intencional — revela Bernardo.

— Como não?

— O que quero dizer é que trabalhamos para publicar a portaria no começo deste mês e isso nada tinha a ver com o XCom. Foi, como eu disse, uma incrível coincidência de datas. Aí, sim, sabendo dessa coincidência, decidimos aproveitar o momento. Nada melhor do que um evento importante do Acnur, com delegações do mundo todo e com Maha Mamo no palco, para fazer a surpresa. No caso de vocês, a nacionalidade só dependia dessa portaria. Já havia o certificado de proficiência no idioma emitido pela Universidade de Brasília e você e Souad já tinham cumprido o prazo de autorização de residência.

— Quer dizer, então, que o Celpe-Bras não valeu de nada?

— Nem pense nisso. Apenas comemore, Maha. Pode sacolejar com toda a força essa bandeira do Brasil. E aproveite para agradecer o cafezinho providencial da embaixadora com o ministro Torquato Jardim.

A embaixadora conta a história do cafezinho. Foi mais ou menos assim: em junho desse ano, ela estava saindo de férias quando um de seus assessores lhe entregou uma pasta com o caso Maha Mamo acompanhado de um bilhete onde se lia: "Precisamos resolver". Gostei de ouvir a embaixadora dizer "caso Maha Mamo", achei chique. Bem... Ela leu o meu "caso" no avião, diz que se emocionou e colocou como prioridade tentar nos ajudar, a mim e minha irmã, assim que retornasse ao trabalho. Um mês depois, de volta a Genebra, ficou sabendo de uma visita do ministro Torquato Jardim à ONU para tratar de algum assunto que nada tinha a ver com a sua área. Tentou marcar um almoço com o ministro, mas não conseguiu. No máximo, um cafezinho rápido no bar Serpentine, no Palais des Nations, muito frequentado pelos diplomatas. Eram seis e meia da tarde, o bar estava vazio, bom para uma conversa reservada, quando ela colocou à mesa o assunto Maha Mamo. Disse: "Ministro, você conhece esse caso aqui?". Sim, o ministro conhecia. Lembrava-se da semana dos refugiados em Brasília quando concedeu a mim e a Souad o reconhecimento da apatridia — e falou até da camiseta da *I Belong* que eu lhe dei de presente. A embaixadora continuou: "Maha deverá vir a Genebra, no XCom, em outubro. Sei que ela está tentando o processo de nacionalidade. Podíamos aproveitar a presença dessa moça aqui para resolver de vez a situação. Será bom para o Brasil. O mundo todo estará aqui. Precisamos de uma agenda positiva. O que o senhor acha?". Segundo o relato da embaixadora, o ministro foi bem assertivo: "Bernardo está diretamente empenhado nesse assunto. Vamos resolvê-lo. A senhora disse que o evento é no comecinho de outubro? Ótimo". O ministro já sabia que a publicação da portaria dos certificados, o único passo que faltava em nosso caso, estava para sair em dois meses. Com a notícia do XCom aproximadamente na mesma data, foi só manter o cronograma para transformar a formalidade em acontecimento, com excelentes dividendos políticos para o Brasil.

Do café da embaixadora com o ministro, pulamos para a história da "operação slide", a última imagem que apareceu no telão após a minha apresentação: "*Now Brazilian*".

Já que a intenção era fazer uma surpresa, Bernardo e a embaixadora se reuniram com seus respectivos assessores e com uma turma da ONU para arquitetar o *grand finale*. A primeira ideia foi aproveitar que eu sempre cobrava a cidadania brasileira e alterar o meu último slide, que dizia "*Soon Brazilian*", riscando o "*Soon*" e colocando um "*now*" (agora) no lugar. Não foi em frente. Uma superprevidente assessora da ONU disse que era problemático alterar um material de produção da palestrante — como se eu fosse me importar, nesse caso. A ONU tem certas formalidades que eu não consigo entender. Mas... voltando ao ponto. Descartada a ideia de riscar meu slide, surgiu a alternativa de acrescentar um slide com o "*Now Brazilian*" ao fim da apresentação. E, antes de colocá-lo no telão, haveria aquela brincadeira sobre o meu discurso repetitivo. Adorei.

Temos, então, o evento na casa da embaixadora. Querem me ouvir, saber da minha história no Brasil, dos avanços da lei. A conversa é informal. Falo o que sei sobre as mudanças na legislação, digo que o país deve muito de sua história aos imigrantes, que durante os governos militares endureceu as regras para estrangeiros, mas soube compensar isso muito bem nas últimas décadas com medidas importantes de abertura e acolhimento — como em relação aos refugiados, sobretudo haitianos e sírios. Não por outro motivo eu consegui um passaporte especial para cruzar o oceano. Digo que a nova lei de migração engloba tudo isso e pode representar uma nova era no que diz respeito, senão à erradicação, ao menos ao combate da apatridia. Bernardo, um estudioso do assunto, me ajuda na narrativa. Conta o caso de seu avô apátrida e relembra o movimento dos Brasileirinhos Apátridas, fundamental para sensibilizar o congresso a resolver uma questão humanitária urgente: a nacionalidade para brasileiros, filhos de brasileiros, nascidos no exterior. Durante mais de uma década, a partir de uma perversa emenda constitucional de 1994 até quase o fim 2007, conflitos nas leis de nacionalidade geraram milhares de apátridas: brasileirinhos que não podiam ser brasileiros por não terem nascido no Brasil e não podiam assumir a nacionalidade do país onde nasceram porque a lei local só reconhecia o laço sanguíneo.

— Até que, em setembro de 2007, uma nova emenda abriu a possibilidade da transferência de nacionalidade brasileira por ascendência, pelo sangue. Bastava registrar as crianças no consulado — explicou Bernardo.

Outros avanços vieram: a possibilidade de a mãe passar a nacionalidade para o filho; a ratificação do compromisso assinado nas convenções de 1954 e 1961 de identificação, reconhecimento, combate e prevenção à apatridia; a simplificação do processo de naturalização para apátridas; a democratização dos certificados de proficiência em português... Encerro meu discurso aos convidados da embaixadora afirmando que é preciso trabalhar para reduzir essa violação aos direitos humanos, tenha ela a origem que for. É uma questão humanitária, sim, mas que só será resolvida com leis específicas e determinação do Estado. Nós, os apátridas — nesse minuto eu sou uma ex-apátrida, mas sempre vou me incluir nessa luta —, não podemos contar apenas com a boa vontade ou com exceções, como a que ocorreu na Tailândia. Os apátridas não precisam de exceções, mas, sim, de leis.

A canelada na Tailândia foi proposital, claro. Eu sabia que três das doze crianças e o treinador do time de futebol dos Javali Selvagens, presos durante nove dias na caverna inundada em Tham Luang, no norte do país, há pouco mais de três meses, eram apátridas. Vinham de regiões na fronteira com o Mianmar, pertenciam às "minorias étnicas" e, portanto, não eram considerados cidadãos pelas leis tailandesas. Diante da repercussão sobre o caso — a história do resgate ganhou o mundo —, o governo decidiu conceder a cidadania aos quatro apátridas. Mas ainda há centenas de pessoas nas montanhas tailandesas sem documentos, sem registro, vivendo às sombras. Eu não podia perder, mesmo num dia de festa, a oportunidade de cutucar o representante da Tailândia presente ao evento. Não sou diplomata, não tenho de ser ponderada ou agradar ninguém. Continuo sendo a voz de milhões de apátridas. Continuo erguendo a bandeira de que todos têm o direito de pertencer.

Na saída do jantar, comento com Bernardo minha crítica à Tailândia. Ele sorri e diz:

— A sua voz já era poderosa. Agora, é mais ainda.

E diz que, ao me ver em ação, crítica e ácida, lembrou-se da personalidade de uma outra apátrida famosa no Brasil, Elke Maravilha, nome artístico de Elke Georgievna Grunnupp, atriz e modelo nascida em Leningrado, radicada no Brasil, fluente em oito idiomas, que teve a nacionalidade brasileira cassada nos anos 1970. Elke era amiga da estilista Zuzu Angel, cujo filho, Stuart Angel Jones, fez parte do Movimento Revolucionário Oito de Outubro (MR-8) nos anos sombrios da ditadura brasileira e acabou torturado e morto em 14 de junho de 1971. Tinha 25 anos. Embora as circunstâncias tenham sido completamente diferentes, penso em meu irmão, assassinado quase na mesma idade, aos 26 anos, enquanto Bernardo me relata a história de Stuart. Zuzu passou cinco anos denunciando o sequestro do filho e lutando pelo direito de encontrar o corpo, pois acreditava que ele já estava morto. Em abril de 1976, Zuzu também morreu em um suspeitíssimo acidente de carro. Elke não poupou acusações ao regime militar, responsabilizando-o pela morte de Stuart, algo que o Estado brasileiro reconheceria muitos anos depois. Em uma ocasião, ao ver cartazes com o rosto de Stuart e a palavra "desaparecido" colado nas paredes do aeroporto Santos Dumont, teve um ataque de raiva, rasgou os cartazes e gritou contra a farsa da ditadura: "Ele está morto. Foi assassinado!". Acabou presa, teve os documentos apreendidos e, por fim, a nacionalidade revogada. Foi enquadrada na Lei de Segurança Nacional. Virou apátrida. Passados os anos de chumbo, até poderia reaver sua condição de cidadã brasileira, mas se recusou. Dizia que pedir anistia era o mesmo que pedir desculpas por erros que não cometeu. E lutou pela cidadania alemã, de sua mãe. Morreu alemã, aos 71 anos.

— Para grande parte da população, Elke ficou conhecida apenas como uma artista folclórica, pelo seu jeito extravagante de se vestir e por ser jurada de um programa de TV — contou Bernardo. — Mas ela foi muito mais que isso. Era uma voz ativa nas questões sociais e humanitárias. Imagino o que teria sido uma conversa sua com Elke, Maha. Gostaria de ter podido assistir a esse encontro, de camarote.

Eu não conhecia a fundo a história de Elke. Agora que conheço, gosto dela desde sempre. E torço para que os tempos sombrios tenham ficado mesmo no passado.

É manhã do dia 5 de outubro. Daqui a pouco pego o voo de volta ao Brasil. De ontem para hoje, falei com quase todo mundo e quase todo mundo já estava sabendo da nacionalidade. O vídeo do evento correu a internet, de modo que era difícil pegar alguém de surpresa. Menos Manu, que nunca foi muito ligada em Facebook, Instagram... Ela está passando uma temporada na África do Sul, a trabalho, e por sorte estava mexendo no celular quando piscou a minha mensagem — Manu, geralmente, responde mensagens depois de dois ou três dias. Mas, dessa vez, me ligou. Nem bem atendi, ela disparou:

— É sério o que eu li aqui, *habibi*? Vi o link que você me mandou mas não dou conta de abrir, não. Você me conhece, sabe que eu desabo vendo essas coisas. Só queria te dizer que essa notícia me trouxe uma sensação que não tenho desde a infância, de felicidade plena. Você conseguiu, *habibi*! Meu coração está do tamanho da sua conquista. Um dia eu tomo coragem e abro o link, quando estiver ao seu lado. Mas agora só quero mesmo é tomar uma taça de champanhe em sua homenagem.

Nicole Nakhle foi avisada da conquista por Kouki, e as duas marcaram de ir ao nosso restaurante preferido de Beirute para comemorar, o El Sheikha. Roro viu minha notificação no Facebook, assistiu ao vídeo inteiro e quando ouviu, finalmente, a minha voz ao telefone, travou, não sabia o que dizer — teve a mesma reação que eu ao ver Bernardo anunciar a cidadania.

Bela estava nos Estados Unidos em compromissos profissionais, já havia recebido a minha mensagem e o link do vídeo. Encaminhou a mensagem e o link a Indre e a Luna e telefonou, chorosa, para Sílvia: "Deu certo. Maha é brasileira". Sílvia saiu de sua sala e comunicou a todos os colegas do escritório, disse que parecia comemoração de gol do Brasil em final de Copa do Mundo:

— Que felicidade, Maha! É um alívio ter acontecido agora, antes da virada do ano. Ninguém vai tirar isso de você.

Emilene e o pai Márcio receberam a notícia por Souad. Eles foram à varanda do Serrano e agradeceram ao sol e aos céus pela nossa conquista. Guilherme me contou que, assim que viu minha postagem no Facebook sobre a cidadania, abriu a janela de seu quarto e gritou. Nenhuma palavra, apenas um grito mesmo, o desabafo de quem acolheu a minha irmã, conheceu minha casa e meus pais em Bourj Hammoud, acompanhou nossa trajetória desde o meu primeiro e-mail pedindo guarida e mostrou-se incansável no trágico episódio da morte de meu irmão e no traslado do corpo. Vamos gritar de novo assim que eu chegar, Gui. Faço questão de berrar na janela com você.

Mondelli dormia em sua casa na Costa Rica; e Mazão, transferida recentemente para Buenos Aires, ainda tomava café quando o telão de Genebra exibiu "*Now Brazilian*". Mas os dois já sabiam, claro, da surpresa de Bernardo.

— Fui deitar na noite anterior pensando no momento lindo que você viveria em Genebra e me emocionei ontem ao ver o vídeo do evento — disse Mazão.

Foi lindo mesmo. Lindo e solitário, com o mundo na plateia, mas sem a minha irmã e a minha rede por perto.

Até a próxima, Genebra.

No aeroporto, o policial pega o meu passaporte amarelo, eu conto até três mentalmente e ele executa o script que eu já sei de cor: olha para mim e para o passaporte, franze a testa e só não pergunta nada porque eu estou saindo do país. Mas deve ter pensado: "Quem foi que deixou a moça entrar com esse documento?". E me libera. Eu olho para o passaporte e digo:

— Passamos bons e maus momentos juntos, solzinho. É hora de te aposentar.

Eu rio sozinha. Deve ser o cansaço. Kouki liga quando já estou na sala de embarque. Dá para conversar com mais calma — da última vez, eu mal tive tempo de dar a notícia. Ela diz que ainda não acredita nesse sonho lindo da minha cidadania:

— Sabe aquela sensação de que uma coisa muito grande aconteceu, Mimo? Aquela notícia que você espera muito e então alguém conta que aconteceu mesmo e você não acredita? É isso que estou sentindo desde que falei com você.

Eu também, Kouki. Ainda estou anestesiada com a novidade, uma anestesia que também mistura as poucas horas de sono e um drinque que acabei de tomar no aeroporto — meu brinde, solitário, a mim mesma. Eu, que não costumo dormir em aviões, dessa vez desabo e só acordo com a voz do comandante anunciando o pouso em instantes no aeroporto de Guarulhos. Abro a janelinha, olho as nuvens e penso em meu irmão. Conseguimos, Eddy.

E agora? Entro na fila dos cidadãos brasileiros ou dos estrangeiros? Bem... Apesar de eu ter um envelope com a assinatura do ministro, o meu passaporte ainda é o amarelo. Melhor seguir o que venho fazendo há quatro anos. Escolho a fila dos estrangeiros. O policial brasileiro diz que tem de reter o meu passaporte. Mas será possível? Nunca pediram para ficar com ele. Justo agora, que eu quero guardar de recordação o meu luminoso documento, encontro um agente que conhece os procedimentos... Conto a história da nacionalidade, digo que estou feliz da vida com o Brasil e que eu mesma levarei o amarelinho na Polícia Federal assim que for buscar o passaporte definitivo, de cidadã brasileira. Ele reluta um pouco, insisto e ele devolve o passaporte. Sim, foi um truque. Eu disse que levaria o passaporte, mas não disse que o entregaria — estou cada vez mais afiada no português. Preciso só convencer o delegado do posto da PF de que os documentos desses quatro anos de Brasil são como um troféu para mim... Mas depois eu penso na estratégia para guardar o "solzinho" para sempre. Preciso chegar logo a Belo Horizonte. Tenho poucas horas para lavar meu uniforme de palestrante, secar tudo e enfiar na mala para um outro evento: um curso regional sobre apatridia na Guatemala. A viagem é à noite. Souad ainda está em Porto Alegre. Nem vou conseguir vê-la. Também não terei tempo de providenciar o passaporte brasileiro — o amarelinho terá de trabalhar de novo.

Ao passar pelo portão de desembarque, vejo Luna, Débora Zopelar e outra amiga, Bárbara, vestidas com camisetas verde-amarelas e carregando a bandeira brasileira. Fico emocionada. Deve ser a mesma sensação dos atletas quando voltam com uma medalha olímpica no peito e encontram a torcida no aeroporto.

— Venci uma maratona de trinta anos. E a medalha está aqui dentro — digo a elas, brandindo o envelope que trago nas mãos. — Agora, vamos para o Sion que eu tenho outra mala para arrumar. Na volta, a gente faz uma festa. Preciso mesmo comemorar com os amigos. Todos eles.

Eu nem poderia imaginar que parte dessa comemoração, com parte dos amigos, seria na Cidade da Guatemala. Terminado o curso sobre apatridia, eu, Mondelli, Ana Paola Murillo (também do Acnur) e amigos de várias organizações que lidam com apatridia decidimos fazer um tour pelos bares, dançar, festejar a minha nacionalidade. É sempre muito bom quando nos reunimos fora dos salões oficiais, sem crachá nem compromisso. Eu só quero abraçá-los e agradecer por tudo o que fizeram para tornar o meu "caso" conhecido. A visibilidade foi fundamental para a conquista de 4 de outubro, digo a eles. Mondelli, emocionado, responde dessa forma:

— Maha, isso aqui foi uma troca. Nós a ajudamos e você nos ajudou muito. Eu não tenho a menor dúvida de que você é responsável por 50% do sucesso de nossa estratégia. Você emociona as pessoas e, ao fazer isso, também mexe com a cabeça das autoridades. Sua história teve um papel central na adoção de legislações-chave no Brasil, Uruguai, Equador, Paraguai, nas Américas em geral. Mas não a queremos apenas como uma aliada regional. Você é importante para nosso trabalho global. Aprendeu a melhor maneira de entregar sua mensagem, a melhor maneira de advogar pela causa, avançou em termos de conhecimento e habilidades, isso tudo combinado com a sua própria personalidade. Não fizemos nada, apenas demos poder à pessoa certa.

Estou nas nuvens, claro. Vivam as parcerias e amizades.

* * *

Souad me recebe no Sion com o seu melhor sorriso. Quer ver os documentos de nacionalidade. Eu mostro e ela tripudia:

— O meu é o 001!

Rimos. Choramos. Nos abraçamos. Lembro-me, então, de Bourj Hammoud, das brincadeiras na varanda da *nana*, de quando sorríamos mais e nos abraçávamos com mais frequência. Deve ser a tal felicidade plena que Manu comentou.

Indre e Luna vêm nos visitar, abrimos um vinho e eu conto, em detalhes, o que aconteceu em Genebra e como foi na Guatemala. Indre diz que está prestes a realizar um grande sonho — surgiu uma oportunidade de morar fora, em Amsterdã — e me pergunta como é realizar o sonho de uma vida. Eu digo que é maravilhoso… e muito estranho. Porque eu sonhei com isso a minha vida inteira, conquistei e agora me pergunto: o que vai ser daqui para a frente? O que vai me mover? A única coisa que me ocorre no momento é tentar multiplicar esse sentimento. Quero que outras pessoas sintam o que estou sentindo. E a maneira de fazer isso é continuar com o meu ativismo. Acho que é a minha missão a partir de agora.

Brindamos aos sonhos.

Olho minha agenda: mais seis eventos no Brasil nos próximos dias, em universidades, escolas e na Defensoria Pública de Minas Gerais. Mazão me avisa:

— Não se esqueça da Argentina no mês que vem. Você tem uma reunião com os deputados locais, uma visita à Faculdade de Direito da Universidade de Buenos Aires e um encontro com representantes do Acnur local.

Anotado.

— Em dezembro — ela continua —, tem a Unesco, em Bruxelas, o TEDx em Genebra e um evento cultural na Costa Rica.

Anotado também. Recebo uma mensagem falando de uma reportagem especial para a televisão. A jornalista Sônia Bridi quer me entrevistar. A do *Fantástico*? Uau! Não sou muito de TV e não conheço jornalistas brasileiros, mas sempre adorei assistir ao *Fantástico* nos domingos em que ficava na casa de Bela até mais tarde. Não ia embora enquanto o apresentador não dissesse "boa noite". Cida, a mãe de Bela, era minha companheira nas duas horas dominicais diante da TV e na admiração mútua pelas reportagens de Sônia Bridi, particularmente as que tratavam das questões humanitárias. Eu costumava brincar com Cida, dizendo: um dia ainda vou aparecer no *Fantástico*. O dia chegou. A produção do programa me explica que Sônia está atrás de personagens que tiveram seus direitos humanos violados para um especial sobre os setenta anos da Declaração Universal dos Direitos Humanos. Aceito. Combinamos um encontro em Belo Horizonte em alguma janela entre meus eventos do mês que vem.

Poucos dias depois, vem outro convite da TV, dessa vez para participar de um *talk-show* chamado *Conversa com Bial*, da Rede Globo. A gravação será em São Paulo e o programa deve ir ao ar no fim de novembro. Acho que será a minha primeira aparição na imprensa como brasileira. Um jornal de Minas Gerais também quer falar comigo, assim como um dos canais da rede inglesa BBC. Preciso arranjar um diazinho só para a minha caipirinha dupla no Maletta. Não existe ser brasileira sem comemorar com caipirinha, como diria Manu.

Recebo Sônia Bridi no Sion. Estou nervosa, confesso. Compro pão de queijo para lhe oferecer. Será que ela gosta? Bem... Quem não gosta de pão de queijo? Cida está comigo, claro. Pedi que me acompanhasse para me deixar um pouco mais calma. Engraçado eu estar desse jeito. Já estive com ministros, presidentes, a alta cúpula do Acnur, da ONU, e não me lembro desse frio na barriga. A TV tem um poder inexplicável. Mas bastam alguns minutos com Sônia para o frio da barriga se transformar numa calorosa conversa. Conto minha história e quero saber a dela. Falamos sobre minha carreira, quero saber da dela e, quando nos despedimos, ela diz:

— Estou impressionada com a sua facilidade em contar uma história, em transmitir o recado num português impecável e com uma clareza absurda. Sei que já faz palestras pelo Acnur, mas acho que existe um caminho também no circuito privado. Você tem muito a dizer, Maha.

No fim, ela me passa os contatos de uma agência especializada em negociação de palestras, a Casé Comunica. Pode ser uma boa ideia mesmo dar um toque profissional em uma área em que eu já estava disposta a investir. Sai a reportagem de Sônia e, a partir daí, conversamos com frequência. Eu e ela

nos tornamos amigas. Assim que eu voltar do périplo Buenos Aires–Bruxelas–
–Genebra, vou procurar a agência.

É hora de buscar o passaporte brasileiro. No caminho até o posto da Polícia Federal, vou pensando na estratégia para guardar o passaporte amarelo. Entro na delegacia, os agentes me cumprimentam pela conquista, digo ao delegado responsável pelos estrangeiros que seria uma maravilha se eu pudesse ficar com o documento antigo:

— Tem um valor sentimental, entende?

Ele me interrompe, pede um minuto, faz uma ligação e diz:

— Autorizado! Pode ficar com ele. Mas guarde numa caixa e não o use nunca mais.

Pode deixar. Agora eu só quero estufar o peito e apresentar o passaporte azul, do Brasil. A próxima viagem é para a Argentina, que não exige passaporte de cidadãos brasileiros. Mas quer saber? Vou usar o meu, com muito orgulho.

Falo na Câmara dos Deputados de Buenos Aires durante pouco mais de uma hora e respondo a uma série de perguntas sobre leis, convenções da ONU, o trabalho do Acnur, avanços no combate à apatridia. Estou bem preparada — Mondelli esteve em Buenos Aires dias antes e me telefonou para falar da "pegada" do encontro. Ao fim da minha visita, ganho presentes, bandeirinhas, uma cuia de chimarrão, que na Argentina é chamado de mate. Em seguida, dou palestras na Universidade de Buenos Aires e concluo minha turnê portenha conversando com os representantes locais do Acnur. Terminado o trabalho, conto a Mondelli sobre os presentes e ele brinca:

— Fui ao congresso antes de você, falei um montão de coisas e não ganhei nem uma bandeirinha dos deputados.

— Tudo bem, chefe, eu divido com você. Você fica com 50%, e eu com os outros cinquenta, lembra?

* * *

Participo de um encontro da Unesco sobre educação para apátridas. Percebo que posso dividir a minha história em vários temas, puxando pontos extremamente relevantes que antes serviam apenas para alinhavar o discurso. Educação, por exemplo, é um assunto inesgotável, fundamental em minha trajetória. Tive a sorte — não sem uma grande insistência da minha mãe — de encontrar alguém que me desse a chance de frequentar uma escola. Tive sorte de *mama* ter convencido meu pai a pagar nossos primeiros anos de estudo e até hoje nem sei como conseguimos bancar aquela despesa. Lembro-me de Sônia Bridi contando que, quando fez uma matéria no Sudão do Sul, crianças refugiadas a abordavam nos intervalos das gravações com uma única pergunta: "Moça, a senhora sabe dizer quando órfãos como nós poderemos ir para a escola?". Isso corta o coração. Nas palestras, repito o que falei para meu pai em Bourj Hammoud quando ele, contrário à nossa matrícula na escola, dizia que aquilo não iria dar em nada, que, em algum momento, a falta de documentos iria atrapalhar: "A falta de documentos já é uma desvantagem gigantesca. Sem documento e sem estudo, é a tragédia anunciada". É preciso achar alguma forma de se educar, seja por meio de ONGs, com voluntários, em escolas públicas, o que for... Do meu lado, luto para que governos e associações olhem para esse tema e façam valer o artigo 26 da Declaração Universal dos Direitos Humanos: todo ser humano tem direito à educação. Gosto de falar do assunto. Não tenho dúvida de que o meu caminho seria infinitamente mais difícil sem estudo, conhecimento e informação.

E, já que falamos em estudo, uma informação: eu e Souad fomos muito bem na prova do Celpe-Bras. Passamos no nível "avançado". O certificado vai para a gaveta de recordações, assim como o passaporte amarelo.

A turma do TEDx Genebra quer fazer uma preparação para o evento. Propõe um treinamento por Skype, com Melissa Fleming e Sybella Wilkes, também da comunicação do Acnur. Uma hora por semana de conversas, dicas, toques, ajustes: "Fale isso, não fale aquilo, não se perca em muitos detalhes, dê uma visão mais ampla do problema neste ponto e um pouco mais de emoção naquele outro". Mandam um script, me fazem decorá-lo, quase fico louca.

Bela acompanha meu estresse, diverte-se com minhas caretas quando acho algum ponto do texto meio... careta, mas incentiva o treinamento. Diz que é bom para eu me tornar cada vez mais profissional no assunto. Já tenho logomarca, design de palco, o modelito das palestras, uma potencial agência de negociação de eventos; preciso lapidar minhas apresentações, ela argumenta. Ok. Decoro tudo que me pedem.

Vem o TEDx de Genebra. Subo ao palco, começo o discurso na linha do treinamento, mas logo já estou improvisando, dando o toque pessoal que me trouxe até aqui. A palestra é muito elogiada. Bela me liga, estava acompanhando o evento pela internet.

— Mudou metade da palestra, né? — Ela ri. — Eu sei porque ouvi mil vezes você decorando o texto na sua casa...

— Mudei para que ficasse com minha cara. Gostou?

— Adorei.

Nossa conversa é interrompida por um som familiar. Uma senhora se aproxima e faz uma saudação árabe. Diz que é o do Líbano e me segue há muito tempo:

— Peguei um avião só para ver a sua palestra. Valeu cada centavo da passagem. Muito obrigada.

Quase não acredito no que acabei de ouvir: uma pessoa simples do Líbano toma um avião e vem até Genebra para me ver por quinze minutos? Lembro-me de Mondelli ter falado do assédio bom, da tendência de esse tipo de abordagem aumentar. Mas continuo achando isso tudo muito doido, não sei se vou me acostumar algum dia.

De outubro a dezembro, eu não parei. Foram três meses que pareceram um ano. Mas 2019 começa em marcha lenta e eu me sinto um tanto deprimida. Divido meu tempo entre arrumar o apartamento no Sion e fazer uma ou outra palestra em Belo Horizonte mesmo. De vez em quando dou alguma entrevista, mas nem isso me anima... Eu vivi esses quatro últimos anos numa velocidade intensa e agora, embora tenha a minha missão com o Acnur, como disse à Indre, sinto as coisas esfriarem um pouco. Sei lá... talvez eu tenha colocado as expectativas lá em cima, imaginado um efeito multiplicador de conquistas pós-nacionalidade que ainda não veio. Claro que a visibilidade aumentou, o que é muito bom para a causa, mas continuo com meu dilema de ter contas a pagar. O dinheiro é um problema, sim, não há como negar. Mas acho até que a inércia dos acontecimentos me afeta mais. Luna diz que estou com pressa, que tudo virá com o tempo. Lembro-me de pai Márcio falando que é inútil tentar correr com os *trem*. E me recordo também de uma outra frase de José Eduardo Agualusa, em seu livro *Teoria geral do esquecimento*: "Depois do fim, o tempo desacelerou". Acho que é isso mesmo: a mente travou em alta rotação, como se ainda vivesse a busca urgente do que já aconteceu, sem se dar conta de outra realidade cronológica, do tempo voltando ao seu devido tempo. Preciso de alguns dias para me acostumar a esse outro ritmo.

Bela me aconselha a fazer um trabalho voluntário. Pensamos em abrir uma ONG para auxiliar apátridas e refugiados, mas acho que não é a minha vocação. No fim do ano passado, tentei ajudar dois apátridas vindos do Líbano e acabei me frustrando. A história era mal contada, cheia de buracos, e eles não estavam dispostos a colaborar, jogaram tudo nas minhas costas — e na da rede. "Você conseguiu, Maha, então vai conseguir também para a gente", era a linha de pensamento dos dois. E eu fiz a besteira de incluir a minha rede nesse enrosco. Os meninos tinham a idade do meu irmão e eu confundi as coisas, achei que dar a eles a nacionalidade era uma forma de homenagear Eddy. Arrumei escola, eles não foram. Arrumei trabalho, não quiseram. Gastei tempo e dinheiro com quem não queria se ajudar e agora estou aqui, sem energia e com medo de entrar em depressão. O meu estado atual tem muito a ver com esse episódio, não tenho dúvidas. Mas, pelo menos, ficou a certeza de que eu não tenho vocação para o trabalho de formiguinha, o contato direto. Decidi não dar mais conselhos ou consultoria individual. O meu trabalho deve ser divulgar, alertar e criar consciência na sociedade e nos governos sobre o problema da apatridia. Devo falar pelo todo, brigar por milhões.

Bela será transferida para Detroit. Indre já foi para Amsterdã. Manu deve voltar da África do Sul em alguns dias. Luna vai abrir uma loja num bairro bacana de Belo Horizonte. Kouki brilha em sua carreira na publicidade. Nicole Nakhle é uma das mais procuradas produtoras de shows do

Líbano. Roro tem seu trabalho no porto de Beirute. Emilene continua dando aulas particulares. Gui segue com seus estudos e especializações em Medicina. E você, Maha? Pergunto a mim mesma. Vai se mexer ou não? Talvez seja a hora de fazer o *trem* andar, na velocidade que o *trem* puder andar.

Colo algumas estrelas de plástico no teto do meu quarto, só para me lembrar da infância mesmo — pois tenho um janelão que dá para o céu no apartamento do Sion. Olho para minha constelação, penso, penso e só penso em como sair desse estado de letargia. Voltar a fazer exercícios é um bom começo, sinto falta deles. Preciso ligar para a agência que Sônia me indicou, explorar um pouco mais o lado das palestras em empresas — é uma forma de tentar resolver, ao menos em parte, o problema do dinheiro. Uma viagem ao interior de Minas cairia bem. Vou ver se Luna me acompanha, embora ela esteja ocupada com a inauguração da loja. Se ela não puder, vou sozinha ou espero Manu chegar. Posso tentar cavar uma palestra nos Estados Unidos, assim visito Bela. Será que o Acnur tem alguma turnê americana na agenda? Começo a me animar.

Olho para as estrelas de plástico de novo, para *mar* Charbel na mesinha ao lado da cama e agora já estou em outra frequência, pensando na loucura que vivi nesses cinco anos. Ganhei um passaporte improvável de um país distante, vim parar em uma cidade que nunca tinha ouvido falar, fui acolhida por uma família simples como a minha, num bairro humilde como o meu, e consegui formar uma rede incrível ao meu redor — muitos dos amigos e amigas são especialistas em relações internacionais, num momento em que uma lei de migração está em curso no país. Ao mesmo tempo, uma pessoa do Acnur responde aos meus questionamentos, consegue uma entrevista na TV, manda o vídeo para o seu chefe, que me transforma em porta-voz da causa e me coloca no mundo das palestras. Quando percebo, estou nos salões da ONU, no parlamento de países, falando com autoridades mundiais, sendo abordada na rua por pessoas de diferentes idiomas, interessadas em minha história. E me torno o marco zero de uma lei que dá muitas esperanças aos apátridas. Fecho os olhos e volto à menina de Bourj Hammoud, que, por mais sonhadora que fosse, jamais imaginaria um enredo como esse.

Pego meu celular e faço uma busca: Maha Mamo. Eu costumava brincar disso quando era adolescente: digitava meu nome no computador e imaginava que um dia apareceria referências à Medicina, a uma estrela do basquete, a uma líder do escotismo, a qualquer coisa que não fosse o trivial link para redes sociais. Hoje eu me sinto muito feliz em ver meu nome relacionado a uma causa que pode mudar a vida de milhões de pessoas.

A história não acabou, Maha Mamo.

Ligo o gravador do celular. Já passou da hora de fazer registros para um possível livro, outro projeto para recuperar a minha energia. Começo pelo capítulo final:

Quem sou eu, hoje?

Maha Mamo, uma brasileira, enfim. Tenho 31 anos e moro em Minas Gerais. Hoje a missão da minha vida é advogar pelo fim da apatridia, criar consciência na sociedade e levar governos a trabalharem para um mundo onde todos tenham o direito de pertencer e ter a sua nacionalidade. Tenho minha microempresa, que se chama Maha Mamo, porque, com o tempo e com a convivência aqui no Brasil, esse nome virou uma referência na questão de apatridia. A minha estratégia para cumprir a missão se baseia em quatro pontos importantes. O primeiro é a divulgação da causa, sobretudo com as palestras do Acnur. Compartilho a minha história, explico o que é apatridia, quais são os problemas e desafios de ser uma pessoa sem pátria e conto como a lei brasileira, que pode servir de inspiração para novas leis pelo mundo, pode ajudar a resolver essa grave violação aos direitos humanos. O segundo ponto é o envolvimento acadêmico. Ajudo muitos professores, alunos e pesquisadores em estudos sobre a causa e a consequência da apatridia. Escrevo artigos e contribuo com trabalhos acadêmicos sobre o tema. Gosto de visitar universidades, um campo fértil para disseminar conhecimento e estimular a colaboração entre a academia e a sociedade civil. Um dia vou convencer as faculdades a terem uma cadeira específica para refúgio e apatridia; está nos meus planos. O terceiro ponto que eu pretendo trabalhar cada vez mais se refere à inspiração e à conscientização no meio empresarial, com palestras e treinamentos — a minha história inclui alguns elementos que os empresários consideram vitais para o sucesso, como resiliência, superação etc., etc., etc. Tento fazer essa militância, esse ativismo, também pela mídia — o quarto ponto. Dou entrevistas, faço curadoria para ma-

térias especiais sobre refúgio e apatridia, converso com jornalistas para ajudar a aprofundar o conhecimento sobre o assunto. No fundo, eu sou uma contadora de histórias — para diferentes públicos, mas sempre com o mesmo objetivo: a defesa dos direitos humanos básicos. Se, durante uma ou duas horas, eu conseguir fazer você se sentir nas sombras, imaginar-se sem documentos, sem acesso às questões primárias de cidadania, tendo de viver de favores, alguma esperteza e muita solidariedade para seguir em frente, então minha missão estará cumprida.

Já é quase metade do ano quando o Acnur me avisa de um novo encontro em Genebra, o XCom — Global Executive Committee — igualzinho ao do ano passado, na mesma data, no início de outubro. Serei entrevistada na abertura do evento pela atriz Cate Blanchett, uma das embaixadoras do Acnur. Sou avisada de que Cate Blanchett quer me conhecer antes. Ela está filmando em Toronto e pede que eu vá até lá passar um dia com ela. Uau! Até me esqueci da Angelina Jolie. Tenho de contar isso para Roro — ela nem precisará fazer uma montagem da foto com a Cate Blanchett.

Alguns dias depois, a Fundação Focus Brasil, uma organização que trabalha com eventos e produção de conteúdo voltados à comunidade brasileira em todo o mundo, me avisa de que ganhei o prêmio Humanitário Especial, um reconhecimento pelo meu trabalho nos últimos anos. A cerimônia será no Musical Instrument Museum, na cidade de Phoenix, no Arizona.

Em Phoenix, Bela e Luna vêm me ver. Recebo o prêmio das mãos da cônsul-geral do Brasil em Los Angeles, Márcia Loureiro, destacada para ir ao Arizona prestigiar o evento. Fico lisonjeada com o reconhecimento da comunidade brasileira nos Estados Unidos e aproveito a presença de empresários na plateia para distribuir o meu cartão — não posso perder a oportunidade de reforçar minha presença no mundo privado. Peço a Luna e Bela que vistam a camiseta da *I Belong* e ajudem no marketing "Maha Mamo" entregando os cartões de visita com a minha marca. De graça, claro. Amigos são para essas coisas também, né?

* * *

É hora de ir para Genebra mais uma vez. O frio de sempre. O XCom lotado. Cate Blanchett me entrevista, faz três ou quatro perguntas sobre a minha trajetória e me parabeniza pelo aniversário da conquista da nacionalidade. Somos bastante aplaudidas. Ao fim do encontro, depois das fotografias e das declarações à imprensa, dos abraços e das selfies, me emociono, sozinha, ao me lembrar do dia da maior vitória da minha vida. Faz exatamente um ano que eu abri, nesse mesmo palco, os dois envelopes redentores entregues por Bernardo.

— Feliz aniversário, Maha e Souad Mamo! Vocês merecem — digo a mim mesma, num brinde solitário.

Agora só falta um capítulo para completar a história: visitar o Líbano, sem pressa e sem pressão, já que meu nome saiu da lista de banimento.

Posso reencontrar Bourj Hammoud, sentir o cheiro do Saj e das especiarias, me divertir com as conversas em árabe e armênio, ver as ruas coloridas. Posso visitar minhas amigas; minha escola, a Mesrobian; a quadra de basquete do Gemmayzeh; a AUL, curtir o pôr do sol em Dbayeh e a arquitetura de Byblos. Posso colocar mais um recadinho, dessa vez de agradecimento, ao pé da Santa, em Harissa. E posso, finalmente, entregar o terceiro envelope, imaginário e desejado, ao meu irmão.

Agradecimentos

Seria preciso escrever mais um livro — ou pelo menos mais alguns capítulos — para homenagear todas as pessoas que, de uma forma ou de outra, contribuíram nessa incrível e dolorosa jornada da conquista da nacionalidade. Mesmo quem não tinha o conhecimento técnico necessário nem a chave para abrir portas decisivas emprestou o que de mais valioso poderia haver para a luta: a amizade, o tempo e a experiência de vida. Não conheço outra forma de agradecer a não ser colocar dois-pontos e enfileirar, em grupo, as pessoas queridas do meu caminho:

Kifah, George, Souad, Eddy, Nicole Khawand, Roushig Hagopian e Isabela Sena.

As muitas famílias que a vida me deu no Líbano e no Brasil, importantíssimas em minha trajetória. Os amigos e amigas do mundo: brasileiros de Minas, São Paulo, Rio, Rio Grande do Sul, libaneses, costa-riquenhos, argentinos, equatorianos, panamenhos, mexicanos, americanos e, claro, apátridas. A galera da escola Mesrobian e a turma da Universidade do Líbano de Artes, Ciência e Tecnologia — refiro-me aos professores, colegas e ao pessoal administrativo. Os membros e chefes da associação de escotismo Guides du Liban.

Os funcionários da Embaixada do Brasil no Líbano. O Centro Zanmi e o Cefet. O Acnur em todos os países e, claro, entidades e organismos parceiros. O Ministério da Justiça e das Relações Exteriores do Brasil. A Polícia Federal brasileira. Jornalistas, apresentadores, profissionais de comunicação que me ouviram e compartilharam minha saga. E a Portela, que me fez cair no samba (em passos *made in Lebanon* na avenida) e me apresentou a diversidade desse mundo que é o Brasil.

Todos os que me ajudaram a realizar esta obra. Contei com o apoio e a experiência do Darcio Oliveira, por muitos meses, dias e noites. Foram diversas ligações, entrevistas e ajuda de amigos para que ele conseguisse descrever alguns dos mais importantes momentos da minha vida. Onde não pude estar — como no caso da sua viagem ao Líbano —, pedi a Nicole Khawand que me representasse.

Paula Sarti, Gabriela Paiva-Morette e o escritório de advocacia Baker McKenzie, que acreditaram no meu projeto. Márcia Esteves, que me deu de presente a identidade visual da marca Maha Mamo. E um agradecimento carinhoso e especial para Isabela Sena e Luna Halabi, que deram dicas valiosas para o livro e, assim como eu, riram e choraram ao ver a minha história contada nestas páginas.

Obrigada, de coração, a todos vocês.

MAHA MAMO

A Luciana, Isabella e Beatriz, por tudo, o tempo todo.

Aos meus pais, desde sempre os primeiros leitores.

Aos amigos, amigas e profissionais que fizeram a leitura prévia — e atenta — de trechos ou mesmo de todo o manuscrito. Meus mais profundos agradecimentos a Luciana Oliveira, Silvia Balieiro, Gabriela Fortunato, Amanda Orlando, Di Carvalho, Guilherme C. Fraga, Ana Maria Oliveira, Tuca Oliveira, Laís Rigotti, Sara Ziad El Ghandour e Camila Hannoun.

Uma menção especial a Isabela Mazão e Bernardo Laferté pela consultoria técnica e legal, a Rui Guilherme Gomes Braga e Marcelo Mari de Castro pelos detalhes médicos e a Nicole Khawand, por me mostrar o Líbano de Maha Mamo. E a todos que aparecem neste livro. Vocês nos ajudaram a contar a história, obrigado.

DARCIO OLIVEIRA

TODO MUNDO TEM O DIREITO DE PERTENCER

A SEGUIR, uma lista de instituições nacionais e globais que podem ajudar apátridas e refugiados a encurtarem o caminho até a cidadania e a integração social.

No Brasil, o Acnur fez uma série de parcerias com organizações da sociedade civil para ampliar a sua atuação junto aos refugiados e à sua luta no combate à apatridia. Por meio delas, é possível receber assistência gratuita em diversos temas: acesso à informação e orientação sobre procedimentos de refúgio, moradia, saúde, educação, documentação, cursos de português, profissionalizantes etc. O Acnur aconselha a entrar em contato diretamente com seus parceiros para saber mais sobre seus serviços e atividades.

Mais informações sobre a atuação do Acnur no Brasil podem ser acessadas no site https://www.acnur.org/portugues/.

BRASIL

Amazonas

Centro de Apoio e Referência a Refugiados e Migrantes (Care)
Endereço: Avenida Maués, 120, Cachoeirinha
E-mail: nucleo.manaus@adra.org.br
Telefone: (92) 3342-6531
Website: https://adra.org.br/estado/amazonas/https://adra.org.br/estado/amazonas/

Caritas Arquidiocesana de Manaus
Endereço: Rua Major Gabriel, 767, Centro
E-mail: curia@arquidiocesedemanaus.org.br
Telefone: (92) 3212-9010/9011
Website: https://arquidiocesedemanaus.org.br/caritashttps://arquidiocesedemanaus.org.br/caritas

Serviço Pastoral dos Migrantes
Endereço: Rua Leovegildo Coêlho, 237, Centro
E-mail: spmmanaus@yahoo.com.br
Telefone: (92) 3232-7257
Website: https://arquidiocesedemanaus.org.br/laicato/pastoral-dos-migrantes/

Serviço Jesuíta a Migrantes e Refugiados (SJMR)
Endereço: Avenida Joaquim Nabuco, 1.023, Centro
E-mail: comunicacao@sjmrbrasil.org
Telefone: (92) 99157-6097
Website: https://sjmrbrasil.org/

Hermanitos
ONG de apoio a imigrantes venezuelanos.
Endereço: Rua Manoel Leão, 1, Parque 10 de Novembro
E-mail: hermanitosmanaus@gmail.com
Telefone: (92) 99431-5431 (WhatsApp)
Website: https://www.hermanitos.org.br/

São Paulo

Instituto de Reintegração do Refugiado (Adus)
Endereço: Avenida São João, 313, 11º andar, Centro
Contato: http://www.adus.org.br/fale-conosco/
Telefone: (11) 3225-0439 / (11) 94744-2879
Website: http://www.adus.org.br/

África do Coração
ONG criada por imigrantes e refugiados para estimular a inclusão social e uma nova narrativa a respeito das migrações e do refúgio.
Endereço: Rua Silveira Martins, 115, 1º andar, Centro
E-mail: diretor.ong@africadocoracao.org
Telefone: (11) 96089-0242
Website: http://www.africadocoracao.org/

Aldeias Infantis sos Brasil
ONG voltada à defesa dos direitos de crianças e jovens de famílias em situação de pobreza extrema, inclusive refugiados.
Endereço: Rua Maracaju, 26, Vila Mariana
E-mail: faleconosco@aldeiasinfantis.org.br
Telefone: (11) 5574-8199
Website: https://www.aldeiasinfantis.org.br/

Associação Compassiva
ONG que atende crianças, adolescentes, mulheres e refugiados em situação de vulnerabilidade.
Endereço: Rua da Glória, 900, Liberdade
E-mail: contato@compassiva.org.br
Telefone: (11) 2537-3441
Website: http://www.compassiva.org.br/

Caritas Arquidiocesana de São Paulo

Endereço: Rua José Bonifácio, 107, 2º andar, Centro
E-mail: casp.refugiados@uol.com.br e caritassp@caritassp.org.br
Telefone: (11) 4873-6363
Website: http://www.caritassp.org.br

Estou Refugiado

ONG que facilita a inserção de refugiados no mercado de trabalho.
Endereço: Avenida Nove de Julho, 5.017, conj. 42, 4º andar, Jardim Paulista
E-mail: contato@estourefugiado.com.br
Telefone: (11) 3063-5692
Website: https://www.estourefugiado.com.br/

I Know My Rights (IKMR)

Em português, "Eu conheço meus direitos", ONG internacional que se dedica a crianças refugiadas.
Endereço: Avenida Brigadeiro Luís Antônio, 826, Bela Vista
E-mail: contato@ikmr.org
Telefone: (11) 3297-7813
Website: http://www.ikmr.org.br/

Migraflix

ONG criada para integrar refugiados e imigrantes social e economicamente, com projetos de geração de renda.
Endereço: Rua Butantã, 194, Pinheiros
E-mail: support@migraflix.com
Telefone: (11) 3197-0269
Website: https://www.migraflix.com.br/

Missão Paz

Instituição filantrópica de apoio e acolhimento a imigrantes e refugiados.
Endereço: Rua Glicério, 225, Liberdade
E-mail: contato@missaonspaz.org
Telefone: (11) 3340-6950
Website: http://www.missaonspaz.org/

Programa de Apoio para Recolocação de Refugiados (Parr)
Endereço: Rua Luís Coelho, 308, Consolação
E-mail: parr@emdoc.com
Telefone: (11) 96641-0679 / (11) 96641-3156
Website: http://www.refugiadosnobrasil.org/

Rio de Janeiro

Caritas Arquidiocesana do Rio de Janeiro
Endereço: Rua São Francisco Xavier, 483, Maracanã
E-mail: carj.refugiados@caritas-rj.org.br
Telefone: (21) 2567-4105 / (21) 2567-4177
Website: http://www.caritas-rj.org.br/

Brasília

Instituto Migrações e Direitos Humanos (IMDH)
Endereço: Quadra 7, conjunto C, Lote 01, Vila Varjão, Lago Norte
Email: imdh@migrante.org.br e imdh.diretoria@migrante.org.br
Telefone: (61) 3340-2689 / (61) 3447-8043
Website: http://www.migrante.org.br/

Boa Vista

Centro de Migrações e Direitos Humanos
Endereço: Rua Floriano Peixoto, 402, Centro
E-mail: cmdhrr@gmail.com
Telefone: (95) 3623-5990
Contato: https://www.facebook.com/CMDHRR/

Serviço Jesuíta a Migrantes e Refugiados
Endereço: Avenida General Ataíde Teive, 2.386 A, Liberdade
E-mail: coordenadorbv@sjmrbrasil.org
Telefone:(95) 3623-5990
Website: https://sjmrbrasil.org/

Curitiba

Caritas Brasileira Regional do Paraná
Endereço: Rua Paula Gomes, 703, São Francisco
E-mail: caritaspr@caritas.org.br
Telefone: (41) 3039-7869
Website: http://pr.caritas.org.br/

Porto Alegre

Associação Antônio Vieira
Associação sem fins lucrativos vinculada à Companhia de Jesus e ao Serviço Jesuíta a Migrantes e Refugiados.
Endereço: Avenida Luiz Manoel Gonzaga, 700, Petrópolis
E-mail: refugiados9474@yahoo.com.br
Telefone: (51) 3254-0140
Website: http://www.asav.org.br/

Belo Horizonte e arredores

Serviço Jesuíta a Migrantes e Refugiados
Endereço: Avenida Amazonas, 641, 8º andar, Centro
E-mail: socialbh@sjmrbrasil.org
Telefones: (31) 3212-4577 / (31) 99437-4378 / (31) 99210-3434
Website: https://sjmrbrasil.org/

Fraternidade
Associação sem fins lucrativos com atuação em missões humanitárias e assistência a refugiados e imigrantes.
Endereço: Rua Presidente Antônio Carlos, 400, município de Carmo da Cachoeira
E-mail: secretaria@fraterinternacional.org
Telefone: (35) 3225-1233
Website: https://www.fraterinternacional.org/

Florianópolis

Círculos de Hospitalidade
ONG que atua com projetos de integração social para refugiados.
Endereço: Rua Duque de Caxias, s/n, Saco dos Limões
E-mail: contato@circulosdehospitalidade.org
Telefone: (48) 99800-5255 / (48) 99191-7470
Website: www.circulosdehospitalidade.org

Pacaraima, Rondônia

A cidade de Pacaraima é a principal porta de entrada no Brasil para refugiados e migrantes venezuelanos.

Centro Pastoral do Migrante (Cepami)
Endereço: Rua Brasil (via paralela à BR-174), 6, Centro
E-mail: imdh@migrante.org.br
Telefone: (95) 3224-2842
Website: https://www.migrante.org.br/
Obs.: Estes contatos são do Instituto Migrações e Direitos Humanos, um dos idealizadores do Cepami.

MUNDO

Selecionei, a seguir, algumas das mais importantes organizações internacionais no combate à apatridia. Confira mais na minha página na internet: www.mahamamo.com.

UNHCR – The UN Refugee Agency
A agência da ONU para os refugiados.
https://www.unhcr.org/

The Americas Network on Nationality and Statelessness

A Rede das Américas para a Nacionalidade e a Apatridia inclui representantes da sociedade civil, acadêmicos e especialistas comprometidos com a causa apátrida nas Américas.

https://americasns.org/

Institute of Statelessness and Inclusion (ISI)

O Instituto de Apatridia e Inclusão é uma ONG de direitos humanos que trabalha com apatridia em nível mundial.

https://www.institutesi.org/

Stateless Dignity Project

O Projeto para a Dignidade Apátrida defende a segurança e a dignidade dos indivíduos e das famílias apátridas em todo o mundo por meio de advocacia pública, assistência direta e apoio ao asilo.

https://www.statelessdignity.org/

Talent Beyound Boundaries

A Talento Sem Fronteiras é a primeira organização do mundo com foco na mobilidade de trabalho como solução complementar para o reassentamento humanitário.

https://www.talentbeyondboundaries.org/

Equal National Rights

A Direitos Nacionais Igualitários é uma ONG que mobiliza ações internacionais para acabar com a discriminação de gênero em leis de nacionalidade.

https://equalnationalityrights.org/

United Stateless

ONG americana liderada por apátridas cuja missão é reunir comunidades de pessoas afetadas pela apatridia e defender os seus direitos.

https://www.unitedstateless.org/

Este livro, composto na fonte Fairfield,
foi impresso em papel Pólen Soft 70 g/m², na bmf.
Osasco, Brasil, novembro de 2020.